U0511532

西政文库·教授篇

国家治理现代化视野下的纳税人预算参与权构建研究

陈治 著

商务印书馆
创于1897 The Commercial Press

图书在版编目（CIP）数据

国家治理现代化视野下的纳税人预算参与权构建研究 /
陈治著. — 北京：商务印书馆，2022
（西政文库）
ISBN 978-7-100-20361-6

Ⅰ.①国… Ⅱ.①陈… Ⅲ.①纳税人－参与管理－国
家预算－预算制度－研究－中国 Ⅳ.①F812.3

中国版本图书馆CIP数据核字（2021）第188349号

本书系国家社科基金项目（项目批准号：17BFX172）优秀结
项成果（项目结项号：20204297）。

西政文库
国家治理现代化视野下的纳税人预算参与权构建研究
陈治 著

商 务 印 书 馆 出 版
（北京王府井大街36号 邮政编码 100710）
商 务 印 书 馆 发 行
三 河 市 尚 艺 印 装 有 限 公 司 印 刷
ISBN 978 - 7 - 100 - 20361 - 6

2022年1月第1版 开本 680×960 1/16
2022年1月第1次印刷 印张 16 3/4

定价：98.00元

西政文库编委会

主　任：付子堂

副主任：唐　力　周尚君

委　员：（按姓氏笔画排序）

总　序

"群山逶迤，两江回环；巍巍学府，屹立西南……"

2020 年 9 月，西南政法大学将迎来建校七十周年华诞。孕育于烟雨山城的西政一路爬坡过坎，拾阶而上，演绎出而今的枝繁叶茂、欣欣向荣。

西政文库以集中出版的方式体现了我校学术的传承与创新。它既展示了西政从原来的法学单科性院校转型为"以法学为主，多学科协调发展"的大学后所积累的多元化学科成果，又反映了学有所成的西政校友心系天下、回馈母校的拳拳之心，还表达了承前启后、学以成人的年轻西政人对国家发展、社会进步、人民福祉的关切与探寻。

我们衷心地希望，西政文库的出版能够获得学术界对于西政学术研究的检视与指引，能够获得教育界对于西政人才培养的考评与建言，能够获得社会各界对于西政长期发展的关注与支持。

六十九年前，在重庆红岩村的一个大操场，西南人民革命大学的开学典礼隆重举行。西南人民革命大学是西政的前身，1950 年在重庆红岩村八路军办事处旧址挂牌并开始招生，出生于重庆开州的西南军政委员会主席刘伯承兼任校长。1953 年，以西南人民革命大学政法系为基础，在合并当时的四川大学法学院、贵州大学法律系、云南大学法律系、重庆大学法学院和重庆财经学院法律系的基础上，西南政法学院正式成立。中央任命抗日民族英雄，东北抗日联军第二路军总指挥、西南军政委员会政法委员会主任周保中将军为西南政法学院首任院长。1958 年，中央公安学院重庆分院并入西南政法学院，使西政既会聚了法学名流，又吸纳了实务精英；既秉承了法学传统，又融入了公安特色。由此，学校获誉为新中国法学教育的"西南联大"。

20 世纪 60 年代后期至 70 年代，西南政法学院于"文革"期间一度停办，老一辈西政人奔走呼号，反对撤校，为保留西政家园不屈斗争并终获胜利，为后来的"西政现象"奠定了基础。

20 世纪 70 年代末，面对"文革"等带来的种种冲击与波折，西南政法学院全体师生和衷共济，逆境奋发。1977 年，经中央批准，西南政法学院率先恢复招生。1978 年，经国务院批准，西南政法学院成为全国重点大学，是司法部部属政法院校中唯一的重点大学。也是在70 年代末，刚从"牛棚"返归讲坛不久的老师们，怀着对国家命运的忧患意识和对学术事业的执着虔诚，将只争朝夕的激情转化为传道授业的热心，学生们则为了弥补失去的青春，与时间赛跑，共同创造了"西政现象"。

20 世纪 80 年代，中国的法制建设速度明显加快。在此背景下，满怀着憧憬和理想的西政师生励精图治，奋力推进第二次创业。学成于 80 年代的西政毕业生们，成为今日我国法治建设的重要力量。

20 世纪 90 年代，西南政法学院于 1995 年更名为西南政法大学，这标志着西政开始由单科性的政法院校逐步转型为"以法学为主，多学科协调发展"的大学。

21 世纪的第一个十年，西政师生以渝北校区建设的第三次创业为契机，克服各种困难和不利因素，凝心聚力，与时俱进。2003 年，西政获得全国首批法学一级学科博士学位授予权；同年，我校法学以外的所有学科全部获得硕士学位授予权。2004 年，我校在西部地区首先设立法学博士后科研流动站。2005 年，我校获得国家社科基金重大项目（A 级）"改革发展成果分享法律机制研究"，成为重庆市第一所承担此类项目的高校。2007 年，我校在教育部本科教学工作水平评估中获得"优秀"的成绩，办学成就和办学特色受到教育部专家的高度评价。2008 年，学校成为教育部和重庆市重点建设高校。2010 年，学校在"转型升格"中喜迎六十周年校庆，全面开启创建研究型高水平大学的新征程。

21 世纪的第二个十年，西政人恪守"博学、笃行、厚德、重法"的西政校训，弘扬"心系天下，自强不息，和衷共济，严谨求实"的西政精神，坚持"教学立校，人才兴校，科研强校，依法治校"的办学理念，推进学校发展取得新成绩：学校成为重庆市第一所教育部和重庆市共建高校，入选首批卓越法律人才教育培养基地（2012 年）；获批与英国考文垂大学合作举办法学专业本科教育项目，6 门课程获评"国家级精品资源共享课"，两门课程获评"国家级精品视频公开课"（2014 年）；入选国家"中西部高校基础能力建设工程"院校，与美国凯斯西储大学合作举办法律硕士研究生教育项目（2016 年）；法学学科在全国第四轮学科评估中获评 A 级，新闻传播学一级学科喜获博士学位授权点，法律专业硕士学位授权点在全国首次专业学位水平评估中获评 A 级，经济法教师团队入选教育部"全国高校黄大年式教师团队"（2018 年）；喜获第九届世界华语辩论锦标赛总冠军（2019 年）……

不断变迁的西政发展历程，既是一部披荆斩棘、攻坚克难的拓荒史，也是一部百折不回、逆境崛起的励志片。历代西政人薪火相传，以昂扬的浩然正气和强烈的家国情怀，共同书写着中国高等教育史上的传奇篇章。

如果对西政发展至今的历史加以挖掘和梳理，不难发现，学校在教学、科研上的成绩源自西政精神。"心系天下，自强不息，和衷共济，严谨求实"的西政精神，是西政的文化内核，是西政的镇校之宝，是西政的核心竞争力；是西政人特有的文化品格，是西政人共同的价值选择，也是西政人分享的心灵密码！

西政精神，首重"心系天下"。所谓"天下"者，不仅是八荒六合、四海九州，更是一种情怀、一种气质、一种境界、一种使命、一种梦想。"心系天下"的西政人始终以有大担当、大眼界、大格局作为自己的人生坐标。在西南人民革命大学的开学典礼上，刘伯承校长曾对学子们寄予厚望，他说："我们打破旧世界之目的，就是要建设一个人民的新世界……"而后，从化龙桥披荆斩棘，到歌乐山破土开荒，再到渝北校区新建校园，几代西政人为推进国家的民主法治进程矢志前行。正是在不断的成长和发展过程中，西政见证了新中国法学教育的涅槃，有人因此称西政为"法学黄埔军校"。其实，这并非仅仅是一个称号，西政人之于共和国的法治建设，好比黄埔军人之于那场轰轰烈烈的北伐革命，这个美称更在于它恰如其分地描绘了西政为共和国的法治建设贡献了自己应尽的力量。岁月经年，西政人无论是位居"庙堂"，还是远遁"江湖"，无论是身在海外华都，还是立足塞外边关，都在用自己的豪气、勇气、锐气，立心修德，奋进争先。及至当下，正有愈来愈多的西政人，凭借家国情怀和全球视野，在国外高校的讲堂上，在外交事务的斡旋中，在国际经贸的商场上，在海外维和的军营里，实现着西政人胸怀世界的美好愿景，在各自的人生舞台上诠释着"心系天下"的西政精神。

西政精神，秉持"自强不息"。"自强不息"乃是西政精神的核心。西政师生从来不缺乏自强传统。在20世纪七八十年代，面对"文革"等带来的发展阻碍，西政人同心协力，战胜各种艰难困苦，玉汝于成，打造了响当当的"西政品牌"，这正是自强精神的展现。随着时代的变迁，西政精神中"自强不息"的内涵不断丰富：修身乃自强之本——尽管地处西南，偏于一隅，西政人仍然脚踏实地，以埋头苦读、静心治学来消解地域因素对学校人才培养和科学研究带来的限制。西政人相信，"自强不息"会涵养我们的品性，锻造我们的风骨，是西政人安身立命、修身养德之本。坚持乃自强之基——在西政，常常可以遇见在校园里晨读的同学，也常常可以在学术报告厅里看到因没有座位而坐在地上或站在过道中专心听讲的学子，他们的身影折射出西政学子内心的坚守。西政人相信，"自强不息"是坚持的力量，任凭时光的冲刷，依然能聚合成巨大动能，所向披靡。担当乃自强之道——当今中国正处于一个深刻变革和快速转型的大时代，无论是在校期间的志愿扶贫，还是步入社会的承担重任，西政人都以强烈的责任感和实际的行动力一次次证明自身无愧于时代的期盼。西政人相信，"自强不息"是坚韧的种子，即使在坚硬贫瘠的岩石上，依然能生根发芽，绽放出倔强的花朵。

　　西政精神，倡导"和衷共济"。中国司法史上第一人，"上古四圣"之一的皋陶，最早提倡"和衷"，即有才者团结如钢；春秋时期以正直和才识见称于世的晋国大夫叔向，倾心砥砺"共济"，即有德者不离不弃。"和衷共济"的西政精神，指引我们与家人美美与共：西政人深知，大事业从小家起步，修身齐家，方可治国平天下。"和衷共济"的西政精神指引我们与团队甘苦与共：在身处困境时，西政举师生、校友之力，攻坚克难。"和衷共济"的西政精神指引我们与母校荣辱与共：沙坪坝校区历史厚重的壮志路、继业岛、东山大楼、七十二家，渝北校区郁郁葱葱的"七九香樟""八零花园""八一桂苑"，竞相争艳的"岭红樱"、"齐鲁丹若"、"豫园"月季，无不见证着西政的人和、心齐。"和衷共济"的西政精神指引我们与天下忧乐与共：西政人为实现中华民族伟大复兴的"中国梦"而万众一心；西政人身在大国，胸有大爱，遵循大道；西政人心系天下，志存高远，对国家、对社会、对民族始终怀着强烈的责任感和使命感。西政人将始终牢记：以"和衷共济"的人生态度，以人类命运共同体的思维高度，为民族复兴，为人类进步贡献西政人的智慧和力量。这是西政人应有的大格局。

西政精神，着力"严谨求实"。一切伟大的理想和高远的志向，都需要务实严谨、艰苦奋斗才能最终实现。东汉王符在《潜夫论》中写道："大人不华，君子务实。"就是说，卓越的人不追求虚有其表，有修养、有名望的人致力于实际。所谓"务实"，简而言之就是讲究实际，实事求是。它排斥虚妄，鄙视浮华。西政人历来保持着精思睿智、严谨求实的优良学风、教风。"严谨求实"的西政精神激励着西政人穷学术之浩瀚，致力于对知识掌握的弄通弄懂，致力于诚实、扎实的学术训练，致力于对学习、对生活的精益求精。"严谨求实"的西政精神提醒西政人在任何岗位上都秉持认真负责的耐劳态度，一丝不苟的耐烦性格，把每一件事都做精做细，在处理各种小事中练就干大事的本领，于精细之处见高水平，见大境界。"严谨求实"的西政精神，要求西政人厚爱、厚道、厚德、厚善，以严谨求实的生活态度助推严谨求实的生活实践。"严谨求实"的西政人以学业上的刻苦勤奋、学问中的厚积薄发、工作中的恪尽职守赢得了教育界、学术界和实务界的广泛好评。正是"严谨求实"的西政精神，感召着一代又一代西政人举大体不忘积微，务实效不图虚名，博学笃行，厚德重法，历经创业之艰辛，终成西政之美誉！

"心系天下，自强不息，和衷共济，严谨求实"的西政精神，乃是西政人文历史的积淀和凝练，见证着西政的春华秋实。西政精神，在西政人的血液里流淌，在西政人的骨子里生长，激励着一代代西政学子无问西东，勇敢前行。

西政文库的推出，寓意着对既往办学印记的总结，寓意着对可贵西政精神的阐释，而即将到来的下一个十年更蕴含着新的机遇、挑战和希望。当前，学校正处在改革发展的关键时期，学校将坚定不移地以教学为中心，以学科建设为龙头，以师资队伍建设为抓手，以"双一流"建设为契机，全面深化改革，促进学校内涵式发展。

世纪之交，中国法律法学界产生了一个特别的溢美之词——"西政现象"。应当讲，随着"西政精神"不断深入人心，这一现象的内涵正在不断得到丰富和完善；一代代西政校友，不断弘扬西政精神，传承西政文化，为经济社会发展，为法治中国建设，贡献出西政智慧。

是为序。

西南政法大学校长，教授、博士生导师

教育部高等学校法学类专业教学指导委员会副主任委员

2019 年 7 月 1 日

目　录

引　言

　　"推进国家治理体系和国家治理能力的现代化"是党的十八届三中全会提出的全面深化改革的总目标，强调打破以公共权力为单一主体的管制思维模式与权力中心格局，确保社会成员对现代公共事务的民主参与，形成公权主体与私权主体良性互动的格局。推进国家治理现代化，有赖于各个领域法治改革的联动和配合，其中财税领域的法治改革起到"国家治理的基础和重要支柱"的作用。如何在以预算为载体、以财政资源分配利用为内容的财税活动中，赋予相关主体预算参与权，进而改变预算过程的治理格局，成为治道变革的切入点和突破口。纳税人既是财政资源供给者，亦是预算过程的参与者，纳税人的预算参与程度及其权利享有水平不仅是评价财政民主化状况的有力指标，也是显示社会成员国家治理参与度的重要指针。

　　整体观之，相关研究主要围绕预算参与问题展开，基于国家治理现代化视角研究纳税人预算参与权的成果较少。

一、国外相关研究

（一）跨学科视域下的民主治理、公共管理与参与问题研究

　　参与是一个多学科领域关照的重要理论与社会现实问题，尤其以政治学、公共行政学和公共管理学的研究为代表。

1. 政治学理论中的参与和民主问题

将参与和民主理念联系起来一直是西方政治学理论研究的基本路径，不过在如何理解"参与"的内涵及其与民主的具体关系定位上却存在着重大分歧。主流理论主张的是用以保障西方民主制度正常运行的，以投票选举为表现形式的最低限度的参与。正如该理论的重要代表人物约瑟夫·熊彼特指出的，"民主方法就是那种为做出政治决策而实行的制度安排。在这种安排中，某些人通过争取人们的选票而获得做出决策的权力"[①]。

而在古典民主理论以及出于对当代主流民主理论不满而生的参与民主理论看来，"参与不仅仅是一套民主制度安排中的保护性附属物"，而且还承担积极的社会功能，原因在于，通过持续不断的参与过程推动个人的负责任的社会行动和政治行动，从而塑造民主制度自我维持所不可或缺的公民合作、利益协调、自我控制与社会整合等内在支撑性条件，确保民主制度运行和这种制度下公民心理品质之间保持持续的互动关联。[②] 因而，参与具有重要的形成与培育公共精神、民主技能的教育功能，促进集体决策更容易为个人接受的正当化功能，以及连接个人与社会、使社会成为真正共同体的整合功能。参与对于民主制度的实施并不是附属或者无关紧要的，相反，与主要集中在国家宏观政治领域的间接性的民主实现方式有所不同，参与民主理论强调在地方微观经济社会领域中推行更多的直接参与，这两种不同层次或领域的民主实现方式并行不悖。在首次提出"参与式民主"概念的阿诺德·考夫曼看来，参与民主的概念应当被广泛运用于学校、社区、工厂、政策制定等微观治理领域。进一步发展参与民主理论的美国学者

---

① 约瑟夫·熊彼特：《资本主义、社会主义和民主》，吴良健译，商务印书馆1999年版，第395页。

② 参见卡罗尔·佩特曼：《参与和民主理论》，陈尧译，上海世纪出版集团2006年版，第22页。

佩特曼以及另两位重要代表人物密尔与科尔认为，不仅在人们所熟悉的政治领域体现民主的运用，而且在经济社会领域同样应当有所反映。在地方层次的参与是在国家层次上进行参与的必要条件，只有通过在地方层次和地方社团中的参与，个人才能学会民主的方法。[①]

在参与民主理论基础上进一步兴起发展的协商民主理论，强调以对话、协商为中心的公民参与的重要性。其研究一方面旨在克服主流民主理论面临的票决式民主的弊端，另一方面对参与民主理论过度追求经济平等、直接参与的理想化方案的批评做出回应。在强调公民参与重要性的同时，限定了有效参与的必要条件，包括对参与主体的权利配置，实现参与和协商、直接参与和间接参与的统一，通过"建立起实用性考虑、妥协、自我理解性商谈和正义性商谈之间的内在关联"，保障"相关信息的流动和对这种信息的恰当处理没有受到阻塞"，促进以公共理性为基础、以对话沟通说理为方式的理性参与，实现公平合理的结果。[②]

2.公共行政与公共管理学中的参与问题

相对于政治学领域较多采取的定性分析与价值规范性研究进路，在公共行政与公共管理学领域，则主要采取一种问题导向型的、偏重实证的研究路径，即没有过多强调参与的理论价值，而是在肯认公民参与已经成为现代国家治理重要组成部分的事实基础上，重点分析参与实践中出现的诸如降低管理绩效、影响公共决策质量乃至造成更广泛公共利益损失等弊端，研究如何评价及实现公民参与的有效性，如何维持公民参与和政府管理之间的平衡。美国公共行政与公共管理学教授克莱顿·托马斯提出了一个公民参与的有效决策模型理论框架，

---

① 参见卡罗尔·佩特曼：《参与和民主理论》，陈尧译，上海世纪出版集团 2006 年版，第 32—35 页。

② 哈贝马斯：《在事实与规范之间：关于法律和民主法治国的商谈理论》，童世骏译，生活·读书·新知三联书店 2003 年版，第 369 页。

通过设置公共政策质量与公共政策的公民可接受性两个核心变量，并在实践中评估两者的权重关系，确定公民参与的范围和程度选择。公共管理者可以借助公民参与的有效决策模型，根据公共决策的目标要求选择公共管理者自主式管理决策（autonomous managerial decision）、改良式的自主管理决策（modified autonomous managerial decision）、分散式的公众协商（segmented public consultation）、整体式的公众协商（unitary public consultation）、公共决策（public decision）等不同梯度的公民参与决策模型。[①] 因而，公民参与是一种应当"根据环境的变化选择不同参与程度、采取不同参与形式的过程"[②]。美国研究政府治理与改革问题的专家盖伊·彼得斯教授同样关注了实践中的具体参与问题，诸如"参与会不会成为造成行动迟缓的繁文缛节的另一种形式""一般公众是否有足够充裕的信息来参与复杂决策的详细讨论"等。他特别指出，在美国一些地方城市"不得不设立财务控制委员会来控制民主参与的政府所带来的赤字的增长。尽管这一策略对控制财政开支未必有效，但若能减少参与，那么实现控制赤字增长这一目标的可能性就越大"[③]。因而"政府的任务是平衡及时决策的需要和参与的需要，同时制定出采纳未来参与者提出的相关意见的标准"[④]。

（二）财政预算过程中的参与一般理论研究

财政预算过程的本质是通过配置稀缺资源，提供公共产品，向

---

① 参见约翰·克莱顿·托马斯:《公共决策中的公民参与》，孙柏瑛等译，中国人民大学出版社 2010 年版，第 27 页。

② 约翰·克莱顿·托马斯:《公共决策中的公民参与》，孙柏瑛等译，中国人民大学出版社 2010 年版，第 23 页。

③ B. 盖伊·彼得斯:《政府未来的治理模式》，吴爱明等译，中国人民大学出版社 2001 年版，第 69 页。

④ B. 盖伊·彼得斯:《政府未来的治理模式》，吴爱明等译，中国人民大学出版社 2001 年版，第 70 页。

公众负责。公众一般被看作财政运行结果的承担者与公共产品的接受者，而并不直接参与预算过程。美国公共行政与公共预算领域专家艾伦·鲁宾教授将此概括为"纳税人和决策者分离"的公共预算特征，并且坦承"个人很少在预算中起直接的作用"[①]，而主要是通过公民投票、民意测验或其他非正式的沟通交流方式表达自身的诉求；同时，她也注意到实践中一些地方城市实行的参与式预算改革，指出"开放式预算过程对公众更为负责"，但需要平衡预算参与带来的，一方面"更高程度的政府合法性、更大程度的稳定和集团间的理解，以及对资源的更有效利用"与"助长开支"甚至"总体预算要求超过可行预算额"之间的关系。[②] 因而，正如公共行政与公共管理学所秉持的实证研究路径一样，鲁宾教授也认为需要经验性地，依据预算决策需求，灵活确定公众参与预算过程的具体情形。

与宏观性地做出价值判断抑或策略性地分析参与技巧的研究进路都有所不同，公共选择理论的典型代表詹姆斯·M. 布坎南教授采取制度经济学分析路径，立足于个人面对公共资源的使用做出决策这一假设前提，对公共选择中个人参与的成本效益及影响个人行为选择的财政制度因素进行分析。在其理论框架下，参与本身并不涉及应或不应以及意义程度的价值判断，也不是从一个管理者的立场考量参与的方案如何设计以便更好平衡多种利益冲突问题，而是已经把参与作为一个事实前提，进而讨论个人参与公共选择就如同市场选择一样，都会进行成本效益衡量，并且不同的财政制度规则对个人的这种衡量取舍产生影响。因而，个人参与会出现于己有利但不一定有利于整体利益的理性选择，也会出现误判公共服务成本（以为纳税人要承担的成本

[①] 爱伦·鲁宾：《公共预算中的政治：收入与支出，借贷与平衡》，叶娟丽等译，中国人民大学出版社 2001 年版，第 15—17 页。

[②] 爱伦·鲁宾：《公共预算中的政治：收入与支出，借贷与平衡》，叶娟丽等译，中国人民大学出版社 2001 年版，第 100—101 页。

低但实际要承担的成本比预期高）的财政幻觉。布坎南对此问题的回应是，将个人参与公共选择的层次从制度下的对公共产品的选择，提升到对制度规则本身的选择上。①

为财政预算过程中的参与提供理论支撑的还包括新公共管理主义理论。20 世纪 80 年代，伴随着新公共管理主义运动的兴起，学界开始关注财政预算领域中的绩效问题，进而揭示绩效预算管理中公众参与的意义及其面临的问题。世界银行预算研究专家沙安文、沈春丽提出构建一种面向公民的绩效预算理论，强调公民参与和绩效预算改革之间双向互动的重要关联：一方面，公众参与确保了收集、评估、报告的数据可信度和可靠性，同时公民参与为持续实施绩效预算改革提供了现实动力，"如果缺乏公众的支持和协助，管理者和员工将不可能明白结果导向方法的现实价值，也不能做到有效的执行和运用"。另一方面，绩效预算的改革实施也为促进公民参与预算决策提供了有力条件。在传统的分项列支的预算模式之下，公民只能从公开的预算投入数据中了解公共资源配置流向和政府运作轨迹，但对于资源利用的实质效果、有无达成预定的政策目标等无从知悉，"绩效预算产生了便于使用的预算文件并通过绩效评估和报告增强了政府透明度，这促进了预算决策的公民参与"②。奥斯本认为要提高国家的治理绩效，就应当在预算过程中体现结果导向，通过采取对公民有意义的指标体系，收集公民对于如何编制预算的偏好，促使政府将资源优先性安排集中于"购买公民重视的成果"③。

---

① 参见詹姆斯·M. 布坎南：《民主过程中的财政：财政制度和个人选择》，唐寿宁译，上海三联书店 1992 年版，第 243—245 页。

② 沙安文、沈春丽：《地方政府面向公民的绩效预算》，载沙安文主编：《地方预算》，中国财政经济出版社 2012 年版，第 119—125 页。

③ 奥斯本、哈钦森：《政府的价格》，商红日译，上海译文出版社 2011 年版，第 60—65 页。

（三）参与式预算理论与实践问题研究

围绕预算过程中公民参与问题讨论最为集中的是有关参与式预算的研究。学界将公民对公共资源的分配进行审议和协商的决策过程称为参与式预算（participatory budgeting）。作为一种体现包容和可问责的国家治理工具，参与式预算已经在世界不同发展水平的国家以多种形式实施。伴随着实践推进，这一特殊预算模式具有的社会价值以及伴生的负面影响亦逐步为学界所认知，其中世界银行组织的系统研究尤其具有代表性。

1. 关于参与式预算的理论价值与实践发展状况的研究

在理论研究上，参与式预算被普遍视为一种对参与式民主具有重大贡献的实践样本。[①] 它的出现源自理性管理与价值驱动的政治决定之间的分离，标志着从市民预算偏好中征求意见的一种理想化的模式，而更现实的背景因素则是在严重的财政危机中不得不对税收与公共服务供给做出权衡与恰当的安排。在实践中它可能采取公共会议、焦点小组、模拟论辩、委员会以及调查等多种各有利弊的形式，实施效果亦不尽一致，更为关键的是推动参与式预算的目的究竟是为了完成一种空洞的参与程序还是真正要对公共资源分配结果产生实质性影响，学界的研究亦未能得出一致的结论。[②] 在实证研究上，对世界范围内参与式预算实践状况的全面系统评述来自世界银行所做的一项专题研究。世界银行对世界范围内参与式预算的兴起历史、典型模式、实施条件、价值局限、发展前景等方面进行了宏观整体性研究。尤其针对发展中国家，就如何促进广泛而有意义的公民参与，如何组织参与，如何要求公民提出其观点，如何向其提供有关资源限制和权衡取舍等问题的

---

① Cabannes Y., "Participatory Budgeting: A Significant Contribution to Participatory Democracy", *Environment & Urbanization*, Vol. 16(1), 2004, p. 27.

② Carol Ebdon, Aimee L. Franklin, "Citizen Participation in Budgeting Theory", *Public Administrative Review*, Vol. 66(3), 2006, p. 445.

信息提出建议。[①]

2. 关于参与式预算制度保障研究

世界银行的研究强调了建立"支持性法律和政策框架"与完善政府间财政关系结构对促进参与式预算的积极意义。一方面，建立自上而下的支持性法律框架是实施公民参与的必要条件，内容包括设定参与人的参与条件、参与人的行为范围、政府实践、激励框架等，以便发起和维持参与；另一方面，国家立法强制实行参与式预算并不能成功，因为当地方政府没有获得足够的财政自主权的情况下，地方政府组织公民参与的资源基础与权力调配空间将受到极大限制，这就需要建立一个提升地方政府政治、管理和财政能力的分权框架，以及有利于公民参与预算的地方法治框架，而不仅仅是国家立法，通过发挥地方能动性与制度创新的作用，保障对地方社区有效参与地方资源分配决定。[②] 研究政府间财政关系与预算改革的美国学者穆林斯认为，参与程序对于改进计划和预算提供了重要的可能，但要取得效果，应当以广泛的参与为基础，"促进公开、共同的参与流程机制对于获取参与式流程的收益十分重要"，"不正确的参与结构能够使现存的权力组织相对地免受挑战，而且能够减少弱势群体团体的声音。参与必须被管理成一种对民主决策的投入，而不是一种代替品"。为确保参与目标和效果达成，"应当将权益方参与日常决策制度化，并将其作为预算计划、发展和批准的一个组成部分"。[③]

3. 关于参与式预算典型个案的实证研究

学者对亚欧参与式预算的研究显示出该地区纳税人预算参与实践

---

① 沙安文主编：《参与式预算》，庞鑫译，中国财政经济出版社 2018 年版，第 57—58 页。

② 沙安文主编：《参与式预算》，庞鑫译，中国财政经济出版社 2018 年版，第 253 页。

③ 丹尼尔·R.穆林斯：《地方预算程序》，沙安文主编：《地方预算》，大连市财政局翻译小组译，中国财政经济出版社 2012 年版，第 6、182—183 页。

的广泛性、丰富性及其推动国家治理改善的影响力。[①] 对来自美国和韩国代表性城市的案例研究表明，公民参与预算可以作为一种减少因单一依赖行政性责任模式（administrative accountability）而产生的信息流动异常状态的政府治理工具，有利于促进公民与行政官员之间的信息交换。[②] 学者还运用 93 个国家的数据样本，研究影响中央政府预算程序中公民参与的经济、社会、制度与政治因素，发现互联网普及率、人口多样性、政府财政形势以及预算透明度是决定中央政府预算参与机会的关键，而且在预算透明度与预算参与度之间存在双向的正相关关系，即不仅预算透明度有助于提升公民参与，而且公民参与亦是增强预算透明度的必要条件。[③] 除了针对国家或地区的整体性数据展开分析之外，学者亦聚焦特定行政部门开展的参与式预算实践，分析其带来的社会经济效应。如针对秘鲁的水资源与卫生行政部门自 2004 年开始实施的参与式预算的研究，发现其与该部门水公共服务覆盖范围及供给质量之间并无统计学意义上显著的联系，无论结果的多样性是基于供给层次抑或供给变化而进行的测量。并且未来伴随着贫困人群可能遭遇的更大参与损失，参与式预算的非均衡结果亦会不断出现。[④] 此外，世界银行对推行参与式预算的拉丁美洲、欧洲、亚洲、非洲几大区域的国家实践情况进行实证研究，总结其经验方法，提出参与式预

---

① 参见伊夫·辛多默、鲁道夫·特劳普-梅茨：《亚欧参与式预算：民主参与的核心挑战》，张俊华译，上海人民出版社 2012 年版，第 6—8 页。

② Soojin Kim, Hindy Lauer Schachter, "Citizen Participation in the Budget Process and Local Government Accountability: Cases Studies of Organizational Learning from the United States and South Korea", *Public Performance & Management Review*, Vol. 36. No. 3, 2013, p. 456.

③ Ana-Maria Rios, Bernardino Benito, Francisco Bastida, "Factors Explaining Public Participation in the Central Government Budget Process", *Australia Journal of Public Administration*, Vol. 76, No. 1, 2017, p. 48.

④ Miguel Jaramillo Lorena Alcazar, "Does Participatory Budgeting have an Effect on the Quality of Public Services: the Case of Peru's Water and Sanitation Sector", IDB Working Paper Series No. IDB-WP-386, 2013, p. 47.

算实践中面临的挑战和问题。[①]

（四）纳税人权利相关问题研究

毋庸置疑，在纳税人权利体系中，针对税务机关的税收征收行为存在纳税人税权，但针对更为宽泛的用税行为是否建立相对独立的权利形态则存在不同观点。日本税法学者北野弘久提出建构纳税人基本权体系，将纳税人权利从单一的消极防御性内容扩展为涵盖"管理租税征收和用途""要求情报公开和参加预算过程"等积极参与内容的权利体系[②]，预算参与权可以看作是纳税人权利体系的重要组成部分。此外，美国公共预算史研究学者科恩从历史的角度考察了预算参与权对于塑造一个有序、理性的公民社会具有的重要意义，指出预算的意义主要不在于财政管理的技术，而在于其事关民主制下政治权力与公民权的关系。[③]

二、国内相关研究

（一）国家治理与预算民主问题研究

我国早期研究没有将国家治理与纳税人预算参与联系起来，甚至缺乏将预算作为治理工具看待的观念，而是集中于从财政管理的角度对预算运行过程进行研究，以"收、支、平、管"为基本的分析框架，围绕预算决策与编制、预算运转与执行、预算绩效评价与决算的管理周期等方面展开，更多关注预算规模及结构优化，政府对市场的替代及其对市场配置效率的影响等方面。如楼继伟等探讨预算管理体制以

---

① See Shah, Anwar, *Participatory Budgeting*, World Bank Publications, 2007.
② 北野弘久：《税法学原论》，陈刚等译，中国检察出版社 2001 年版，第 353—362 页。
③ 乔纳森·卡恩：《预算民主：美国的国家建设和公民权（1890—1928）》，叶娟丽等译，上海格致出版社 2008 年版，第 58 页。

及完善预算制度应当遵循的基本原则①；贾康等分析我国部门预算编制权力集中在各政府职能部门，财政部门缺乏作为核心预算机构所必要的资源整合及调整的能力②。

随着预算政治学、财政社会学等交叉学科领域的发展，学界从多个维度论证预算功能及其改革影响，突出预算在整个国家治理中的重要地位，形成将预算作为国家治理工具、以预算制度改革为切入点，寻求国家治理变革的新思路，推动预算问题研究从立足于单一的管理学视野向横跨政治学、行政学、社会学、经济学、法学、管理学等多学科视野转型。正是在这样的学科交融背景下，预算治理、预算民主、预算参与等相关问题逐渐引起了学者关注。

王雍君认为公共预算与政府施政密不可分，在确保实现政府改革目标的过程中，预算改革起到了关键性作用。③安秀梅认为，预算制度是从根本上解决政府治理机制问题的最好选择，通过强化政府预算管理中的受托责任，有利于塑造对纳税人负责的治理理念。④马骏基于中国收入生产模式的变迁，研究其对国家治理格局以及预算民主化改革方向的影响，认为从财政收入来源及其重要性的角度考量，中国自改革开放以来逐步从自产国家向税收国家迈进。当国家的财政收入无法完全依凭自身的资源控制与支配渠道获得，而必须仰赖税收的形式将私人部门的财富转化成财政收入时，汲取收入以及支配运用收入的方式、过程就需要体现民主原则，真正做到"取之于民，用之于民"。⑤

---

① 参见楼继伟主编：《中国政府预算：制度、管理与案例》，中国财政经济出版社 2002 年版，第 14—15 页。

② 参见贾康、苏明：《部门预算编制问题研究》，经济科学出版社 2004 年版，第 30 页。

③ 参见王雍君：《中国的预算改革：述评与展望》，《经济社会体制比较》2008 年第 1 期，第 38—39 页。

④ 参见安秀梅：《论我国政府公共财政受托责任》，《中共南京市委党校南京市行政学院学报》2005 年第 4 期，第 32 页。

⑤ 参见马骏：《中国公共预算改革：理性化与民主化》，中央编译出版社 2005 年版，第 44 页。

在学者看来，由于纳税人成为供给财源的主要力量，国家不仅要在征税过程中取得纳税人的同意和合作，而且在资金分配利用的预算过程中应当吸纳其参与，这是以预算为载体推动国家治理变迁的基本要求。"预算民主就是指建立这样的一种预算制度，在该制度下，政府的收支行为都是置于人民及其代议机构的监督之下的。这种预算制度将从外部对政府预算进行政治控制，使得政府预算能够实现公共责任。"[1] 闫海指出，预算民主构建的中心是代议制机关的预算审批权，又称"钱袋子权力"，衡量民主程度的重要指标在于公众参与的广度和深度。[2] 王绍光认为，在税收国家的基础上还应当进一步发展拥有现代预算制度的预算国家，即必须经过立法机关批准与授权方可实施政府财政收支计划，并公之于众。财政收支的统一性、完整性与立法机关预算监督的约束性、权威性构成预算国家的典型标志。通过预算制度的改革将有助于塑造公开、透明、规范、民主、负责的政府。[3] 靳继东认为预算的民主价值体现在能够提供一种容纳、整合不同利益主体多元需求、凝结更多社会共识、化解矛盾的有效机制，有利于公共需求的有效供给，实现公共预算的核心本质目标。[4] 在他看来，预算活动必定内嵌于公民参与预算、立法与行政机关之间的预算权力分配、政府内部的预算权力分配三维的权力结构中。因而，"预算不仅是作为一种宏观经济政策，以资源配置效率为最大考量，而且应当反映复杂的政治关系和政府过程"[5]。

---

[1]　参见马骏：《中国公共预算改革：理性化与民主化》，中央编译出版社 2005 年版，第 55 页。

[2]　参见闫海：《公共预算过程、机构与权力：一个法政治学研究范式》，法律出版社 2012 年版，第 69 页。

[3]　参见王绍光：《从税收国家到预算国家》，《读书》2007 年第 10 期，第 4 页。

[4]　参见靳继东：《预算政治学论纲：权力的功能、结构与控制》，中国社会科学出版社 2010 年版，第 41—42 页。

[5]　参见靳继东：《预算政治学论纲：权力的功能、结构与控制》，中国社会科学出版社 2010 年版，第 18 页。

（二）参与式预算相关问题研究

对预算民主的诉求进一步发展并体现在社会公众对公共预算事务的直接参与上，形成了被学界称为参与式预算或者公众参与预算的模式。围绕参与式预算，学界展开规范研究与实证研究。

1. 规范研究路径

第一，从理论基础、运行机制、典型模式、价值与局限等不同维度对参与式预算进行总括性研究，全景式地展示参与式预算理论内涵及其在公共预算改革、国家治理推进中的地位作用。如陈家刚认为参与式预算是一种公民直接参与决定或影响一定范围内可支配公共资源的用途的过程。这一预算改革有利于促进公民与公共权威之间的沟通，矫正公共资源配置中的不公平、不透明状况，培养公民参与民主实践的价值观念与操作技巧，为未来重塑国家治理提供变革动力。但同时，参与式预算可能存在过于关注公共投资项目，尤其是中短期项目，忽视对社区、城市乃至国家长期的、整体利益的关注，削弱了参与式预算中公共学习或者权利赋予的影响。[①] 王绍光、马骏认为，参与式预算提供了一种满足普通公民参与公共预算活动、维护自身利益诉求的路径选择，是一种具有进步意义的预算改革探索。[②] 刘斌认为，参与式预算通过将参与民主、协商民主、代议制民主等结合起来，为广大公民了解政府运作以及影响公共资源的分配提供机制，也为公民参与预算保持合理性、合法性和秩序性做出系统约束；同时，也指出参与式预算容易过度依赖政府、引发局部利益和整体利益冲突等弊端。[③] 宋彪认为，公众参与预算是公共预算与民主政治互动的产物。我国当前的预

---

① 参见陈家刚：《参与式预算的理论与实践》，《经济社会体制比较》2007 年第 2 期，第 56—57 页。

② 参见王绍光、马骏：《走向"预算国家"——财政转型与国家建设》，《公共行政评论》2008 年第 1 期，第 36 页。

③ 参见刘斌：《基于公共预算构建的我国参与式预算研究》，中国财政经济出版社 2019 年版，第 71—77 页。

算改革及其立法需要强化公众参与理念，促进民主法治在公共预算中的落实。[①] 刘洲认为，参与式预算有助于改变传统预算决策体制下普通公民无法介入预算事务的状况，促使公民角色从消极变为积极，充分保障公民参与机会，进而推动社会公平的实现。[②]

第二，重点揭示参与式预算模式深层次的运作机理，发掘政府间财政关系以及地方财政自主权对实施参与式预算的重大影响，将参与式预算改革中呈现的人大、政府、社会三方主体的横向关系嵌入在自上而下的政府间财政关系版图上加以考量。如靳继东认为，通过实施基层财政民主制度试点，赋予地方人大对财政决策的监督权，进行多种参与方式的制度创新，促进地方政府承担公共责任。[③]

第三，在理论分析基础上探寻参与式预算未来发展的法治化改革路径。陈家刚认为参与式预算应当嵌入制度化的规范法律框架，参与式预算与赋予公民参与权利以及公民对参与带来利益的理解相辅相成。增强参与式预算的合法性，有助于深化参与主体对参与式预算服务于自身价值和利益的重要性认知，从而推动参与式预算持续进行下去。[④] 刘斌认为参与式预算的完善和发展以及公民预算参与权的实现，都需要完备的法治体系来支撑，包括从宪法的高度为公民参与预算提供明确的法律依据；基于预算法的规范体系，明确公民参与预算的基本理念和重要原则。[⑤]

2. 实证研究路径

丰富多元的本土化实践样本为学者分析参与式预算的具体运作状

---

① 参见宋彪：《公众参与预算制度研究》，《法学家》2009 年第 2 期，第 143 页。

② 参见刘洲：《参与式预算法治化研究》，科学出版社 2015 年版，第 16—18 页。

③ 参见靳继东：《预算政治学论纲》，中国社会科学出版社 2010 年版，第 197 页。

④ 参见陈家刚：《参与式预算的理论与实践》，《经济社会体制比较》2007 年第 2 期，第 57 页。

⑤ 参见刘斌：《基于公共预算构建的我国参与式预算研究》，中国财政经济出版社 2019 年版，第 175 页。

况提供了可行性基础。如陈奕敏①、贾西津②、徐珣③、褚燧④对浙江温岭各乡镇在"民主恳谈"基础上发展的参与式预算进行研究；张峰、周行君⑤对上海闵行区人大组织预算听证的研究；文旗等⑥对广东佛山南海区的预算协商、顺德区的预算参与保障机制的研究。还有学者针对国外典型参与式预算个案展开实证研究，如马骏、罗万平对美国地方政府层面的公民参与预算的经验进行总结，概括其主要机制包括：公众听证、公民或消费者问卷、公民领袖和公民利益团体会议、焦点团体、公民咨询委员会、政府官员会议、公民陪审团等。⑦

（三）国家治理、公法结构变迁与预算参与权配置问题研究

参与不仅是政治学、管理学领域的核心话题，也是法学领域尤其是研究公共权力运行方式及其变化规律的公法学者关注的重要对象。学者们首先注意到现代国家公共权力运行已经不再是传统的由立法机关下达行动指令、由行政机关严格遵循该指令行事并接受普遍性司法审查的消极行政模式，而是进入到一个积极行政的过程——立法机关对行政机关进行"概括性授权"，由行政机关进行自由裁量，以公共政策目标实现或者各种复杂的价值权衡选择为导向，脱离司法审查约束。

① 参见陈奕敏主编：《从民主恳谈到参与式预算》，世界知识出版社 2012 年版，第 19 页。

② 参见贾西津主编：《中国公民参与：案例与模式》，社会科学文献出版社 2008 年版，第 175 页。

③ 参见徐珣、陈剩勇：《参与式预算与地方治理：浙江温岭的经验》，《浙江社会科学》2009 年第 11 期，第 31 页。

④ 参见褚燧：《参与式预算与政治生态环境的重构——新河公共预算改革的过程和逻辑》，《公共管理学报》2007 年第 3 期，第 90 页。

⑤ 参见张峰、周行君：《预算听证制度完善的闵行实践》，《上海人大》2014 年第 6 期，第 37 页。

⑥ 参见文旗、许航敏：《地方财政预算制度的协商治理模式创新探索——对广东南海预算协商听证的研究》，《财政研究》2015 年第 4 期，第 79 页。

⑦ 参见马骏、罗万平：《公民参与预算：美国地方政府的经验及其借鉴》，《华中师范大学学报（人文社会科学版）》2006 年第 4 期，第 27 页。

传统的控权论在现代公共权力扩张的现实背景下"面临着明显的合法化能力匮乏的问题",并进而引发了行政过程的"民主合法性危机"。[①]而调适民主合法性与现代积极行政回应性关系的重要途径,即是发展公众参与。王锡锌认为应当通过吸纳各种利益主体对行政过程的有效参与,为行政过程及其结果提供合法性资源。在他看来,公众参与不仅仅是转变公共权力运行方式的理念依托,更是直接构成行政法治建构的核心,"如果公众参与成为行政过程主要的合法化制度过程,那么行政法治的模式应当围绕着公众参与这一核心来建构"[②],甚至从更为宽泛的推动整个法治改革的基本因素看,公众参与可以成为在政府主导、自上而下的改革推动力之外的自下而上的推动引擎。[③]

而当公众参与进入到公共权力及其法律调整领域,在公法治理主体、公法主体间关系、公法价值取向、公法利益基础等方面都呈现出与传统法治不同的特点及运行规律,需要进行重新考量。罗豪才、宋功德认为,公域之治是由开放的公共管理因素与广泛的公众参与因素共同构成的,公域之治从传统的单一向度的管理向多元主体参与的治理转型,推动公法主体间关系从对抗与控制朝互动与合作转换、公法价值取向从稳定与秩序朝全面回应公众正当需求转换、公法利益基础从狭隘地实现公共利益朝平衡公共利益与私人利益转换。[④]袁曙红认为公法治理主体日趋多元化,主体间关系日益从对峙抗衡转向参与协作,相应地,法律规制进路从单向度的行为规制转向综合性行为规制与权

---

① 参见王锡锌:《公众参与和行政过程——一个理念和制度分析的框架》,中国民主法制出版社 2007 年版,第 4 页。

② 参见王锡锌:《公众参与和行政过程——一个理念和制度分析的框架》,中国民主法制出版社 2007 年版,第 5 页。

③ 参见王锡锌:《公众参与和中国法治变革的动力模式》,《法学家》2008 年第 6 期,第90 页。

④ 参见罗豪才、宋功德:《公域之治的转型——对公共治理与公法互动关系的一种透视》,《中国法学》2005 年第 5 期,第 8—18 页。

利保障相结合。^① 这种权利是公法意义上的概念，是私主体依据公法规范享有的，针对国家公权力机关的一种公权利。^② 在公权利主体与公权力主体关系上，公权利主体不是一味处于与公权力主体对峙抗衡的状态。公权利并非局限于从法律上规范和限制公权力的运行，而是参与到公权力运行过程中，从过程上控制公权力。^③ 在这方面，传统部门公法学研究视角存在局限性。

只注重公共权力主体及其行为规制的现象在财政预算领域亦有体现。预算法整体反映出的是作为一部秩序管理法而非权利保障法的基本风格。正是基于对这种预算权力、权利配置失衡的反思，学界开始研究预算参与及其权利建构的意义。江必新、肖国平认为，公民的预算参与权即是公民通过各种合法的途径与方式参与预算事务的权利。该权利具有主体的广泛性、过程的合法性以及作为一种公权利形态的基本属性。权利的义务主体是国家，体现了公民与国家之间的基本关系。^④ 陈志英认为，预算是国家进行的一项公共性活动，属于公共领域的范围，公民在此活动中所享有的参与权实质上反映的是公民与国家间的关系，是公民表明其主权者身份的方式和途径。^⑤ 邓研华认为中国预算改革应当重视公民权利的保护，将尊重和保护纳税人的财政预算权利作为预算制度改革的方向。^⑥ 王晓慧认为实行公共财政的国家，其国家预算中必然贯彻公共财政的基本原则，即财政决策民主原则、财政支出公共性原则和财政监督公开性原则等，正是在这一意义上，公

① 参见袁曙红：《现代公法制度的统一性》，北京大学出版社 2009 年版，第 126—128 页。
② 参见徐以祥：《行政法学视野下的公法权利理论问题研究》，中国人民大学出版社 2014 年版，第 14 页。
③ 参见袁曙红：《现代公法制度的统一性》，北京大学出版社 2009 年版，第 109 页。
④ 参见江必新、肖国平：《论公民的预算参与权及其实现》，《湖南大学学报（哲学社会科学版）》2012 年第 3 期，第 133 页。
⑤ 参见陈志英：《预算参与权：被忽略和被误解的》，《兰州学刊》2011 年第 1 期，第 211 页。
⑥ 参见邓研华：《从权力走向权利：预算改革的政治学分析》，《海南大学学报人文社会科学版》2016 年第 3 期，第 62 页。

民应享有通过各种合法途径与方式参与预算的编制、执行，并依法对政府的财政行为进行监督的权利。[①]

（四）财税法预算参与及其权利建构研究

聚焦于财税法学界，可以看到对预算参与问题经历了从作为原则理念提出到预算权概念及制度层面的反思，再到预算权力与预算权利构造的研究理路的转变。

预算参与立足于财政民主主义的基本思想。学界对财政法理论的早期探索便包含了有关财政民主主义理路内涵、表现形式、实现路径等方面的思考，为预算参与理论发展奠定了基础。如刘剑文教授及其领衔的研究团队较早系统论证了"民主视野下的预算法改革"相关问题。[②]熊伟教授建构了包括财政民主主义、财政法定主义、财政健全主义与财政平等主义在内的财政法原则体系，其中财政民主主义既是指重大财政事项经立法机关审批通过以实现政府权力控制的目的，也意味着赋予公众财政事项监督权，最终保障人民的财政决策权的实现。[③]张学博博士认为纳税人参与预算是财政民主原则的重要内容。应当构建纳税人参与预算的法律保障机制，并根据公民参与预算决策的需要合理规定相关程序。[④]吕庆明博士对防范权力异化的财政民主的理论基础、制度框架及其改进路径进行了研究，特别指出参与是财政民主的核心要素，直接指向财政权力运行过程的直接参与有利于矫正财政民主机制的运行弊端，同时也指出参与的效果受制于参与主体的参与能

---

① 参见王晓慧：《公共财政模式下我国公民的预算参与权实现》，《河南师范大学学报（哲学社会科学版）》2016 年第 3 期，第 56 页。

② 参见刘剑文主编：《民主视野下的财政法治》，北京大学出版社 2006 年版，第 236—261 页。

③ 参见熊伟：《财政法基本原则论纲》，《中国法学》2004 年第 4 期，第 101 页。

④ 参见张学博：《论财政民主原则：国家治理现代化的现实路径》，《行政与法》2017 年第 6 期，第 82 页。

力和制度赋权状况等条件。①

　　财政民主与预算参与有赖于法治的保障。而要从一种思想理念转变为现实制度，实际上面临各种复杂利益关系的博弈。为此，有学者选择以权利视角为切入点，通过以公民财政权为基础的构造方式实现财政民主法治化。如胡伟指出，财政民主是"建立在公民财政权利实现的基础之上"，财政民主在制度层面上"表现为公民的财政知情权、财政决策权、财政监督权、财政救济权等权利构成的权利体系"②。刘剑文、侯卓等强调把权力—权利对应关系作为财税法的基石范畴，认为在财税法场域，一方面要强调对公权力的控制，另一方面应当以"权利保护为价值依归，着力于对纳税人权利的肯认与保障"③。胡明主张应突破传统权力视域的研究局限，植入财政权利的思维路径。"形成包含财政知情权、财政参与权与财政监督权内容的主观防御性权利体系"，"建立权力人与权利人共商的议价机制"。④魏陆强调了预算参与权利配置的重要意义，认为社会公众不但有预算知情权，还应该有预算参与权，即能够参与到预算政策制定和执行监督过程中，可以使预算最大限度地回应社会公众的需求，切实增强预算的民意基础。预算的社会公众参与比预算公开更进一步。⑤

　　对财政预算权利的关注改变了财税法长期偏重权力诠释及制度约束的研究进路，由此引发了对既有的概念范畴（如何理解预算权）、制度框架（除了预算权力配置，预算法制度框架还应包括哪些内容）、运行机制（预算运行过程是否仅仅表现为预算权力的行使过程）等问题

---

①　参见吕庆明：《防范权力异化的财政民主问题研究》，法律出版社 2016 年版，第 49 页。

②　参见胡伟：《论完善实现中国财政民主的法律机制》，《政治学研究》2014 年第 2 期，第 69 页。

③　参见刘剑文、侯卓、耿颖、陈立诚：《财税法总论》，北京大学出版社 2016 年版，第 133 页。

④　参见胡明：《财政权利的逻辑体系及其现实化构造》，《中国法学》2018 年第 1 期，第 143 页。

⑤　参见魏陆：《完善我国人大预算监督制度研究》，经济科学出版社 2014 年版，第 132 页。

的全方位反思，呈现出从一味强调权力控制转向控权（力）与赋权（利）并重的发展趋势。刘光华教授基于预算法律关系的构造解析，主张预算权概念既指涉预算权力，也表现为预算权利，应当"修正目前学界关于预算权的片面理解和模糊认识，兼顾预算权力与预算权利之间的平衡配置"[①]。张学博博士从现代财产权理论出发，认为"预算权应当是预算权利和预算权力的辩证统一"[②]。岳红举、单飞跃教授指出预算权的重心已由预算管理转向管理预算、由收入控制转向收支并重，预算权分离为公民参与式的公民预算权利和代议制民主式的国家预算权力的二元结构。廓清预算权的二元结构有利于明确公民预算权利作为国家预算权力的合法性基础。[③] 刘剑文教授、王桦宇博士提出与传统公权力形态 —— 财政权 —— 有所区别的公共财产权概念，主张仅仅包含权力要素的财政权更多关注行政行为及其正当性问题，而结合财产权利因素考量的公共财产权概念，强调政府从私人获得财产的公共属性，是以权利作为逻辑基点，最终更有利于实现财税法的根本价值目标 —— 保护私人财产权。[④] 蒋悟真教授提出传统预算权运行路径是在公权主体内部进行分配，忽视公民在预算法中的主体地位，应当在预算法中明确规定其预算权利，并通过政治化、社会化、司法化实施路径得以实现。[⑤] 朱大旗教授认为现代公共预算的目的呈现从保障公权力行使到促进权利实现的转变，预算权配置格局应当体现人民主体地位。未来预算法治变革方向应当秉持人本主义理念，不仅需要完善人大代表预算审查监督权，而且有必要明确社会公众直接性的预算权利，夯

---

① 参见刘光华：《预算权法律属性：基于法律关系的解读》，《首都师范大学学报（社会科学版）》2012 年第 6 期，第 62 页。

② 参见张学博：《现代财产权观念中的预算权概念研究》，《河南财经政法大学学报》2016 年第 5 期，第 24 页。

③ 参见岳红举、单飞跃：《预算权的二元结构》，《社会科学》2008 年第 2 期，第 108 页。

④ 参见刘剑文、王桦宇：《公共财产权的概念及其法治逻辑》，《中国社会科学》2014 年第 8 期，第 137 页。

⑤ 参见蒋悟真：《中国预算法的实施路径》，《中国社会科学》2014 年第 9 期，第 125 页。

实现代预算权体系中的人民主体地位的基础。①

（五）与纳税人预算参与权相关的权利范畴研究

　　财税法领域对权利的关注反映在从汲取财政收入到安排、执行财政支出的整个运作过程中，形成了主要针对财政收入汲取过程的税权问题研究，主要针对财政支出过程的预算权利问题研究，以及从传统的防御性税权向更加积极能动的参与性权利拓展的不同层面和视角的研究成果。尤其是将传统税权覆盖的范围自征收环节向支出环节延伸，这一权利范围的拓展与支出环节中预算权利的发展形成有力衔接，为预算权利形态的凝练及法律确认创造了可行基础。张馨教授认为，在税收征收过程中的具体纳税人权利应当与支出结合起来，为纳税人提供参与决策过程的机会。② 单飞跃教授、王霞教授认为，应当建立有别于传统的纳税人权利的新的概念范畴——纳税人税权。传统的纳税人权利是纳税人依据税收征收管理法在具体税收征纳关系中享有的权利，但这些权利是纳税人作为一般行政相对人享有的权利，与纳税人的身份没有关系，无法涵盖纳税人基于该特定身份所享有并与其承担的义务相对应的税收使用权、税收知情权、用税监督权等内容。因而其主张采取纳税人税权的概念，以便更全面涵盖与纳税人义务对应的权利内涵。③ 刘剑文教授等认为在税收征纳后纳税人仍然享有广泛的权利，纳税人权利的效力应当延伸到预算阶段。④ 熊伟教授认为，纳税人权利保护既体现在税收征收阶段，亦应延续到税收立法和财政支出阶段，

---

　　① 参见朱大旗：《现代预算权体系下的人民主体地位》，《现代法学》2015 年第 3 期，第 12 页。

　　② 参见张馨：《财政公共化改革》，中国财政经济出版社 2004 年版，第 169 页。

　　③ 参见单飞跃、王霞：《纳税人税权研究》，《中国法学》2004 年第 4 期，第 92—93 页。

　　④ 参见刘剑文、侯卓、耿颖、陈立诚：《财税法总论》，北京大学出版社 2016 年版，第 135 页。

以便形成更充分的保护私人财产权的法律体系。① 黎江虹教授认为应
当构建税收支出监督权，即纳税人对于税收收入支出用途、支出规模、
支出方式等方面行使监督的权利，弥补传统税法规定的不足。② 丁一研
究员认为民主原则不仅适用于税的征收领域，它同样要求贯彻于税的
支出领域。公共财政要求征收的税款必须用于公共物品的生产和提供，
而不是任何其他用途。要保证这一点，除了加强预算对财政收支的法
律约束外，还应赋予纳税人用税监督权。③ 纳税人预算参与权与上述权
利范畴都反映了在收支结合基础上进行权利构建的方向，但纳税人预
算参与权概念集中关注的是纳税人在预算过程中的参与状况。它一方
面可以回应财税活动以预算为载体的运作现实，另一方面能够契合国
家治理现代化的民主参与趋势，相对于其他相关权利范畴具有特殊的
意义。

三、相关研究趋势及本课题研究脉络

从国内外相关研究中可以把握的基本趋势在于：

一是学界从早期集中分析纳税人预算参与的民主价值到基于更广阔
的学术视野探究预算参与的政治、经济、社会等多方面效应。在新公共
管理运动影响下，预算参与和以结果为导向的预算改革的结合明显扩展
了参与的范围——从参与预算决策到参与绩效评估乃至整个预算运行
过程，使得学界开始重新估量预算参与对于预算制度变迁的影响。

二是从纳税人预算参与的资格证成转向纳税人预算参与实施机制
的构造。预算参与的正当性已经成为学界的基本共识，然而参与主体
范围如何界定，参与的预算层级如何设定，参与预算决策的对象是全

---

① 参见熊伟：《财政法基本问题》，北京大学出版社 2012 年版，第 35 页。
② 参见黎江虹：《中国纳税人权利研究（修订版）》，中国检察出版社 2014 年版，第 182 页。
③ 参见丁一：《纳税人权利研究》，中国社会科学出版社 2013 年版，第 259—260 页。

部财政收支活动还是特定范围的财政资金使用等，对此问题还存在争议。并且伴随着实践的不断推进，囿于制度缺位或者设计的不合理，或者注重形式化的移植而缺乏与本土政治经济社会环境的深度融合等因素，在一些地区出现预算参与的效果衰减乃至实施中断的情况，学界开始愈来愈重视制度的力量，转向如何通过建构规范化的预算参与实施机制，促进预算参与的可持续进行。在这一过程中，以预算参与权为切入点重构预算权力与预算权利配置格局，成为推动制度变迁的重要动力。

三是从纳税人预算参与实证研究到纳税人预算参与权规范研究，旨在从法权构造层面破解纳税人预算参与的制度障碍。

整体观之，学界对预算参与的研究强度明显大于对权利问题的研究，而在权利研究层面，又显示税收征纳环节的权利研究多，对预算过程中公权主体内部的权力分配与制衡研究多，对纳税人在预算过程中的主体地位以及权利状况研究较少的"两多一少"的局面；同时就纳税人预算参与权与国家治理的关联性研究而言亦有缺失。有鉴于此，本课题拟对纳税人权利谱系中被忽视的纳税人预算参与权进行深入阐释，并将之作为实现国家治理现代化的切入点和推进器，探讨其权利构建的意义与路径。

四、研究创新与研究价值

（一）本课题可能的创新之处

学术理论创新。将纳税人预算参与权构建作为推进国家治理现代化的切入点和突破口，彰显财税法治以权利本位观与理财治国观为指引的新的理论发展趋势。财税法治的传统理论基础包括公共财政理论、民主财政理论、财政控权理论等，理论核心是处理政府与社会及政府与政府之间的资源分配关系，解决规范理财的问题。本课题一方面以权利本位观为指引，弥补财税法治注重权力对权力制约而忽视权利构建的理论局限；另一方面，以理财治国观为指引，从预算理财进而实现治道变革的角度出发，寻求纳税人参与预算过程的权利构建方案。

研究视角与学术观点创新。基于国家治理现代化视角对纳税人的预算主体地位及其权利布局进行全方位考察，形成对传统纳税人权利体系与预算权配置格局的新的思考维度。现有成果侧重对纳税人在税收征纳过程中的消极防御性权利进行研究，对预算权配置格局中的公权主体关系进行研究。本课题突出纳税人的预算主体地位，促进纳税人权利从消极防御向积极参与扩展、预算权配置从封闭向开放转变，推动国家治理现代化目标的实现。

研究思路创新。研究纳税人预算参与权构造在国家治理体系中的功能定位与制度困境，揭示纳税人预算参与权的动态运行过程。现有成果对纳税人权利体系或者预算权配置格局的研究主要采取视野相对狭窄的规范文本分析，集中于解决权利本身的规范化问题。本课题一方面立足于在国家治理系统中考察纳税人预算参与权的应有功能与实际运行中的功能局限，确立纳税人预算参与权的完善方向；另一方面，对纳税人预算参与的权利配置、权利运行、权利保障的动态过程进行全面系统研究。

（二）学术价值

一是以国家治理现代化的现实要求为逻辑起点，以纳税人预算参与权构建为逻辑归宿，提供国家治理现代化理念与财税权利制度改革的关联性分析框架，有利于深化财政作为国家治理基石和重要支柱的地位认知。

二是将纳税人预算参与及其权利构建置于国家治理层面加以考量，与近年来财税法学界提出的理财治国新主张相契合，有利于彰显现代财税民主法治的精神要义、丰富财税法理论体系。

　　三是通过对国家治理现代化视野下的纳税人预算参与权构建进行全面系统研究，打通财政收入与支出层面权利研究的割裂状态，调整预算过程中纳税人与公权主体权利（力）研究的失衡现象，有利于形成适应国家治理现代化要求的财税法研究新进路。

（三）应用价值

　　一是促进在财税法治领域落实人民主体地位的治国理念。十八届四中全会强调"全面推进依法治国必须坚持人民主体地位"。本成果旨在全面展现纳税人在预算过程中的主体诉求，契合在依法治国中坚持人民主体地位的基本方向。

　　二是提供财税法治完善新路径。我国自 1994 年分税制改革之后，关于预算编制、审批、执行中的技术性、程序性机制逐步完善，而在预算权力（利）配置格局上整体变化不大。本成果以纳税人预算参与权构建为切入点，为完善财税法治提供新的路径。

　　三是为推动国家治理现代化提供可行机制。国家治理现代化作为一种动态演进过程反映了国家治理目的、治理主体、治理方式、治理过程要素的变迁，表现在治理目的上从国家本位走向以人为本，治理主体上从单一走向多元化，治理方式上从管制走向协商，治理过程上从封闭走向透明。本成果研究纳税人预算参与权对实现国家治理目的人本化、治理主体多元化、治理方式民主化、治理过程透明化具有的实践意义，为推动国家治理现代化提供具体可行的法律机制。

第一章　国家治理现代化理念及构建纳税人预算参与权的现实要求

一、国家治理现代化与国家财税治理法治化

国家治理现代化是促进社会政治经济现代化的时代需要。国家治理作为一种相对于传统"统治"与"管理"概念而出现的公共权力运作机制，反映了新的施政理念与模式。所谓治理是指，"官方的或民间的公共管理组织在一个既定的范围内运用公共权威维持秩序，满足公众的需要。治理的目的是在各种不同的制度关系中运用权力去引导、控制和规范公民的各种活动，最大限度地增进公共利益"[1]，其具有不限于公共机构的治理主体多元化、权力运行方式的协商合作化、以谋求社会认同和共识作为正当性基础的特征。治理就其本义而言是弥补国家与市场两种资源配置手段不足的机制，但并不能确保其结果契合社会公共利益目标，其自身也可能失效，因而需要建立有效的治理，实现善治。"要实现善治的理想目标，就必须建立与社会经济发展、政治发展和文化发展要求相适应的现代治理体制，实现国家治理现代化。"[2]国家治理现代化即是要达致使社会公共利益最大化的善治目标。

---

① 俞可平：《论国家治理现代化》，社会科学文献出版社 2014 年版，第 22—23 页。
② 俞可平：《论国家治理现代化》，社会科学文献出版社 2014 年版，第 4 页。

善治包含公共权力运行的制度化、规范化、民主化、效率性、协调性等多项要素，衡量国家治理现代化的基准亦可由此确定，但核心评价标准是国家治理的法治化水平。在国家的顶层设计中，推进国家治理体系和治理能力现代化，不仅是作为我国全面深化改革的总目标写入宏观战略性文件[1]，而且还专门作为统领社会主义制度体系若干重要领域改革的基本依据，用以指引依法治国方略的实现[2]，足见国家对制度建设的高度重视。制度建设不仅是要形成一系列合乎基本形式标准的法律规范，更应着眼于构建完备高效的现代规范体系，实现良法善治。因而，制度建设是围绕动态的、持续的、良性运作的法治化过程展开的。正是在此意义上，有学者指出"国家治理现代化在本体上和路径上就表现为推进国家治理法治化"，法治既能为国家治理带来良法的基本价值，也能提供实现国家善治的有效工具[3]；"法治是国家治理体系和治理能力现代化的必由之路"，"国家治理体系和治理能力现代化取决于法治体系的成熟定型程度"[4]。由此可见，国家治理法治化兼具价值理性与工具理性。推进国家治理现代化，应当实现国家治理法治化。

国家治理法治化可以进一步从国家治理体系的法治化与国家治理能力的法治化两个维度分析。国家治理体系法治化是通过宪法、法律及法规促进国家治理的制度体系达致法制化、定型化和精细化状态[5]；国家的治理能力法治化则是指依法管理国家和社会事务的能力，包括"科学立法、严格执法、公正司法和全民守法的能力"，以及"运用法治思维和

---

① 参见中共十八届三中全会做出的《中共中央关于全面深化改革若干重大问题的决定》。

② 中共十九届四中全会专题研究坚持和完善中国特色社会主义制度、推进国家治理体系和治理能力现代化问题，做出《中共中央关于坚持和完善中国特色社会主义制度 推进国家治理体系和治理能力现代化若干重大问题的决定》。

③ 张文显：《法治与国家治理现代化》，《中国法学》2014年第4期，第5页。

④ 马怀德：《法治是国家治理体系和治理能力现代化的必由之路》，《山西政协报》2019年12月6日，第3版。

⑤ 参见张文显：《法治与国家治理法治化》，《中国法学》2014年第4期，第20页。

法治方式深化改革、推动发展、化解矛盾、维护稳定的能力"。①

作为一项极为庞大复杂的系统工程，国家治理体系和治理能力法治化改革从何处着手，应如何突破？国家治理体系抑或治理能力的法治化，与财税法治的改革完善存在密切关系。在推进国家治理法治化建设的各个制度领域中，财税法治是牵引相关改革的"牛鼻子"②，在法治国家、法治政府和法治社会建设全局中居于枢纽地位③。十八届三中全会提出"财政是国家治理的基础和重要支柱"的论断，将建构科学的财税体制作为"优化资源配置、维护市场统一、促进社会公平、实现国家长治久安的制度保障"，从而改变了传统意义上总是倾向于从经济属性诠释财税本质的思维局限，赋予财税支撑国家治理全局的新的历史内涵与发展定位。这一顶层设计包含了借力财税治理法治化撬动国家治理变革，最终实现国家治理现代化的深刻蕴意。它既反映了世界范围内普遍性的发展规律，亦是基于我国实践经验的总结与理性选择。

一方面，我们从一些重大历史事件背后都不难发现有财税因素的渗入，"一旦国家的财税制度发生改变，在很大程度上，国家的治理制度也会随之改变"④，因而财税活动本身也是国家治理实践的生动反映，"一个民族的精神，以及它的文化水平、社会结构和政策预示的行动等……所有这些甚至更多的事情都是由财政史所书写"⑤。要探寻国家治理演进史就可以从财税制度史中一探究竟。

另一方面，更重要的是，发挥财税对于国家治理的支撑性作用是

---

① 李林：《依法治国与推进国家治理现代化》，《法学研究》2014 年第 5 期，第 7 页。

② 参见刘剑文：《财税法在国家治理现代化中的担当》，《法学》2014 年第 2 期，第 3 页。

③ 参见刘剑文：《理财治国观——财税法的历史担当》，法律出版社 2016 年版，第 13 页。

④ 王绍光、马骏：《走向"预算国家"：财政转型与国家建设》，载马骏、谭君久、王浦劬主编：《走向预算国家：治理、民主和改革》，中央编译出版社 2011 年版，第 5 页。

⑤ Schumpeter, "The Crisis of the Tax State", in Richard Swedberg, Joseph A. Schumpeter, eds., *The Economics and Sociology of Capitalism*, Princeton University Press, 1991, p. 101.

基于我国对自身实践经验的总结与理性选择。改革开放四十余年间，
中国在政治、经济、社会等诸多领域发生了巨大变化，归结为一点即
是国家与社会及国家权力体系内部的治理方式发生了变革。从历史的、
政治的、经济的等多个维度都可以解读这一具有重大深远影响的改革，
而"从财政角度"出发，我们"观察国家的性质、国家的形式以及国
家的命运"具有了一条新的又是极为重要的线索。[①] 根据财税治理方
式不同，学界形成了自产国家[②]、税收国家[③]、预算国家[④] 三大财政国家
类型理论。尽管自产国家、税收国家、预算国家作为类型学意义上的
理论抽象与现实社会的发展变迁并非完全对应，一个国家的财政治理
也并非经历从自产国家到税收国家再到预算国家的单向、线性演进的
过程，但这种理论模型对于分析我国的整体性的财税体制变迁具有解
释力。我国在 1978 年改革开放之前可以说是一个自产国家。[⑤] 国家的
财政收入主要依靠国有企业的利润上缴系统，在此基础上，国家将获

① Schumpeter, "The Crisis of the Tax State", in Richard Swedberg, Joseph A. Schumpeter, eds., *The Economics and Sociology of Capitalism*, Princeton University Press, 1991, p. 101.

② 自产国家的概念在美国经济学家坎贝尔（Campbell）的学术论文 "An Institutional Analysis of Fiscal Reform in Post-Communist Europe" 中首次出现，主要是指那些实行计划经济体制的国家，因国家所有制使得国家的财政收入主要来源于国有企业上缴的利润。参见马骏：《中国财政国家转型：走向税收国家》，《吉林大学社会科学学报》2011 年第 1 期，第 19 页。

③ 税收国家的概念第一次出现是在奥地利财政学家葛德雪（Goldscheid）的《国家社会主义或国家资本主义》一文中，熊彼特（Schumpeter）基于反对葛德雪的观点发表的《税收国家的危机》（the Crisis of Tax State）再次提到这个概念。此后，学界对税收国家的认识一般都从税收在国家财政收入中的地位和作用的角度分析。代表性观点，如日本税法学家北野弘久认为，税收国家是"全部的国家财政收入几乎都依赖租税收入的一种国家体制"；台湾税法学家葛克昌教授认为，税收国家是"以租税收入为国家主要收入来源"的国家形态。参见北野弘久：《纳税者基本权论》，陈刚等译，重庆大学出版社 1996 年版，第 103 页；葛克昌：《国家学与国家法》，台湾月旦出版社股份有限公司 1996 年版，第 142—143 页；葛克昌：《租税国的危机》，厦门大学出版社 2016 年版，第 3 页。

④ 预算国家的概念是香港中文大学王绍光教授提出的。他强调现代预算是指经法定程序批准的、政府机关在一定时期的财政收支计划。参见王绍光：《从税收国家到预算国家》，《读书》2007 年第 10 期，第 4 页。

⑤ 参见王绍光、马骏：《走向"预算国家"：财政转型与国家建设》，载马骏、王绍光主编：《走向预算国家：治理、民主和改革》，中央编译出版社 2011 年版，第 24 页。

得的收入在其权力体系内部进行从中央到地方的分配。实行改革开放政策之后，两项关键性举措 ——"利改税"与财政包干体制改革使得国家财政供给来源发生根本变化。这两大财税体制改革举措显著增加了税收在整个社会利益分配格局中的比重。到1994年我国推行了较为完整的工商税制改革与规范的分税制改革，使前期进行的"利改税"与财政包干体制改革得以进一步完善。以此为基础，中国形成税收国家的基本制度框架。经过1994年工商税制的全面改革与政府间的分税制改革，国家与社会及国家权力内部之间的利益分配关系都开始建立在税收基础之上，依托较为完整系统的税收制度框架开展国家各项活动。以1994年制定颁布具有里程碑意义的《预算法》为标志[①]，国家财税治理重心逐步转向财政支出层面。国务院、财政部门大力推动部门预算改革、国库集中收付改革、政府收支分类改革、政府采购改革、预算绩效改革、预算公开改革等，预算在国家政治经济生活中的作用逐步凸显，为我国走向预算国家创造了条件。从我国现实发展历程看出，重大的国家改革计划无不与财税问题紧密相连。财税活动是"一条能够把政府、社会组织和居民个人有效地动员起来，从而实现多元交互共治的最有效的线索"[②]。财税治理法治化的基本任务在于借助法治手段统摄财政收入、财政支出、财政管理的全过程，合理配置不同主体间的权利、义务和责任，平衡协调国家财政权与私人财产权之间的关系。[③]要实现国家治理法治化应当以财税治理法治化作为突破口。

---

① 1994年第八届全国人大第二次会议通过《预算法》，使得国家层面有了第一部全国性的预算立法，对于规范政府预算管理，加强人大对预算的监督具有重要意义。2014年第十二届全国人大常委会第十次会议通过修订后的《预算法》。

② 参见高培勇：《财税体制改革与国家治理现代化》，社会科学文献出版社2014年版，第9页。

③ 参见刘剑文：《理财治国观——财税法的历史担当》，法律出版社2016年版，第18页。

二、国家治理现代化视野下预算治理及其法治化的重要蕴意

基于财税治理法治化的目标定位，进一步聚焦财税法治体系的内部框架，可以发现公共预算作为财政收支活动的基本载体发挥的重要作用。现代意义上的预算不仅是对政府收支的预先规划，还对规划的全面性、统一性、准确性、约束性、时效性等方面提出要求。收支预算的背后反映的是政府在未来一定时期内的活动选择及其相应的成本估算，是政府的政策选择以及相应的政策成本。透过预算，能够帮助纳税人判断公共资金是否用于公共目标或者是否实现资源的有效配置[①]，从而促使政府向其公民承担公共责任。可见，公共预算关乎国家治理，是国家治理的核心。

通过预算进行治理，就是借助于公共预算这条"可以观察到的有关现代国家治理活动的基本轨迹"，将国家各项职能活动纳入透明化、可监督、可问责的范畴，建立起国家与社会之间沟通互动的桥梁[②]，为国家治理体系与治理能力法治化的实现提供坚实基础。预算治理法治化就是要求在预算编制、预算审批、预算执行、预算监督、预算问责等各个预算运行环节都应当建立系统化、规范化的预算治理机制。它包括几个层面的蕴意：

其一是预算治理制度体系的法治化。即确保各项预算活动的实施于法有据，使各个预算主体尤其是公共权力主体在明确清晰的规范框架内行使权力，最大限度填补规范缺失的漏洞并尽可能将之上升到法律的层面，确立具有强约束力的法律保留原则。

其二是预算治理制度内容的权力权利一体化。即预算治理制度的内容不能仅仅局限于公共权力的授权与制约，还应涵盖预算权利的配

---

① 参见黄新华、何雷：《面向国家治理现代化的公共预算改革研究》，《福建论坛·人文社会科学版》2016年第6期，第6页。

② 高培勇：《财税体制改革与国家治理现代化》，社会科学文献出版社2014年版，第15页。

置及保障。"尽管公法是通过规范和监督公共权力的方式来达到维护和拓展公民权利的目标，公共权力通常是对公共行为发挥主导性影响，但无论是依职权的公法行为还是依申请的公法行为，都不可能只是公共权力的独角戏，而是权力/权利的合成品。"① 对于预算治理制度而言，同样不应将其仅仅定位于调整预算权力之法，还应考量因权利主体的参与、配合、支持、服从等对预算权力行使产生的影响，预算法律关系的产生、变更与消灭可能因社会公众行使权利或维权行动而激活预算权力，使其启动和运行。

其三是预算治理能力的法治化。即要求能够运用预算法治思维和法治方式管理国家公共事务。国家治理能力的高低测度可以转化为国家"按既定的方式拨款或者使用资源的能力"评价。一方面，"汲取财政收入并按一定方式进行支出是国家能力最基本的支持性因素之一"；另一方面，改变国家取钱、分钱和用钱的方式，也就是改变预算的运作模式，就能在很大程度上改变国家做事的方式，改变国家的治理制度。② 因而，国家治理能力的提升有赖于建立现代预算制度，只有拥有现代预算制度的国家才能被称为预算国家。③

三、国家治理现代化推动纳税人预算主体地位及其预算权利的确认

置于预算治理的语境之下，推进国家治理的宏大工程具有了切实可行的实施路径，同时也为重新审视预算法治体系的完善方向以适应

---

① 袁曙红：《现代公法制度的统一性》，北京大学出版社 2009 年版，第 128 页。

② 王绍光：《走向"预算国家"：财政转型与国家建设》，马骏、谭君久、王浦劬主编：《走向"预算国家"：治理、民主和改革》，中国编译出版社 2011 年版，第 5—6 页。

③ 参见曹堂哲：《现代预算与现代国家治理的十大关系》，《武汉大学学报（哲学社会科学版）》2016 年第 6 期，第 26 页。

国家治理发展需求提供了契机。传统预算法治的建构与实施主要围绕预算权力配置及行使而展开。预算法属于典型的公法，公法的基本标志在于以"公权力"作为其理论原点，"因为没有公共权力的存在，就不会产生公法。在漫长的公法传统之河中，公权力始终是公法制度建构的出发点和落脚点"①。预算法从其创制到历经二十余年的实施检验，再到近年来修改完善的整个过程，都没有脱离预算权力究竟如何配置以及如何优化的核心问题，与公法以公权力为中心的发展演化规律相契合。然而，公法与公共权力之间的单一连接纽带在发生显著变化。伴随着公法从集中控制公共权力运行、维护社会公共秩序的消极功能定位转向组织公共产品和公共服务供给的积极功能定位，公法更多采取与社会主体平等协商、互动合作的调整方式，公法的调整范围不再局限于权力本身，或者仅仅作为公权力主体的利益调整或意思表示的产物，而应当成为"调整公共权力与公民权利之间以及公共权力相互之间关系"的法律规范形式。②预算法的变迁过程基本上因循了传统的"重权力、轻权利"的路径依赖，忽视了对预算主体多样性、预算价值目标回应性与预算治理方式参与性的考量，未能对预算权力/预算权利关系做出全面调整。在国家治理现代化语境下，应当对此进行矫正，确认纳税人预算主体地位并进行预算权利的配置。

（一）预算治理主体的多样性与纳税人预算主体地位的接纳

主体的多样性是治理内涵的应有之义，也是治理区别于管理的关键因素之一。预算治理意味着介入预算运行过程的主体具有多样性：包括依职权实施预算编制、预算审批、预算执行、预算调整、预算监督等行为的立法机关与行政机关，以及通过申请预算信息公开、参与

---

① 袁曙红、韩春晖：《公法传统的历史进化与时代传承——兼及统一公法学的提出和主张》，《法学研究》2009 年第 6 期，第 141 页。

② 袁曙红：《论建立统一的公法学》，《中国法学》2003 年第 5 期，第 34 页。

预算分配、监督问责预算权力机关等途径影响预算运行过程或结果的公民、法人或其他组织，他们既是贡献税收的纳税人，亦是预算过程的参与者。预算治理是公私主体交互作用推动形成的产物，单靠某一方主体行为无法完整实现立法目的。预算法治改革的基本方向与预算治理主体的多元化相契合。以修订后的《预算法》为例，第四十五条规定基层人大应当组织人大代表听取选民和社会各界对预算草案的意见，这一规定为多元主体参与预算决策提供了可能，但仅仅强调的是决策者一方对其他意见的听取，而不是对纳税人预算主体地位的明确接纳。

预算治理主体的多元化，一方面要求立法机关审批预算不应局限于单向度的公权力主体的意志表达，而应通过一定程序机制的构建、在吸纳纳税人的合作参与的过程中，达成更有利于公共利益实现的预算分配结果，增进公权力主体预算决议的正当性。另一方面则意味着纳税人应当获得一种新的主体地位。这种主体地位与私法意义上独立支配利用财产的法律主体以及税法意义上经让渡部分私有财产形成公有财产的消极防御者地位均有不同。预算治理过程中的纳税人是以积极参与者的姿态表明其不仅"在场"——获悉信息与过程监督，而且还可能直接参与预算分配决策，而私法意义上的产权主体抑或税法意义上的纳税主体往往都是游离在关乎切身利益的决策范围之外。又如，《政府信息公开条例》规定公民可以申请预算信息公开，但这只是政府信息公开的一般性制度框架，并且侧重于规范政府信息依法主动公开，是基于管理者的视角增强政府信息的透明度，纳税人更多作为政府信息披露的消极接受者，当其作为政府信息的获取的积极申请者时可能面临较大障碍。因而，更为根本性的立法理念应当定位于确定纳税人的预算主体地位，赋予其相对于传统私法或者税法主体的更具有能动性的法律地位。

（二）预算治理目标的回应性与纳税人预算权利的彰显

预算治理定位于实现公共性、民主性、规范性等多维度目标，与单纯满足政府管理职能需要的预算目标有着明显区别。但在强调这些预算治理目标时，不应忽视纳税人的主体维度与预算权力主体对社会诉求的回应。

1. 公共性标示预算分配的财产属性系公共财产，但预算治理目标的实现需要通过纳税人预算权利的确认，平衡不同的公共性利益诉求。基于公共财产的属性决定了对该财产支配利用的方向乃在于提供单纯依赖市场调节无法满足的公共产品或公共服务。公共性的内涵是财政范畴与生俱来的本质属性，因而，无论是夜警国家还是福利国家，无论是投资拉动型的建设财政还是聚焦民众福祉的民生财政，其财政预算的公共性基础都是共通的，所不同者在于公共性的充分程度以及表现内容和方式。

在现代国家，政府承担的公共职能日益复杂和多元，尽管在本质上只要是着眼于满足整个社会而非某一类区域、某一个社会阶层或社会群体的需要即是契合公共性目标，但不容回避的是，同属于公共性范畴的各类需求满足的急迫性程度并非处于一致水平，更重要的是需求背后所代表的利益相关者群体呈现出不同的话语权和说服能力，由此决定了不同群体表达需求并采取集体行动的能力具有显著差异。

因而，如果只是笼统甚至模糊地强调公共性目标，而不去深入探究公共性语境之下不同纳税人群体的利益对比，将无助于从根本上塑造公共预算的定位；相反，可能更加强化了预算与纳税人无关、只能被动接受预算安排的认知。因此，有必要对纳税主体间的法律地位做出实质性衡量，回应特定领域的公共需求，在此基础上赋予纳税人获取知悉预算信息、参与预算过程、监督预算权力的预算权利，弥补公共性目标之下回应性不足的弊端，确保主体间的利益平衡。

2. 民主性是反映预算权力正当性根基的关键指标，但预算治理目标的实现需要通过纳税人预算权利的确认，建构多元化的预算民主治理机制。"做出财富分配决策的过程是与权力的行使紧密相连的"[①]，预算过程是围绕汲取、支配、利用公共财产而展开的一系列权力行动过程。因而，预算不仅具有"公共性"，亦表现出"权力性"的特征。作为权力体系的核心，国家预算权力自然也源于公民的授予，其出发点和落脚点也应符合公民自己或者他们所选出代表的意志，方才具有民主性和正当性。预算本身便是基于约束政府分配利用公共财产的权力而由立法机关做出授权的产物。

然而，预算治理的民主性目标是否仅依赖于立法与行政两大公权力主体之间的关系调适就能实现？预算民主的重要衡量指标是参与水平，"如果缺乏社会的积极参与，政府提供公共产品和服务的能力便会受到严重影响"[②]。从我国现行的预算法规范文本来看，预算权力配置只是在这两大主体之间游移，注重国家机关之间的制约，而忽视权力之外纳税人能够发挥的监督作用，因而呈现出一种"内部性预算权分配关系"的特点。[③] 这种民主预算运作机理实际上与传统公法立足于"传送带"式的合法化理论框架具有逻辑一致性。根据民主理论的基本蕴涵，只有立法机关通过立法才可能使政府权力的获得和行使得到合法化，行政机关就好比一个"传送带"负责在特定场景中执行立法指令。[④] 预算就相当于授权政府采取支出行动的"法案"，无预算即无支出。然而，传送带模式无论是适用于传统公法领域还是特定的预算法

① 杰克·瑞宾、托马斯·D. 林奇：《国家预算与财政管理》，丁学东等译，中国财政经济出版社 1990 年版，第 73 页。

② 托马斯·海贝勒：《当今中国参与中存在的问题：城市社区》，载伊夫·辛多默、鲁道夫·特劳普-梅茨、张俊华主编：《亚欧参与式预算：民主参与的核心挑战》，上海人民出版社 2011 年版，第 122 页。

③ 参见蒋悟真：《中国预算法实施的现实路径》，《中国社会科学》2014 年第 9 期，第 128 页。

④ 参见王锡锌：《公众参与和行政过程——一个理念与制度分析的框架》，中国民主法制出版社 2007 年版，第 9 页。

领域，都面临合法化能力解释的困境。就民主预算运作过程而言，预算本身应当是全面、完整、清晰的，能够给予实践中的具体行动以明确的指引，但事实上，预算可能存在未全面覆盖政府收支或者在某些条件下赋予政府自行决定的情形，因而预算实际发挥作用的范围受到明显限制，并且预算执行的过程变成僵化地执行预算指令，而不是积极回应社会需求，即便预算能够提供政府行动的全面性支持，但能否为社会提供满意的公共产品却存在疑问。这表明局限于内部性预算权分配关系要么无法真正实现预算民主的治理目标，要么无法契合预算乃服务于财政信托人利益的本质要求。

"作为政治共同体之构建与运转可拟制为一种隐喻性信托关系之上"。① 基于信托原理解读预算，表明"预算乃是委托人（人民）基于对国家的信任而让渡部分私有财产集合成公共经济资源（信托财产），受托人管理、经营、使用以及分配这些公共经济资源实现受益人（人民）的信托利益"②。因而，进行预算权力的内部性分配虽是预算民主的必然要求但还不是最终目的，最终目的是实现作为公共财产委托人的纳税人利益最大化。而赋予纳税人预算权利正是源自这一公共财产信托关系的定位。纳税人预算权利，首先是对纳税人作为公共财产委托人的身份认可，表明构成代议制预算民主的前提和基础在于回应公共财产受托人的整体利益诉求；其次，纳税人预算权利意味着与之对应的国家义务的存在，纳税人预算权利本质上是公民私有财产对所负国家责任的对价，是公共财产委托人"凭借自身的主观性和能动性，形成与财政权力之间的财政议价格局，对来自财政权力的可能侵犯进行正当防范"的必要手段。③ 然而在现有的预算权分配关系之下，权力配置方式及其运行机制等呈现出的强制性和命令服从性容易导致纳税人

---

① 朱大旗：《现代预算权体系中的人民主体地位》，《现代法学》2015 年第 3 期，第 14 页。
② 朱大旗：《现代预算权体系中的人民主体地位》，《现代法学》2015 年第 3 期，第 14 页。
③ 胡明：《财政权利的逻辑体系及其现实化构造》，《中国法学》2018 年第 1 期，第 147 页。

的预算权利遮蔽在国家预算权力之下。因而，有必要突破内部性预算权力配置的狭隘性，确定纳税人在预算民主治理中的法律地位与相应权利。

3. 规范性是预算治理过程呈现的基本方式，但预算治理目标的实现需要通过纳税人预算权利的确认，弥补单一规范性治理的不足。预算治理应当在一个逻辑自洽、内容清晰、体系完整的制度框架下运行，确保各项预算活动行之有据、遵从法律保留原则约束、不逾越法律授权范围是预算治理的最低限度要求，也是标志预算治理状态的基本指征。

然而，规范性"不一定能够保障财政权行使结果符合社会公共目的，相反可能出现一个高成本运转而社会满意度低下的公共产品供给系统"[①]。即各项预算活动均合乎规范性要求，但支出绩效低下，离预定的预算分配目标存在较大差距。因此，有必要在规范性治理维度之外嵌入结果导向的有效性治理维度。

从公权力亦是直接组织并实施各项预算活动的公共主体角度而言，有效治理意味着"从实质层面约束政府财政活动，尤其是解决如何以更低的公共成本更好地实现公共目标的问题"[②]，而并非单纯追求形式规则的遵从；从公共产品接受者亦是财政预算资金供给者的纳税人角度考量，有效治理意味着预算治理的过程不仅需要突破形式规范性的单一维度局限，实现内部预算权分配关系的实质化调整，而且有待于扩展对预算绩效做出判断并进而影响预算分配决策的主体范围，为公权力主体之外的纳税人参与预算治理过程提供可行空间。预算有效治理包含绩效目标的确定、绩效评价的实施以及绩效评价结果的运用几个

[①]　陈治：《迈向财政权实质控制的理论逻辑与法治进路》，《现代法学》2018 年第 2 期，第 91 页。

[②]　陈治：《国家治理转型中的预算制度变革——兼评新修订的〈中华人民共和国预算法〉》，《法制与社会发展》2015 年第 2 期，第 92 页。

方面的内容。尽管纳税人对于上述事项并不具有决定权，但从公共决策知识论的分析视角，无论是在目标确定前的各种偏好平衡，还是作为绩效信息提供主体参与绩效评价及其结果运用过程，纳税人都以不同的方式向预算治理过程输送其独特的"知识"并对实现有效治理目标产生积极影响，是一个希望回应社会整体利益诉求的预算治理过程应当尊重和认真对待的，实现有效治理的重要途径。"公共决策过程可以通过恰当运用行动者知识而实现正当化和理性化功能"[1]，运用参与者知识的稳定机制便是赋予参与者权利，形成各方行动者对彼此行动方向的明确预期，使得参与者能够持续性贡献其"知识"并不断优化预算治理结果。

（三）预算治理方式的参与性与纳税人预算参与权的确立

纳税人预算权利的彰显为形成预算过程的权利语境创设了条件，由此衍生出"预算知悉权、预算表达权、预算参与权、预算监督权"等一系列预算权利形态。[2]而预算参与权是最核心的纳税人预算权利。

参与预算治理意味着参与者必然要求对预算收支决策、执行等相关信息有所了解，预算参与权的建构需要预算知悉权的确立作为重要前提；参与的过程会不同程度地涉及意见表达、沟通反馈、共识达成，因而预算参与权的建构也要求预算表达权的完善；参与的目的是确保公款使用置于社会监督之下，避免挥霍浪费、偏离公共目标，预算监督权与预算参与权在目的指向上趋于一致，而参与本身相较于知悉、表达构成实现监督的一种更有力方式。预算参与权的建构促使预算知情权、预算表达权和预算监督权的联动完善。参与性是预算治理区别

---

① 王锡锌：《公众参与和行政过程——一个理念与制度分析的框架》，中国民主法制出版社2007年版，第248页。
② 蒋洪、温娇秀：《预算法修订：权力与职责的划分》，《上海财经大学学报》2010年第1期，第72页。

于传统公共管理的显著标志。要实现增进社会公共利益最大化的善治目标，就有必要促进公众对国家治理的参与。"让公众以主体身份参与到国家治理当中，既管理国家事务、经济社会文化事务，又对自身事务实行高度自治"，从而"充分地将民主理念和民主机制融入到国家治理当中，体现人民当家作主"。[1]财政预算事务既是关涉国家公共财产合理配置，促进宏观调控目标实现、保障收入分配公平调节的重大国家事务，亦是直接影响纳税人可支配财富增减与民生诉求满足程度的重要经济社会文化事务，因而，预算治理可以看作上至治国理财、下及民生福祉的贯穿整个国家政治、经济、社会各个领域治理的基本线索，构成"连接政治、经济与社会三大系统的媒介"[2]，具有塑造国家的潜在力量。参与预算治理的过程即是从一个小切口进入，进而推动国家与社会关系、国家公共权力运行方式乃至治国理政观念的改变。

参与者"不仅要从法律上规范和限制公权力的运行，更要主动地积极参与到公权力的运行过程之中去，从过程上控制公权力"[3]。当然，预算参与如同其他领域的公众参与一样，都会面临因权责配置机制缺位或者无法落实而降低参与效能的情况。例如，是否参与、如何参与以及参与何种环节抑或整个预算治理过程，往往取决于因时、因事、因人而定的预算治理政策性文件，存在较大随意性，即便参与者享有宏观抽象意义上的参与权，亦难以有效落实在具体的预算实践操作领域，相反，可能激励一些地方片面追求参与的形式化要求而忽视内在的权责配置与制度完善[4]；另一种情形是纳税人参与到预算过程中，但参与者无法提供有助于做出预算决策的充足信息或者提供的信息有失

---

①　张文显：《法治与国家治理现代化》，《中国法学》2014年第4期，第15页。

②　李炜光：《财政何以为国家治理的基础和支柱》，《法学评论》2014年第2期，第55页。

③　袁曙红：《现代公法制度的统一性》，北京大学出版社2009年版，第109页。

④　参见周志忍主编：《政府绩效评估中的公民参与：中国地方政府的实践历程与前景》，人民出版社2015年版，第46页。

偏颇[①]，参与者内部也存在为争夺竞争性利益需求而夸大自身利益、贬低他人利益的情形[②]，导致最终无法为预算治理提供有价值的选择方案。因而，纳税人参与预算不仅需要从一般化的参与实践状态上升为一种明确的权利化表达，还需要从无法指引实践操作的抽象参与权落地为具有现实保障的具体参与权，才能有助于预算治理目标的实现。

四、国家治理现代化视野下纳税人预算参与权构建的实践根基

任何权利的主张或诉求都是基于主体对社会生活中现实利益的需要。纳税人预算参与权并非只是代表学理上的一套权利话语，而应当反映现实中与纳税人参与预算活动相关的利益需要。这种现实需要是否达到要借助权利的规范建构加以体现的程度？社会治理环境的变迁是否造就了让这种现实需要更加凸显的有利因素？依托现有的权利体系是否可以满足，抑或需要在现有权利体系之外进行新建？为此，可从"度量"、"审势"及"差异性甄别"角度考量纳税人预算参与权建构的实践根基。

首先，"度量"是考虑支撑权利生成的利益发展程度。"每一项权利指向总体上可以用利益这个概念来描述"[③]，利益诉求往往非常宽泛与弹性，上升到规范实证层面的权利则必须具有确定的内涵与外延。因而，并非所有利益诉求都有权利化的可能，关键是评估利益诉求发展的"数量"与"质量"状况，这即是"度量"，考察一定利益诉求是否呈现由模糊到清晰、由少到多、由个别到普遍的变化过程（量变），以

---

① 参见 B. 盖伊·彼得斯：《政府未来的治理模式》，吴爱明译，中国人民大学出版社 2001
年版，第 69 页。

② 参见王锡锌：《公众参与和行政过程——一个理念与制度分析的框架》，中国民主法制出
版社 2007 年版，第 250 页。

③ 何志鹏：《权利基本理论：反思与构建》，北京大学出版社 2012 年版，第 27 页。

及该种利益诉求是否产生积极的社会效应及获得社会认同的程度（质变）等。纳税人预算参与权生成的利益基础在于对用税过程的监督诉求，而要度量这一利益诉求的发展情况，纳税人申请预算公开是一个不容忽视的重要参考点。2008 年深圳"公共预算观察志愿者"团队开启透明化预算过程，团队向多个地方政府提交申请，要求公开其预算情况；2009 年为了回应该志愿者团队成员的预算公开申请，广州市财政局在网上晒出 114 个部门预算，开全国之先公开其部门预算。同年，上海财经大学公共政策研究中心"省级财政透明度报告课题"项目，对我国省级政府公共预算、政府性基金预算、财政专户资金、国有资本经营预算、部门预算以及相关信息、社会保险基金预算、国有企业资产信息、被调查者态度共九个一级财政信息要素及其细化指标信息的公开情况进行持续性评估与财政透明度指数排名，发布年度研究报告，并向社会公开，对省级政府构成不小的压力。观测申请预算公开实践的另一个场域是在司法诉讼环节，尽管预算公开纠纷相对于其他行政诉讼要少，但从中可以发现申请公开的预算事项非常宽泛[1]，既涉及与纳税人切身利益直接相关的事项，也有与纳税人所在地区整体利益相关的事项。总之，纳税人具有明确的寻求预算公开的主动性意识。

纳税人的预算公开申请行动一定程度上还触发了预算公开横向与纵向维度的改革，带来了质变的效应：横向看，对预算公开申请的回应成为越来越多地方的自觉行动，省级财政透明度指数逐年上升[2]；纵向看，2009 年广州财政的"晒账本"举动成为预算公开的分水岭，在此之前，中央预算和地方预算层面均无部门预算公开的先例，此后，部门预算不断细化公开内容，"三公预算"、支出绩效评估被列入中央

---

[1]　如申请政府聘请律师费用情况公开，申请社会专项救助基金收支情况公开，申请"三公"经费公开，申请财政投资信息公开，申请财政补助信息公开等。

[2]　参见邓淑莲等：《中国省级财政透明度评估（2017）》，《上海财经大学学报》2018 年第 3 期，第 19 页。

财政决算报告向社会公开。这些举措不排除有改革者自我约束的动机，但不可否认，来自社会层面的知悉预算信息的利益诉求是从外而内、自下而上推动改革、强化监督的重要力量。

其次，"审势"是考虑社会环境因素是否提供了权利运行的有利条件。纳税人的利益诉求能否上升为权利表达除了考虑利益本身的发展程度之外，还需要对时间、空间、环境与条件等因素构成的综合性境况进行衡量，这即是"审势"。[①] 从最一般意义上理解，市场经济发展为权利生成带来机遇。市场经济催生出的主体间地位的平等性及经济利益的独立性要求，使市场主体对所有影响自身利益的外部因素更加敏感，这其中就包括税收。市场经济主体既是独立开展经营活动，追求自身财富最大化的组织体，也是承担国家公共活动成本的纳税人。基于对自身利益的考量，市场主体不能不关注个体利益与国家税收利益的消长关系，权衡自身纳税成本、主体间税负公平以及与国家之间负税与受益的关系，以期更好地保障财产权的自主与安全。因而，市场经济环境不仅直接带动大量民事权利的生成，而且滋生了在税收征收及使用阶段的利益诉求。

除了市场经济发展因素，另一个与预算参与权生成相关的背景因素是从财税视角反映出的国家治理方式变迁。"财政是国家治理的基础和重要支柱"，透过财税关系的变化，可以审视国家治理方式的演进格局，把握权利生成的现实根基。经过改革开放尤其是两次"利改税"的推行，国家财政供给来源发生根本变化，从依赖于自有产业提供经济收入的自产国家形态，进入大量依赖纳税人提供公共资金的税收国家形态，国家的治理方式开始建立在规范化的税收基础之上。国家依托较为完整系统的税收制度框架开展各项活动，为社会提供公共产品。

---

① 参见姚建宗、方芳：《新兴权利研究的几个问题》，《苏州大学学报（哲学社会科学版）》2015年第3期，第56页。

伴随着国家支出规模的不断扩张，税收国家的财政汲取能力受到限制，如何提高税收使用的效果，同时拓展融资途径，成为现代国家治理亟待解决的问题。这就需要一个全面的、准确的、有约束力的现代公共预算制度，通过合理规划收支，既保障国家的供给能力又维系财政收支可持续发展。因而，税收国家还应当向拥有现代预算制度的预算国家迈进。我国 2014 年修订《预算法》，建立全面规范、公开透明的现代预算制度，此后连续实施多项改革举措，落实、细化预算公开制度、全口径预算制度、预算绩效制度等，都与建设预算国家的目标相契合。这种以财政为引擎推动国家治理完善的改革趋势，为塑造适合国家治理需要的开放、民主的国家社会关系奠定了坚实的基础。在这样的环境背景下，纳税人希望知悉、参与预算过程的诉求更容易得到释放和彰显。

还有一个与纳税人预算参与权相关的实践因素，即现代民主治理方式的多元化趋势。纳税人预算参与的基本方式包括两种：以推举代表组成立法机关行使民主监督权力的间接民主与纳税人直接参与预算过程的直接民主。其中，间接民主机制对于财政预算法治实践产生了重大影响。从世界各国发展历史看，正是在间接民主的基础上，也就是通过要求立法机关来控制国家财政预算而不是由政府自行决定收支，才奠定了现代财税法治的一项基本原则 —— 预算民主原则。然而，现代社会在运作这一民主方式的过程中，也使得普通个人越来越远离公共预算事务，纳税人对立法机关的预算审议或者监督也逐渐降低热情，预算似乎变成与己无关的事情。立法机关、纳税人、政府之间的公共预算委托关系变得日益模糊。在这种情况下，仅靠强化立法机关的预算监督权力、夯实预算运行的间接民主基础显然不够，还需要吸纳纳税人参与，将预算运行的民主基础扩展为更加丰富的民主形式，使纳税人通过多元的、持续性的参与预算活动，对与自己生活密切相关的预算事务发挥影响、管理、监督的作用。在实践中，浙江温岭、上海闵行等地方基层的预算参与改革行动已经不同程度地实现纳税人对预算过程的参与，对于确保公共资源的公平分配、促进社区民主治理产生了良好的社会效应。纳税人预算参与权的规范化正是立足这一现实背景而提出。

再次，"差异性甄别"是考虑权利之间的规范关系。预算参与权的规范化还须确认的一个前提条件是，不应与财税权利谱系中的其他权利存在交叉重叠，换言之，如果权利谱系中的已有权利能够给予纳税人在预算过程中的利益保障，就不能以"凡事都要权利化"的偏见将现实中的利益诉求进行规范化。[①]在财税权利谱系中，纳税人财产权、社会权、税权与预算参与权的关系密切，但都无法涵盖。财产权是对财产支配及利用的权利，其核心是实现自身财产利益的最大化。基于对财产权的维护，纳税人可能注意到预算与财产利益的关系，进而提出对预算事务的某种主张或诉求，但这种主张或诉求已非财产权所能覆盖的范围。社会权是基于纳税人与国家之间的受益与给付关系形成的权利形态，纳税人要求在用税结果上分享具体现实的利益，这与作用于用税过程的预算参与权也有明显的区别。纳税人税权作用范围与预算参与权也有明显差异。概言之，现行有效的纳税人权利机制尚不能充分涵盖预算参与权的主张和诉求，有必要通过纳税人预算参与权规范化建构填补现有财税法权利体系的缺憾。

五、本章小结

国家治理现代化与纳税人预算参与构建具有内在的逻辑关联。国家预算治理主体的多样性促使对纳税人预算主体地位的接纳；国家预

---

① 参见姚建宗、方芳：《新兴权利的几个问题研究》，《苏州大学学报（哲学社会科学版）》2015 年第 3 期，第 57 页。

算治理目标的回应性强化了对纳税人作为预算主体地位及预算权力行使目的的认知；国家预算治理方式的参与性是预算治理区别于传统公共管理的显著标志，促使纳税人参与预算从一般化的参与实践状态上升为一种明确的权利化表达，再进一步落地为具有现实保障的具体参与权，推动纳税人预算参与实践的持续实施。

国家治理现代化背景下纳税人预算参与权构建亦具有坚实的实践根基。任何权利的主张或诉求都是基于主体对社会生活中现实利益的需要。纳税人预算参与权并非只是学理意义上的权利话语，而应当反映现实中与纳税人参与预算活动相关的利益需要。通过从"度量"（考虑支撑权利生成的利益发展程度）、"审势"（考虑社会环境因素是否提供了权利运行的有利条件）及"差异性甄别"（考虑权利之间的规范关系）角度的分析，表明纳税人预算参与的利益诉求已经呈现显著的变化，并产生了积极的社会效应；同时，市场经济发展、国家治理方式变迁、现代民主治理方式的多元化趋势为纳税人预算参与权构建提供了有利的条件；再者，现行有效的纳税人权利机制尚不能充分涵盖预算参与权的主张和诉求，有必要通过纳税人预算参与权规范化建构弥补财税法权利体系的不足。

第二章　纳税人预算参与权的理论蕴涵及其在国家治理现代化中的功能定位

一、纳税人预算参与权的理论蕴涵

　　纳税人预算参与权是指纳税人参与预算运行过程的权利。就其所包含的最核心的权利内容 —— 参与权 —— 来看，这是一项可以溯源于《宪法》文本及实践的重要权利。《宪法》规定，人民依照法律规定，通过各种途径和形式管理国家、经济和社会文化事务。在各级人大行使其法定职责过程中，审议批准预算是其中一项主要任务，人民通过选举组成代表机构来行使预算审查监督相关职责，从而间接参与到预算运行过程中，也可以通过更为直接的方式参与到与自身利益关系密切的预算事务中。因而，就宽泛的"参与"而言，包括间接参与和直接参与两种形态，而狭义的"参与"主要指直接参与。这里侧重从直接参与的层面诠释预算参与权概念，但并不排斥结合人大预算审查监督实施的参与方式。事实上，预算参与在实践中恰恰较多地表现为与人大预算审查监督的结合，通过人大行使其预算审查监督权力吸纳参与，实现直接参与和间接参与的结合。以下从权利主体、权利客体、权利目的、权利属性几个方面做进一步解读。

（一）权利主体

纳税人预算参与权的权利主体是纳税人。之所以采取有别于一般参与所使用的人民、公民或公众的主体概念，是因为这些相关语词尽管都揭示出相对于公共权力部门的相似主体特征，但在具体内涵以及适用范围上仍然存在细微的差别。人民一般是标示一种整体性的群体特征并主要运用于政治领域的主体称谓，人民整体的参政程度及参与权实现水平是一个国家或地区民主政治发展的重要试金石。而公民则更多与组成整体的每个个体发生关联，其政治性意味有所降低。公民参与被视为从封闭式的传统公共行政管理向新公共行政转型的标志性概念①；更重要的是，公民参与是宏观决策过程中公民个体的参与，与此相关，某些只能由公民个体进行的参与方式，如投票，是被置于公民参与的语境下展开讨论的，利益团体、组织等不享有此种参与权。②公众参与则"主要是从参与的事务范围而不是从参与主体来理解的一个概念"，其重要意义在于寻求政府行政管理过程的公共性与正当性③，强调构建有利于保障参与者权利、克服行政管理中背离公共责任倾向的制度框架。因而，公众参与意味着一种重构公共管理者与公共服务接受者关系的制度化努力。在公法学尤其是行政法学领域中可以较多看到公众参与概念的使用。

纳税人首先是一个财政税收学意义上的概念，它直观反映的是形成一个国家公共财产的来源者的主体地位，而纳税人与决策者的分离是传统财税体制的基本特征。④在税收占比不大、国家的公共用度主要

① 参见约翰·克莱顿·托马斯：《公共决策中的公民参与》，孙柏瑛等译，中国人民大学出版社 2001 年版，第 12—13 页。

② 参见王锡锌：《公众参与和行政过程——一个理念与制度分析的框架》，中国民主法制出版社 2007 年版，第 74 页。

③ 参见王锡锌：《公众参与和行政过程——一个理念与制度分析的框架》，中国民主法制出版社 2007 年版，第 74 页。

④ 参见爱伦·鲁宾：《公共预算中的政治：收入、支出、借贷与平衡》，叶娟丽等译，中国人民大学出版社 2001 年版，第 17 页。

依赖于税收之外的其他贡赋收入时，纳税人仅仅作为贡献者并不会产生大的社会问题；而当税收成为国家最主要的支出来源，成为型构现代国家治理的物质根基时，税收的征纳就不再是简单的经济学意义上的财富转移，而是包含更深层次的纳税人同意的民主政治意涵。一方面，纳税人代表了一种整体性维度的主体概念，国家征收某种税收的必要性抉择、征税所形成的国家与社会负担的合理性对比、税收征收程序的公平性考量、税收使用分配的公开透明性权衡等应当置于整体性的纳税人主体视角下，实现税收汲取、管理、分配、使用的可控性。其基本途径便是纳税人经由代表其整体意志的立法机关行使预算审查监督职责，从而间接影响国家财税政策或规范的制定、实施。另一方面，纳税人也可以指向特定个体，作为个体性维度的纳税人可以作为在具体税收征纳环节抵御不当征收、保护自身合法产权的主体，亦可作为在关乎切身利益的税收使用环节通过不同方式直接影响公共财产支配利用过程的主体。

由是观之，纳税人概念兼具整体性与个体性意涵，并能够为政治、管理、经济领域内的参与提供现实支撑，因而具有其独特的优势。正如学者所言，用纳税人的概念诠释和理解税收国家背景下的公民地位，更容易为公民或公众参与社会政治事务提供合法性基础。[①] 当然，纳税人的概念目前主要是在财政税收和财税法领域，尤其是在税收立法及实务中使用。在财税法体系内部，纳税人往往只是作为税收征收阶段的一个特殊主体称谓，而在涉及税收使用的预算安排阶段处于缺位状态。纳税人这一主体称谓在实际运用中呈现明显的学科性甚至专用性色彩。本书的研究视角立足于收支一体化的财税法逻辑，力图为目前分裂的税收征收与税收使用两端搭建沟通的桥梁，而首要的即是采取能够贯穿从税收征收到税收使用整个过程的主体称谓，纳税人概念无

---

① 参见熊伟：《财税法基本问题》，北京大学出版社 2012 年版，第 32 页。

疑是最佳选择。

（二）权利客体

纳税人预算参与权客体，也就是权利指向的对象可从两个层面分析：一是横向层面，指向形成、执行、评估预算的整个运行过程，而非限定于特定预算环节。二是纵向层面，指向不同层级的预算。

首先分析横向层面。不可否认，国际社会公认的参与式预算典型模式都与预算决策环节直接相关，如世界银行公共部门治理研究专家沙安文结合多个国家地区的实践指出，参与式预算是公民对公共资源的分配进行审议和协商的决策过程；较早将参与式预算理论引入中国的陈家刚研究员认为，参与式预算是一个创新的决策过程。受此影响，较多观点都主张将预算参与的对象直接定位于预算决策，预算决策在整个预算运行过程中的重要地位可见一斑。其直接决定财政资金分配方向和动用规模，是形成未来一定周期财政收支安排进而影响公共产品或公共服务供给水平的关键环节，由此亦从根本上制约预算治理能力的强弱。因而，开放预算决策过程、吸纳多元利益相关者参与是必要的。然而，公共政策是一个在多种价值偏好中做出选择形成政策框架，随后执行和实施公共政策，以及在政策执行完毕后基于反馈而进行政策评估、修正政策方向或者为将来的政策制定提供完善框架的完整过程。[①] 预算运行从表面上看是收钱、花钱的过程，实质上亦是一个对不同价值偏好做出取舍以契合公共政策目标，进而通过预算执行，实施资源调配与利用、绩效评估与结果修正，以求最大限度实现公共政策目标的过程。各个环节有机统一，形成完整的循环系统。从我国地方实践情况看，上海闵行区、广东顺德南海区实行预算绩效评估参与[②]，河南焦作市与四川巴中市在预算执行过程中促进以申请预算信息

---

① 参见张国庆：《现代公共政策导论》，北京大学出版社 1997 年版，第 25—28 页。
② 上海闵行区、广东南海区预算绩效评估实践体现了纳税人参与的特点。

公开为形式的参与①，以及浙江温岭新河镇覆盖预算编制、审批、执行全过程的参与②，构成了实践中多环节参与的生动实例，改变了预算参与必然与预算决策环节对应的狭隘局面。基于此，学界对预算参与的范围认知开始趋于宽泛化③，预算参与权利的配置亦应当顺应实践发展要求，"通过在预算过程的各个阶段创立参与的机会和空间，回应社会公众对公共服务水平和质量的需求"④。

其次，从纵向层面看，涉及参与中央层级的预算还是地方层级的预算的问题。不同层级的预算参与和不同运行环节的预算参与可能交织起来，使得实践中确定预算参与权的客体范围变得复杂。关乎预算决策的参与权所针对的预算事务本身具有层级性，不同预算层级的分配决策与纳税人利益相关性具有程度差异。质言之，在较低的预算层级，预算决策行动往往集中到更为具体的社会民生项目上，与纳税人利益关联度较高，预算参与权配置诉求更为强烈，也更能激发纳税人参与的意愿与动力；反之，预算层级较高，预算分配决策事项一般体现为覆盖全体纳税人的一般公共产品供给，与纳税人利益相关性较弱，参与权配置的必要性、实效性就可能存在疑问。这就表明，在国家层面的立法对纳税人预算参与权做出统一规定的同时，有必要针对不同类型的预算参与权的特点，考量与权利配置对应的预算层级，以提高权利运行的实效性。而在预算决策之外的其他运行环节，如预算执行

---

①　河南焦作市预算公开、四川巴中巴州区预算公开的实践体现了以申请预算公开为方式参与预算过程的特点。参见朱芳芳：《基于治理的地方预算改革——河南省焦作市的经验》，《经济社会体制比较》2014 年第 5 期，第 62 页；辛宇：《参与式预算的评析——以四川省巴中市白庙乡财政预算公开及民主议事会为例》，《理论与改革》2013 年第 3 期，第 80—82 页。

②　浙江温岭新河镇的预算参与实践体现了全过程覆盖的特点。参见陈家刚、陈奕敏：《地方治理中的参与式预算——关于浙江温岭市新河镇改革的案例研究》，《公共管理学报》2007 年第 3 期，第 78 页。

③　参见马海涛、刘斌：《参与式预算：国家治理和公共财政建设的"参与"之路》，《探索》2016 年第 3 期，第 79—80 页。

④　王雍君：《供应面方法的预算改革：源自参与式预算的挑战》，《财贸经济》2010 年第 4 期，第 51 页。

与预算绩效评估环节，参与权配置面对的是行政主导的预算执行权与
预算绩效评估权。预算执行以及预算绩效评估不应局限于行政内部运
作，而应当接受社会监督，纳税人参与预算是实现监督的有效方式。
纳税人可以通过预算听证、预算公开等程序机制对行政部门利用预算
资金的行为进行监督，这种意义上的参与不必受制于预算层级的限制，
可以适用于更宽泛的预算层级，例如纳税人可以提出国家层面的某种
预算支出的公开申请。

（三）权利目的

相比于税收征纳过程中纳税人享有的防御性权利而言，预算参与
权的目的在于促进纳税人积极参与预算运行过程，实现纳税人的用税
监督诉求。用税监督的表达将传统上被割裂开来的税收征收与税收使
用两级重新连结，实际上是回归了收支一体化的基本经验逻辑。传统
税法学研究建立在重征收、轻使用的狭隘税收概念基础上，税收一开
始就被打上纯粹的征纳标签，而关乎使用方面的问题则统归于预算管
理。因而纳税人权利的效力区间仅仅局限于财富的规范转移，而无法
延伸到财富积聚之后的支配、管理与使用等后续环节，是一种单向度
的有关国家税收"进口"的权利，而不包括对国家税收的"出口"的
权利。[1] "这种用狭义的税概念构造起来的税法学理论，无论在形式上
多么完美，它都无法对那些运用纳税人交纳的租税侵害或破坏纳税人
生活或权利的行为起到任何实质意义的遏制。"[2] 现实运作经验表明，从
税收汲取到国库管理、预算支出再回归税收汲取的源头的过程，其核
心就是围绕公共财产形成、支配、利用而展开的过程，收支构成公共
财产运动的不可分离的两翼。纳税人是公共财产周而复始运动所服务

---

[1] 参见黎江虹：《中国纳税人权利研究》，中国检察出版社 2014 年版，第 182 页。

[2] 北野弘久：《税法学原论》，陈刚等译，中国检察出版社 2001 年版，第 20 页。

的根本主体，纳税人的权利自然应当伴随这一运动过程始终，而不能在某一环节止步。用税监督是基于将纳税人在征收环节的"进口"权利延伸到"出口"环节而提出的概念，它构成从法理上确立纳税人预算参与权的基本依据。

"参与"是用税监督的主要方式。在学界围绕用税监督问题进行的研究中，以纳税人参与税收使用决策及实施民主监督为切入点重构税收、纳税人权利等税法核心概念者屡屡见之，这使得从法理上建构纳税人预算参与权并不存在特别的理论障碍，为进一步实现权利的规范实证化提供了有利条件。例如为区别于税收征管法或者其他税收程序法上的纳税人权利提出纳税人税权的概念，将其界定为"纳税人基于对公共利益的需求，采用让渡其财产所有权的形式获取的社会公共事务参与权"①，或者将纳税人权利提升为上位概念，将其进一步细分为传统税收征收程序法意义上的纳税人权利与纳税人基本权利②、纳税人宏观权利与微观权利③、纳税人宪法权利与税法权利④、纳税人实体权利与

---

①　参见单飞跃、王霞：《纳税人税权研究》，《中国法学》2004年第4期，第93页。

②　纳税人基本权源自纳税人与国家之间的宪法性法律关系构造，纳税人享有遵从宪法有关支付使用（福利目的）原则的规范承担纳税义务的权利，参见北野弘久：《税法学原论》，陈刚等译，中国检察出版社2001年版，第20页。台湾税法学者葛克昌教授、黄俊杰教授亦是纳税人基本权理论的倡导者，参见葛克昌：《税法基本问题（财政宪法篇）》，北京大学出版社2004年版；黄俊杰：《纳税人权利之保护》，北京大学出版社2004年版，第2页。与纳税人基本权相对的是纳税人非基本权或税收程序法意义上的纳税人权利。

③　纳税人宏观权利也是基于纳税人与国家关系的角度，主要体现税收基本法或宪法意义上的纳税人权利，具体包括民主立法和民主监督权；纳税人微观权利则是基于纳税人与税务机关的关系角度，主要体现在税收征管法及相关征收程序法中，如要求税务机关为纳税人保密的权利、依法申请减免退税的权利、对税务机关决定的陈述权和申辩权等。

④　纳税人宪法权利有两层内涵：一层是与纳税人基本权、纳税人宏观权利在本质上相通，都是基于征收与使用的一体化而赋予纳税人的用税监督的权利。另一层则等同于更为宽泛的公民基本权利的内涵，如宪法规定的财产权、平等权、生存权、选举权与被选举权等都构成纳税人宪法权利。纳税人税法权利则专指纳税人在税收征收过程中的权利，并且主要是程序性权利。持此种分类观的研究可参见熊伟：《财政法基本问题研究》，北京大学出版社2012年版，第31页；施正文：《论征纳权利——兼论税权问题》，《中国法学》2002年第6期，第148页。

程序权利^①等不同范畴。其共同点在于识别出纳税人不同于税收征纳中追求个体私利的、旨在增进社会公共利益的集体诉求，也就是监督税收是否用于公共产品的提供以及其使用是否实现预期的公共政策目标，而并非局限于自身财产权的保护范围。可见其是立足整体性的纳税人保护视角，强调纳税人权利作用于征收与使用一体化的过程。预算参与权与这种扩展意义的纳税人权利观一脉相承。纳税人作为税收贡献者不应只是消极地防御国家不当征收，还应当参与到用税过程中对政府支配利用公共资源的行为实施监督。对纳税人而言，赋予其预算参与权意味着纳税人获得一种在之前状态下所不具有的法律能力，使其法律人格的行动空间从税收征收向税收使用扩展，进而有机会监督用税过程；对预算权力主体而言，则意味着应当将支配利用公共资源的预算运行过程向贡献公共资源的纳税人开放，促使有不同偏好和诉求的纳税人对预算事务产生一定影响。^②"参与"本身所包含的积极主动性、开放透明性要求与纳税人权利从征税防御向用税监督扩展的趋势契合，有利于确认纳税人在预算事务中的主体性地位，实现纳税人用税监督目的。

（四）权利属性

纳税人预算参与权相对于税收征纳过程中的传统纳税人权利而存在，容易造成一种误解，即认为前者赋予纳税人一种积极能动的主体地位，意味着一项积极权利，而后者表明纳税人处于消极防御的地位，意味着一项消极权利。准确的解读应当是，纳税人预算参与权具有复合性权利属性。

---

① 纳税人实体权利是指纳税人享有的获得某种实体利益——纳税人税收负担确定方面的利益的权利，包括纳税人的征税同意权、税收支出监督权、税收信息权等。纳税人程序权利与纳税人微观权利、纳税人税法权利的内涵近似，是指纳税人在税收征管过程中享有的权利。参见黎江虹：《中国纳税人权利研究》，中国检察出版社2014年版，第177—186页。

② 参见陈治：《地方预算参与的法治进路》，《法学研究》2017年第5期，第54页。

　　这种复合性首先表现在积极权利与消极权利的兼容上。纳税人预算参与权兼具积极权利与消极权利的双重属性。积极权利是要求国家做出相应作为的权利，消极权利是要求国家不作为的权利。一般认为纳税人税收征收阶段的权利与预算参与权分别对应于消极权利与积极权利，"消极层面的纳税人权利主要是对抗性的，要求政府行使公共财产权不得逾越一定限度"，而"积极层面的纳税人权利主要是在财政支出环节发生作用"。[①] 但权利类型理论的新近发展表明，用积极—消极权利二分理论不足以全面解释一般性权利的属性。积极权利与消极权利不能截然二分。任何一项权利在本质上都需要借助国家的公权行动予以保障，在这一意义上，任何一项权利都是积极权利；同时，积极权利也包含防御不当干预的消极意味。同样，纳税人预算参与权既表现为要求国家提供参与保障或支持条件的积极内容，也包含要求国家不得不当作为、妨碍纳税人参与预算的消极内容；它既是一项积极权利，亦构成一项消极权利。正是基于对传统积极—消极二分理论的反思，宪法学者首先针对宪法基本权利提出了主客二维的分析框架。在此基础上，行政法学者将基本权利的双重属性理论运用于其他公法权利。一方面，在"个人得向国家主张"的意义上，公法权利是一种主观权利，是指"藉由公法的规定，赋予某一法律主体，借助法秩序而贯彻其自身利益保障的法律力量"[②]。主观权利强调个人提出请求的权利性质。另一方面，公法权利又被认为是确立了一套客观价值秩序的原则，这一意义上的权利不是靠个体力量提出请求而直接实现的，而是表明"一种价值体系或者价值标准"，是公权主体行动的基本准绳和社会共同追求的目标。[③] 因而，公法权利成为约束公权力的一种"客观规

[①]　刘剑文等：《财税法总论》，北京大学出版社 2016 年版，第 135 页。

[②]　参见哈特穆特·毛雷尔：《行政法学总论》，法律出版社 2000 年版，第 152—162 页。

[③]　参见赵宏：《作为客观价值的基本权利及其问题》，载《政法论坛》2011 年第 2 期，第 69 页。

范"或"客观法"。①

这种针对公法权利的新的研究路径对于理解纳税人预算参与权具有更强的解释力，由此启发从另一个角度描述纳税人预算参与权的复合性权利特征——基于主观权利与客观价值秩序的兼容性理解纳税人预算参与权的权利属性。预算过程是权衡和取舍的过程，预算分配的结果实际上受政治、经济、社会、法律等各种因素的制约而具有复杂性、不确定性。纳税人能否参与预算、参与的程度与范围如何、参与的结果怎样，都要受到这些因素的牵制。因而，与一般的私权以及传统税收征纳中的纳税人权利有所不同，后者可以在一个明晰的法律关系框架中确定彼此的权利义务内容。一方主体的权利对应于另一方主体的义务，反之，从一方主体的义务性规定中亦能反向推导出另一方主体享有的权利。然而，受制于预算过程的复杂性、不确定性，纳税人预算参与权却无法直接、确定地对应于特定的义务，即便是法律规范上构造出义务性表达的内容，也无法真正落到实处。纳税人预算参与权的构造意义主要并不在于构建一个权利义务直接对应的、具有强约束力的法律关系框架，而在于：一方面，确定国家不得为一定行为（如不得设置纳税人参与预算的不合理障碍）的消极义务；另一方面，纳税人得要求国家实施有利于预算参与权实现的职权行为或者提供相应的制度安排。在后者意义维度上，权利主体并不具有直接提出国家履行义务的主体资格，但是国家应当积极履行保护义务，通过完善相关支持条件或者保障机制促进纳税人参与预算。具体实现权利的路径、方式、措施等取决于国家公权主体的裁量。因而，与纳税人预算参与权对应的国家义务包括两个层面：即不得设置纳税人参与预算不合理障碍的消极不作为义务，与提供纳税人预算参与的有利条件及制度支持的积极保护义务。积极—消极的二分法逻辑尽管在描述权利本身的

---

① 参见张翔：《基本权利的规范建构》（增订版），法律出版社 2017 年版，第 224—226 页。

属性上有失周严，但在主客二维的分析框架下用以描述国家义务的双重性却是逻辑自洽的。

二、纳税人预算参与权在国家治理现代化中的功能定位

（一）强化收支预算权力制约，促进国家治理一般价值秩序的形成

诚如前述，纳税人预算参与权兼具作为主观权利与客观价值秩序的双重属性。作为主观权利的纳税人预算参与权体现为纳税人依据权利条款要求公共权力部门为或不为一定的行为，或者在权利受到侵犯或者遭遇障碍时，能够请求司法机关提供救济，要求公共权力部门纠正侵权行为、赔偿损失。但是由于预算参与本身的复杂性、不确定性以及司法介入预算事务的有限性，作为主观权利的预算参与权功能实际上面临极大限制，能够凸显其功能的任务更多集中在作为客观价值秩序的预算参与权上。作为客观价值秩序的预算参与权要求公共权力部门承担尊重、促进和保护预算参与权的义务，内容包括由立法机关提供建立各种旨在确认预算参与权规则框架的制度性保障，由立法和行政机关提供预算参与权实现条件的组织和程序性保障，以及立法、行政和司法机关采取的保护参与权免受第三方侵害的狭义保护义务。[①] 纳税人参与预算运行过程的权利与公共权力部门确认和保护参与权的义务尽管不具有直接对应性，但预算参与权的规范建构有利于确保纳税人主体的相对独立性，形成权利义务对等的法律关系结构，发挥权利制约（收支预算）权力的功能，引导建立以纳税人权利保护为中心的国家治理价值秩序。

预算过程是围绕汲取、支配、利用公共财产而展开的一系列权力

---

① 广义的保护义务指国家在客观价值秩序维护方面的所有义务，狭义的保护义务特指免受第三方侵害的保护义务。参见张翔：《基本权利的规范建构》，法律出版社 2017 年版，第 244—245 页。

行动过程。从形式上看，它似乎只是技术性或经验性地解决一定规模
的资金与特定项目之间的匹配问题或者作为某个公共职能部门正常履
职的支撑条件，真正作用于纳税人的是行政管理权力，而预算"只是
完全从属于行政作用之附属作用或前提作用"[①]。但现实情况是，要解决
如何匹配资金，就需要"一个能够配置权力和体现政治价值的公共预
算理论"[②]。预算的政治属性与权力品格逐渐为人所认识。[③]

　　既然肯认预算的权力属性，就必然要求建立权力制约机制。按照
一般公共权力的约束法理，严格执行"法无明确授权即不可为"的法
律保留原则是实现权力制约的有效途径；建立角色分化与独立的正当
程序亦是权力制约机制的重要组成部分。但是来自预算参与主体的监
督与制约是不可或缺的重要一环。纳税人预算参与权对预算权力的监
督制约体现在两个层面：其一是针对预算权力的整体运行目的，促使
预算权力规范化、有效化行使；其二是针对收支预算权力不同的运行
特点，而发挥其监督制约功能。

　　预算权力的整体运行既应合乎形式规范要求，亦应达致实质有效
目的。为此，仅靠公权力内部监督无法实现。这也是实践中立法者往
往选择建立多元化监督机制、以达到相互补充、发挥整体效用目的的
原因。除了公权力主体的内部监督之外，公众监督或社会监督即便不
是以权利化的条款方式明确加以规定，在立法上也有其一席之地。例
如《预算法》上规定"公民、法人或者其他组织发现有违反本法的行
为，可以依法向有关国家机关进行检举、控告"；《政府信息公开条例》
中规定除行政机关主动公开之外，公民、法人或者其他组织可以向地

---

　　① 蔡茂寅：《财政作用之权力性与公共性——兼论建立财政法学之必要性》，《台大法学论
丛》1996 年第 4 期，第 53 页。
　　② 马骏、赵早早：《公共预算：比较研究》，中央编译出版社 2011 年版，第 21 页。
　　③ 爱伦·鲁宾：《阶级、税收和权力——美国的城市预算》，林琳、郭韵译，格致出版社
2011 年版，第 7 页。

方各级人民政府、对外以自己名义履行行政管理职能的县级以上人民政府部门申请公开财政预算决算信息，相关行政机关应当依法予以回应；《中共中央 国务院关于全面实施预算绩效管理的意见》要求"各级财政部门要推进绩效信息公开，重要绩效目标、绩效评价结果要与预决算草案同步报送同级人大、同步向社会主动公开，搭建社会公众参与绩效管理的途径和平台，自觉接受人大和社会各界监督"。依法检举、控告或者信息公开是社会监督的基本表现形式，也是一种"依靠公民参与来加强行政问责的问责途径"①和参与预算的具体实现方式。纳税人预算参与权的存在通过规范化的权利条款赋予这种参与方式以更加稳定和可预期的效力，更重要的是有利于明示纳税人与预算权力主体之间的法律关系内容，促使预算权力规范化、有效化行使，弥补内部监督的不足。

以预算为载体，公共资源分配利用的基本格局是由收入预算与支出预算两大部分构成的，因而预算权力可分解为收入预算权力与支出预算权力两大部分。就收入预算而言，一般认为收入预算充当的是收入规模预估者的角色，征收规模大小是基于税收课征而产生的客观结果。②其主要作用在于预估征收的规模，进而与支出政策形成匹配，为支出目标的实现提供必要的物质资源。至于征收本身是否合理则不在收入预算中加以评判。这就使收入预算权力隐蔽在税收征收权力之下，而失去对其加以专门制约的机会。在一些实行收入预算权与征税权统合模式的国家（如英国、美国、法国），收入预算的编制甚至可以通过专门的预算决议程序对部分税收课征要素进行调整③，从而对整个社会

---

①　世界银行专家组：《公共部门的社会问责：理念探讨及模式分析》，宋涛译校，中国人民大学出版社 2007 年版，第 20 页。

②　参见蔡茂寅：《预算法原理》，台湾元照出版有限公司 2008 年版，第 77 页。

③　CRS Report for Congress: An Introduction to the Spending and Budget Process in Congress, Congressional Research Service, 1990, p. 23.

的利益分配产生实质影响。我国的收入预算编制权与征税权分离，收入预算编制不影响具体征税权的行使，但是预算参与权的建构赋予纳税人参与预算过程尤其是预算编制环节的资格与机会，在此前提下，收入预算尽管体现为税收征纳的执行，但不应停留在仅仅作为税收征纳权力的附属地位上，单纯关注每个纳税人的个体利益得失。在执收过程中，收入预算过程本身汇聚了各种收入来源的结构、规模、征收效率、纳税人税务负担等信息。纳税人的参与权无疑为这种信息汇聚提供有力保障，促使收入预算从封闭性的服务于财政目的的内部决策转变为相对独立的、整体性考量纳税人成本负担、平衡公私利益的透明决策过程，确保公民财政负担与国家经济发展的适度平衡。

就支出预算而言，支出预算往往与纳税人受益相关，表现为或者使纳税人财产得以扩充，或者使纳税人得到行动上的便利或支持。但支出预算亦有可能打破纳税人在自发市场环境中形成的竞争均衡，使纳税人预期利益受损、财产利用的价值空间受限（需要付出额外的私人成本）[①]，或者对排序在后的支出目标的利益相关者造成不利影响。支出预算是在稀缺资源制约下进行权衡与取舍的产物，受益或受损的现象必然存在，关键是贡献公共资源的纳税人与分配利用公共资源的决策者分离，天然缺少利益相关者参与预算的机会和途径。预算参与权的建构，意味着支出预算过程不应是单方面的由公权主体实施支出行动、纳税人被动承受结果的过程，而是纳税人获得参与预算的行动资格，公权主体需要考量支出预算的正负效应的过程。当预算支出结果可能对一定纳税人群体产生不利影响时，不得非经预算听证或者其他

[①]　在实践中就出现过因地方政府的支出行动而增加纳税人经济负担或减少其预期利益的情形。一起比较典型的反映支出预算与纳税人关系的事件是在南方某市中心区发生的商业街改造案例。该区自发形成的一条商业街因地方政府准备进行公共投入实施商业化改造而产生一系列问题。该个案研究素材来自北京大学陶庆教授所做的一起田野调查。参见陶庆：《宪法财产权视野下的公民参与公共预算——以福街商业街的兴起与改造为例》，《中共浙江省委党校学报》2009年第2期，第27—28页。

适当程序而采取行动，这有利于倒逼支出预算的改革，促进公共需求与公民权利的实现。①

（二）弥合传统预算权力约束机制与现代财税实践发展的罅隙，寻求国家治理授权与控权的适当边界

纳税人预算参与权具有建构起国家相关保护机制的一般价值秩序功能，这是预算参与权作为公法权利形态具有的普遍功能，即以权利制约权力。然而，现代财税实践发展表明，单方面地依靠权利制约权力无法保障对公共资源的灵活动态调配。伴随着积极行政、给付行政模式的广泛推行，财政支出规模不断扩大，预算调配全社会公共资源的能力明显增强，而预算扩张的背后实质是行政机关的预算权力及其自由裁量权的强化。在此背景下，过度约束行政预算权力或者放弃权力制约的基本公法任务都将导致控权与授权机制的失衡。因而，应当寻求建立一种使普遍性的权力约束机制因应现代实践发展需求的转换装置——从权利对权力的单向制约转变为既约束权力滥用又约束权利滥用，既激励积极行使权力又激励纳税人参与的双向制约平衡机制。

预算参与权规范可以充当这样的"实现各种利益平衡的制度化装置"②。授权或限权的边界何谓适当，这确实是一个充满价值争议的难题，但借助预算参与权这个制度化装置，可以给预算权力收放设置一个合理性判断基准。某种预算权力配置是否适度，除了考量是否具备相关授权依据之外，很大程度上取决于权力运行过程是否透明、权力主体外部是否有参与机会。预算参与权规范赋予纳税人参与预算过程的资格和机会，在纳税人参与预算的前提下，可以放松法律保留原则的僵化要求，但并不降低对预算权力的约束强度；既确保预算权力根

---

① 岳红举、单飞跃：《预算权的二元结构》，《社会科学》2018 年第 2 期，第 108—114 页。
② 应松年主编：《行政程序法立法研究》，中国法制出版社 2001 年版，第 38 页。

据实践发展需求灵活处置，又对预算权力行使过程保持动态持续监督。

对于主导公共资源分配的预算权力者而言，预算参与权的制度设置有利于实现弹性有度的裁量空间，权力者需要将其履职依据、履职过程、履职结果向直接"在场"的参与者（如参与预算决策的纳税人）与间接影响决策的参与者（如申请预算公开的纳税人）进行解释、说明，接受问询，寻求参与者集体共识，确保纳税人对预算公共行动的认同与尊重。如果将预算权力的约束机制完全寄希望于法律保留，那么当缺乏明确的法律授权或者授权不明晰时就难以直接确定权力行使的正当依据，导致预算权力或者恣意而为或者消极不为。预算参与权规范提供了"传送带模式"断裂之下填补政府预算权力合法性空缺的制度路径。

对于参与预算过程的权利者而言，拥有预算参与权意味着获得合法的参与激励，但是权利本身也有存在的边界与行使的限度，参与者应当基于理性化的论证说理阐述自己的主张，并能接受对其主张的批判反思与调整。预算参与权规范有利于促成理性公共预算决定的形成。正是通过一个有边界和适度的预算参与权塑造，纳税人能够获得合法的监督约束预算权力的激励，同时自身也受制于公共理性的约束和引导，从而形成各方预算参与者相互牵制、彼此协调的双向制约平衡机制。唯此，才能真正促进社会公共目标的实现。

（三）整合税收征收与用税结果之间的利益关系，实现国家治理过程与结果的双重正义

纳税人预算参与权注重预算过程中的权利配置，这一定位使其明显区别于在税收征纳环节发生作用的传统意义上的纳税人权利，亦区别于以预算活动为支撑向纳税人无对价地提供公共产品或公共服务的给付性权利，如社会权。如果加上作为税收征纳基础的纳税人财产权，不难看出，以确立纳税人财产权为起点，纳税人被赋予具有防御意义

的传统纳税人权利、具有积极能动性的预算参与权、具有财政受益性的纳税人社会权。这些权利形态前后相接、互为补充、各有优势，均不可或缺。

税收征收直接导致纳税人财产或收入的减损，而税收使用的结果转化为特定公共产品供给使纳税人获益。但是公共产品转化的数量、质量以及特定纳税人的可获得性、满意度均存在不确定性。纳税人的预期自然是希望在用税结果意义上通过产出的公共产品获得国家给付，但是当财政缺乏实际负担能力或者不足以满足全部需求时，纳税人要获得用税结果上的正义就难以充分实现。利益减损的现实性与获益的不确定性形成强烈反差，导致在收支两端的纳税人权利配置呈现非均衡性。

纳税人预算参与权起到连接收支环节，增加用税过程的权利配置的作用，有利于协调税收征收与用税结果之间的利益冲突，填补纳税人从税收征收中的利益让渡者直接进入用税结果的接受者时可能面临的预期落空，在税收征收与用税结果之间构筑一个"缓冲地带"，克服因财政给付不确定性给纳税人用税结果期待产生的消极影响。

预算参与权的规范建构建立在一系列参与程序机制之上，通过正当程序促进权利主体与权力主体的合作。民主参与具有程序共识功能，即人民通过公开而理性的参与程序，学会在实体利益关注之外真正理解程序的价值，逐渐形成关于程序本身的共识。至于权利主体与权力主体合作的基础，则在于正当程序，程序性约束、程序正义的保障是公共预算追求的价值取向。预算参与权引入了社会公众参与预算的程序，在程序层面致力于实现预算编制、审议、执行过程的民主化、透明化、规范化，通过预算的程序理性推动预算实体内容的变革。进一步讲，预算参与权基于对程序正义的关怀，借助一系列预算参与权的程序安排，有助于提高公共预算的公信力、促成权利主体与权力主体的合作。① 基于预算参与权的程序性规范设置，即便因受制于财政资源的有限性而无法在最终结果上给予纳税人确定的、现实的、充分的社会权保障，国家仍然有义务开放预算过程，为纳税人提供了解预算情况乃至影响资源分配的机会，从而渐进地推动公共资源向纳税人预期的方向进行配置，最终保障纳税人社会权的实现。因而，纳税人预算参与权虽直接作用于预算过程，但其长期运行目标是指向财政给付，具有兼顾过程与结果双重正义的功能。

（四）克服财税制度变迁的路径偏向，彰显国家治理权利本位与民生价值追求

纳税人预算参与权意味着对纳税人主体地位及其参与预算需求的尊重与确认，这是我国长期以政府为主导、习惯从供给面实施的财税制度变迁路径所缺乏考量的。我国财税制度变迁的逻辑起点是传统计划型财政，相比于现代国家普遍建立的公共财政，两者都是为实现国家职能、满足公共需求而确立。② 但是传统计划财政在计划经济环境中形成，是实现国家计划的主要工具。财税制度所涉及和影响的范围随计划的实施而展开，远远超过了市场经济条件下的公共财政，具有统收统支、高度集中、大包大揽的特点。并且为服务于国家发展经济的战略规划，在全面覆盖经济社会各个领域的同时，财税制度并非"平均用力"，其主要任务实际上是围绕经济建设投资在国有企业与国家财政之间进行资源汲取和重新调配，进而直接调控宏观经济的平稳运行。在 1994 年制定实施的《预算法》中，"加强国家宏观调控"的立法宗旨表述便是传统计划型财政体制投射到立法上留下的印迹。在此过程中，财税制度并不具有调节收入再分配的功能，亦不负担直接向社会

---

① 参见程国琴：《参与式预算的法理探源与法治进路》，《中国海洋大学学报（社会科学版）》2019 年第 1 期，第 90—93 页。

② 参见杨志勇、杨之刚：《中国财政制度改革 30 年》，上海人民出版社 2008 年版，第 26 页。

提供民生产品或服务的职责，而是由国有企业间接实现这一收入再分配与民生保障的职能，但归根结底决定财政资源分配去向的还是来自政府主导的自上而下的控制力量。

从 1998 年启动公共财政改革到 2014 年《预算法》修法改变宏观调控的立法宗旨，可以看到财税制度变迁的公共性趋向是明显的。财税制度的实践根基转向市场经济，财政作用的范围定位于市场机制自身不能完全胜任的社会公共利益领域。但是财税制度变迁整体上仍然遵循既有的路径，在判断社会公共利益的具体范围、各种诉求的迫切性程度并决定资源配置的相应方式时，仍然以供给面的改革路径为主，而缺乏对利益诉求如何进入财政资源配置渠道、如何进行彼此协调与平衡提供制度保障，因而总会出现财税制度的实际运行效果与社会公共需要尤其是社会民生保障有所偏离的情况。

如何克服财税制度变迁的路径偏向？立法机关、行政机关形成财税规则的过程是一个价值判断和权衡的过程，依据何种价值标准做出判断和权衡，有赖于一个具有导向作用的规则背后的"规则"指引这一过程。合理的指引规则直接关乎立法宗旨与公共政策目标走向，是实现良法善治的最基本前提。为确定合理的指引规则，"除了事实因素和技术因素外，还必须考虑价值规范，公法权利规范是其中最重要的价值规范"[①]，它有利于将尊重、保护和实现公法权利作为制度变迁的指引方向和基本目标。

财税权利规范是典型的公法权利规范，依据财税权利规范，一方面有利于促进国家财税制度供给朝着最大限度实现财税权利的方向发展，另一方面可以评估既有制度变迁路径的妥当性，并为制度变迁纠错与矫正提供潜在动力。不可否认，与传统公法以特定公法权利的立

---

① 徐以祥：《行政法学视野下的公法权利理论问题研究》，中国人民大学出版社 2014 年版，第 160 页。

法确认、行政保护与司法救济为基本线索的发展路径不同，财税制度演进更多体现为公共财产的形成、支配与利用的规范化、有效化过程，强调公共利益的保障与实现。在此过程中，某些财税权利尤其是实体性的权利内容难以得到充分保障甚至不得不让步于更为急迫的其他利益诉求，公法权利的价值指引功能似乎并非普遍有效。但是首先，公共利益并非与权利毫无关联的抽象概念，而是植根于具体权利基础上，在不同主体权利之间做出协调的产物。① 公共利益本身也需要权利规范进行塑造和提供指引，它应当最终指向具体的权利诉求和实现人作为主体的价值。如果没有权利规范的指引，可能出现因权利匮乏而导致公共财政成为盲目追求经济规模、发展速度的便利工具，忽视对社会民生的保障。其次，任何权利都是有成本的②，权利之间也会出现冲突难以并存的情形，财税权利概莫能外。但这并不否定权利规范对财税制度的指引功能，只是需要指出的是，相比于实体性的财税权利③，程序性财税权利对公共资源的依赖性相对较弱，所触及的价值层面的选择争议相对较小，使其更具有条件充当指引性规则；同时，当权利规范的价值指引功能面临客观限制时，程序性财税权利还可以发挥其过程塑造的功能，从事前的目标指引转向过程中的参与控制，从而彰显其独特的功能优势。纳税人预算参与权作为一种偏重程序性的财税权利具有这一优势，它有利于改变财税制度长期依赖供给面改革路径的

---

① 参见李昌麒、陈治：《经济法的社会利益考辩》，《现代法学》2005 年第 5 期，第 19 页。

② 参见史蒂芬·霍尔姆斯、凯斯·R. 桑斯坦：《权利的成本：为什么自由依赖于税》，毕竞悦译，北京大学出版社 2011 年版。

③ 何谓实体性的财税权利存在一定争议。学者认为实体性的财税权利是指纳税人具有的受法律保护的获得某种实体利益的资格，这种利益主要是经济利益，即纳税人的财产不被非法征收。此种观点对实体性的权利倾向于采取消极权利说的理解。亦有观点认为纳税人的实体权利围绕税收的"取之于民，用之于民"而展开，包括自由权（消极权利）与社会权（积极权利）两个层面的内涵，其中自由权跟前一种观点近似，同时增加了社会权的内涵。相关讨论可参见黎江虹：《中国纳税人权利研究》，中国检察出版社 2014 年版，第 177 页；高军：《纳税人基本权研究》，中国社会科学出版社 2011 年版，第 42 页。

弊端，提供制度完善的价值指引规则；同时，可以发挥其注重过程塑造的功能优势，引入利益协调与权衡的制度途径。

三、本章小结

纳税人预算参与权是一项可以溯源于《宪法》文本及实践的重要权利。其权利主体是纳税人，纳税人概念兼具整体性与个体性意涵，并能够为政治、管理、经济领域内的参与提供现实支撑，因而具有其独特的优势；权利客体，也就是权利指向的对象，包括横向层面即形成、执行、评估预算的整个运行过程，而非限定于特定预算环节，以及纵向层面即不同层级的预算；权利目的相比于税收征纳过程中纳税人享有的防御性权利而言，强调促进纳税人积极参与预算运行过程，实现纳税人的用税监督诉求；在权利属性上，具有兼容积极权利与消极权利、主观权利与作为客观价值秩序的复合性权利性质。

置于国家治理现代化的时代语境，纳税人预算参与权构建具有重要的功能，表现在：强化收支预算权力制约，促进国家治理一般价值秩序的形成；弥合传统预算权力约束机制与现代财税实践发展的罅隙，寻求国家治理授权与控权的适当边界；整合税收征收与用税结果之间的利益关系，实现国家治理过程与结果的双重正义；克服财税制度变迁的路径偏向，彰显国家治理权利本位与民生价值追求。

第三章 纳税人预算参与权的规范现状
及其面临的困境

统观现有预算参与法律体系，以公民基本权利配置为中心的宪法性法律，为纳税人预算参与权确立提供法理依据；以预算参与程序规制为中心的中央层级立法，为纳税人预算参与权行使提供重要支撑；以强化预算社会监督为中心的地方立法，为纳税人预算参与权实现提供法律保障。然而与权利构造的应有功能相比，纳税人预算参与权在现实的财税法权利体系中面临权利虚位与功能局限，这也预示着有必要通过合理构造，以法治保障纳税人的预算参与权。

一、以公民基本权利配置为中心的宪法性法律：预算参与权确立的法理依据

纳税人参与预算的规范依据主要体现为宪法对公民基本权利的保障。作为一国的根本大法，宪法确认了公民各项基本权利，纳税人预算参与权首先可以从《宪法》中寻找依据。在现代国家，公民参与不仅构成民主政治的核心，而且是公民权利的重要内容，"有效的参与"为民主社会的首要标准。[①]纵观世界各国宪法文本，均以法律形式对包

---

① 参见罗伯特·达尔：《论民主》，李柏光等译，商务印书馆1999年版，第43页。

括参与权在内的公民权利加以确认，为纳税人预算参与权的确立奠定了制度基础。我国宪法框架体系下，尤其是在"公民基本权利"章中并未具体规定公民预算参与权，但仍然存在保障公民参与国家事务的相关条款。

依据《宪法》，"中华人民共和国公民"为参与主体，参与范围为"国家事务、经济和文化事业以及社会事务"，参与方式为"各种途径和形式"。公民对公共预算活动的参与从属于公民参与权的范畴，宪法从根本法层面提供公民参与预算管理的合法性基础，《宪法》"公民的基本权利和义务"一章中涉及公民参与权的相关规定以及对公民监督、表达、问责等方面的权利规定构成纳税人预算参与权的宪法依据。此外，《宪法》中关于权力机关的预算审查监督权等规定，尽管其主要体现的是预算作为国家管理的工具理念，在反映财政民主主义原则方面有所欠缺，但作为可以支撑纳税人预算参与有效施行的保障性机制①仍然为预算参与权的制度建构提供了宪法依据。

作为《宪法》的下位法，《立法法》第五条、第三十四条等规定均在一定程度上为预算参与权提供了法律支持，尤其是在公民参与立法的具体方式方面，即"立法应当通过座谈会、听证会、论证会等多种形式听取公众意见"，为预算参与权的具体实施提供了可行路径。我国《宪法》《各级人民代表大会常务委员会监督法》对地方人大及其常委会审批监督预算做出了原则性的授权规定，但对地方人大预算监督权的范围、主要内容、实施程序和操作方法以及与之相适应的机构设置和人员配置等缺乏具体规定。

从宪法性法律的维度，可以推导出公民参与权的基本规定，有利于促进在财政预算活动中纳税人与公权机关之间基本权责框架的确定，为预算参与权的法治化提供正当性依据。但有关预算参与权的部分仅

---

① 纳税人参与预算往往通过人大预算审查监督的制度平台进行。

为原则性规定，需要通过具体的法律法规来实现，并且从上述规定中并不能直接推导出参与权的内涵，如公民的批评建议权和申诉、控告或者检举权更多偏重事后救济与问责，尚不足以作为预算参与权的直接依据。相关规定如表1所示。

表 1 《宪法》及其他宪法性法律涉及的纳税人预算参与权的相关规定

规范名称	涉及条款	说明内容
《宪法》	"中华人民共和国的一切权力属于人民"（第二条）。	为纳税人预算参与权提供总括性的宪法依据。
	"中华人民共和国的国家机构实行民主集中制的原则"（第三条）、"一切国家机关和国家工作人员必须依靠人民的支持，经常保持同人民的密切联系，倾听人民的意见和建议，接受人民的监督，努力为人民服务"（第二十七条）。	从监督问责的角度为预算参与权提供宪法依据。
	"任何公民享有宪法和法律规定的权利"（第三十三条第三款）。	从公民基本宪法权利的角度为预算参与权提供支持。
	"中华人民共和国公民对于任何国家机关和国家工作人员，有提出批评和建议的权利"（第四十一条）。	从公民监督权角度为预算参与权提供正当性前提。
《立法法》	"保障人民通过多种途径参与立法活动"（第五条）、"听取意见可以采取座谈会、论证会、听证会等多种形式"（第三十六条）。	从促进立法民主和深化权利义务配置改革的角度为预算参与权提供制度支撑。
《各级人民代表大会常务委员会监督法》	"各级人民代表大会常务委员会行使监督职权的情况，向社会公开"（第七条）。	从人大履职公开的角度为预算参与权提供制度支撑。

除了有关公民直接参与的宪法性规定外，作为体现公民间接参与的基本方式，人民代表大会制度为预算参与提供了极为重要的实现路径。现代预算是一种多元主体共同参与的新型预算制度，既要保证公众对公共预算的知情权，同时也要保证公众的参与权和监督权。从本质上讲，人大及其常委会对预算的监督目的不仅在于确保宪法和法律

得到正确实施，也在于确保公民、法人和其他组织的合法权益得到尊重和维护。人民代表大会及其常务委员会作为国家权力机关的监督，是代表国家和人民进行的具有法律效力的监督。对于人大行使预算监督权，我国宪法在人民主权原则的基础上，规定人大及其常委会享有预算监督权。毋庸置疑，审查和批准预算权已经成为全国人大以及地方各级人大影响国家政治、经济和社会发展的重要权力。与此同时，《各级人民代表大会常务委员会监督法》围绕地方人大常委会预算监督权的规范化、程序化要求，以审查和批准决算、听取和审议预算执行情况报告、审查和批准预算调整方案等主要形式，明确地方人大常委会对决算草案和预算执行情况报告进行重点审查监督等内容。

二、以预算参与程序规制为中心的中央层级立法：预算参与权行使的重要支撑

预算法作为规范国家预算行为的专门性法律，具有"经济宪法"之称。除了作为根本法的宪法提供合法性支撑之外，各国公民参与预算权利及其相关程序规定主要体现在以预算法为核心的法律体系基础上。西方法治发达国家通过颁布专门的预算法，对公民参与预算决策或者通过信息公开、辩论听证等方式参与预算提供明确规范依据和程序规则。[1] 从我国预算法现实的法权构造看，纳税人预算参与权主要作为一种学术话语存在[2]，实践中未必如理论构设的那样将预算参与权

---

[1]　如美国先后制定了《国会预算法案》、《1921 年预算和会计法》、《1974 年国会预算和扣留控制法案》、《1985 年平衡预算和赤字紧急控制法案》、《1993 年政府绩效及结果法案》等，包含一定的公民参与预算的原则或程序性规定。

[2]　例如，学者主张根据公民利益需求的三重维度，分别对应政治参与层面的公民预算权利、社会参与层面的公民预算权利以及司法参与层面的公民预算权利，参见蒋悟真：《中国预算法实施的现实进路》，《中国社会科学》2014 年第 9 期，第 127 页；有学者建议增加规定公民享有预算全过程的知情权、表达权、参与权和监督权，参见蒋洪、温娇秀：《预算法修订：权力与职责的划分》，

"装置"作为扩展纳税人权利的现实通道，而是围绕国家立法机关、行政机关为主体形成预算权力配置、规范体系。1995 年实施的《预算法》规范重点是预算管理职权配置及预算运行程序，既没有明确规定纳税人对政府预算管理活动享有知情权，也没有纳税人参与预算管理活动的具体程序，对纳税人预算参与权的救济同样缺乏规定。《预算法实施条例》同样缺乏直接关于预算参与权的条款，也只是对政府财政预算要接受同级人大的监督再次做了规定，难言纳税人享有预算参与权的正式法律依据。

表 2   我国预算法律文本中预算权力的样态

主体	权力内容
人民代表大会、人民代表大会常务委员会、人大代表	人大预算审查权、预算批准权、预算变更撤销权、预算监督权；人大常委会的预算监督权、预算审批权、预算撤销权；人大代表或常委会组成人员的质询权；人大专门机构对预决算草案、调整案的初审权。
政府及其职能部门	政府预算编制权、预算执行权、预算报告权、预算执行监督权、预算变更撤销权；财政部门的预算编制权、预算组织执行权、预算提出方案权、预算报告权；审计部门的审计监督权。

2014 年和 2018 年修订的《预算法》尽管仍然未对预算参与权加以明确规定，但修订后的《预算法》融入了民主政治的治理理念，肯定了纳税人与用税主体之间进行双向、互动利益协调的可能空间，提供了有关预算参与的程序性规定，体现了管理型预算向治理型预算的转变趋势。《预算法》对预算管理的诸多事项做出了调整和变动，尤其是在预算公开方面，全面推进预算公开制度的改革，在促进建设公开

（接上页）《上海财经大学学报》2010 年第 1 期，第 72 页；有学者建议"构筑国民预算权利体系"，参见黎江虹：《预算公开的实体法进路》，《法商研究》2015 年第 1 期，第 22 页；有学者提出保障人民在预算决策、预算执行以及绩效评估中的预算参与权是整个预算权利体系中的核心权利，参见朱大旗：《现代预算权体系中的人民主体地位》，《现代法学》2015 年第 3 期，第 17 页。

透明的阳光政府、责任政府方面取得了重大突破。

《预算法》第十四条多次出现"向社会公开"的规定，这是纳税人参与预算的前提条件；第二十四条、第四十四条、第四十五条、第四十七条等规定，为纳税人参与政府预算的编制和审批过程提供了一定法律途径，此等条款即便没有明确表述为权利性条款，但与纳税人预算参与权有一定关联，构成纳税人参与预算的制度基础；第九十一条承接宪法性规定，规定了公民享有依法检举控告的权利，构成对预算运行过程或结果实施问责的基本依据。当然，更多的预算法规范，包括《预算法实施条例》则集中体现在政府财政预算要接受同级人大监督的规定上，无法成为纳税人直接参与预算或者享有预算参与权的正式法律依据。由上观之，体现参与预算的基本理念或者提供参与预算的可能路径的规定更多零散分布在法律条款中，无法为预算参与实践提供切实可行的有效法律支撑。

预算参与不仅体现在影响公共资源分配利用的核心决策环节上，还体现在监督整个预算运行过程的透明度提升以及要求相关行政机关做出解释、说明乃至承担责任上，尤其是纳税人申请预算信息公开，"融合了申请预算公开、政府回应申请、预算问责启动几方面的制度要素。因此，不是一个预算信息单向度的传递过程，而是社会组织或个人自发申请与政府回应基础上的双向互动过程"①，这种预算信息的双向互动是纳税人参与预算的现实例证。2019 年修订后的《政府信息公开条例》确定"以公开为常态，不公开为例外"的基本原则，删去了申请信息公开的"特殊需要"证据规则，规定"行政机关应当主动公开"涉及"公众利益调整、需要公众广泛知晓或者需要公众参与决策的政府信息"，且第二十条第（七）专款明确要公开"财政预算、决算信息"，为公共预算领域的透明性和公开性提供了制度支持。此外，第

---

① 陈治：《地方预算参与的法治进路》，《法学研究》2017 年第 9 期，第 59 页。

五十一条规定公众可以向有关机关或部门举报没有依法做到信息公开的行为，也可以针对侵犯合法权益的行为提请行政复议或行政诉讼。

为贯彻实施《政府信息公开条例》，财政部发布《关于进一步做好预算信息公开工作的指导意见》对依申请公开的方式参与预算做出了较为详细的规定，各省财政厅纷纷就此制定了相应的实施意见。依申请预算公开既反映了纳税人与公权力主体之间的互动影响，体现预算参与的一种典型方式，同时相对于预算决策等核心环节中的参与，制度成本相对较低，因而，预算公开往往成为实践中从中央到地方涉及预算参与制度建构或完善的一个重要突破口。2014 年国务院颁布《关于深化预算管理制度改革的决定》，便提出坚持依法理财，预算管理工作要推进预算公开，自觉接受公众监督。

《预算法》及中央其他财政立法中，涉及预算参与权的规定具体如表 3 所示：

表 3 《预算法》及中央其他财政立法中涉及预算参与的相关规定

规范名称	涉及条款	说明内容
《预算法》	"经本级人民代表大会或者本级人民代表大会常务委员会批准的预算、预算调整、决算、预算执行情况的报告及报表应当在批准后二十日内由本级政府财政部门向社会公开"（第十四条）。	以预算公开、确保纳税人知悉预算运行相关信息的方式，创造预算参与条件。
	"县、自治县、不设区的市、市辖区、乡、民族乡、镇的人民代表大会举行会议审查预算草案前，应当采用多种形式，组织本级人民代表大会代表，听取选民和社会各界的意见"（第四十五条）。	以"听取意见"的方式为预算参与提供可行路径。
	"公民、法人或者其他组织发现有违反本法的行为，可以依法向有关国家机关进行检举、控告"（第九十一条）。	以监督问责方式为预算参与提供可行路径。

续表

规范名称	涉及条款	说明内容
《政府信息公开条例》	"对涉及公众利益调整、需要公众广泛知晓或者需要公众参与决策的政府信息,行政机关应当主动公开"(第十九条)、"财政预算、决算信息主动公开"(第二十条)。	政府信息公开为预算参与提供前提。
《关于贯彻落实〈中共中央 国务院关于全面实施预算绩效管理的意见〉的通知》(财预〔2018〕167号)	"加大绩效信息公开力度""推动社会力量有序参与"、"引导和规范第三方机构参与预算绩效管理"、"搭建专家学者和社会公众参与绩效管理的途径和平台,自觉接受社会各界监督。"	对如何做好预算信息公开以及促进预算绩效评估中的参与做出了较为细致的规定。
《国务院关于深化预算管理制度改革的决定》(国发〔2014〕45号)	"积极推进预决算公开。细化政府预决算公开内容,除涉密信息外,政府预决算支出全部细化公开到功能分类的项级科目,专项转移支付预决算按项目按地区公开。积极推进财政政策公开。扩大部门预决算公开范围,除涉密信息外,中央和地方所有使用财政资金的部门均应公开本部门预决算。细化部门预决算公开内容,逐步将部门预决算公开到基本支出和项目支出。"	促进预算公开,为纳税人预算参与实践奠定基础。
《国务院关于进一步深化预算管理制度改革的意见》(国发〔2021〕5号)	"改进预决算公开。加大各级政府预决算公开力度,大力推进财政政策公开"、"建立民生项目信息公示制度。细化政府预决算公开内容"、"推进按支出经济分类公开政府预决算和部门预决算"。	
《财政部关于进一步做好预算信息公开工作的指导意见》(财预〔2010〕31号)	"做好预算信息公开工作,有助于保障公民的知情权、参与权和监督权,推动社会主义政治文明与和谐社会建设。"	
《关于印发〈政府和社会资本合作项目财政管理暂行办法〉的通知》(财金〔2016〕92号)	"项目成本信息要通过PPP综合信息平台对外公示,接受社会监督。"	优先采用公开招标,各级财政部门应依托PPP综合信息平台,保障公众知情权,接受社会监督。

三、以强化预算社会监督为中心的地方立法：预算参与权实现的法律保障

在地方性的预算参与改革实践中，较多体现为以地方政府颁布的规范性文件，如浙江省温岭市新河镇制定的《新河镇财政预算民主恳谈会实施办法》、广东省佛山市制定的《佛山市财政支出绩效评价评审专家库管理办法（试行）》等方式推进预算参与。此外，还有一些地方政府通过强化政府透明度建设，推动以预算信息公开为主要方式的预算参与改革。2003 年《广州市政府信息公开规定》颁布，开启政府信息公开制度建设和实践。其立法宗旨在于增强政府行政活动的透明度，促进公民更好地监督政府依法行使职权，在该部立法中，对政府信息的界定、内容的列举等都包含政府预算信息。整体而言，地方立法体现了强化预算社会监督的基本理念，并在预算决策、预算执行、预算绩效评价与预算问责的不同运行环节中反映出来。

其一，预算决策中的社会监督。浙江温岭的参与式预算是反映预算决策中社会监督的典型范例。从实践来看，浙江温岭预算参与模式有新河和泽国两个代表性版本，分别尝试从赋权人大和镇政府主导随机抽样两种不同的路径推行预算参与改革。其发展经历了从引入居民参与村或镇的重大公共事项讨论，到逐步聚焦政府财政预算领域进行协商决策的过程。目前已扩展到全市多乡镇，并开始进入市级层面改革，由此成为纳税人预算参与的典型模式。[1]2011 年淮南市参与式预算试点正式实施，其组织人大代表、政协委员、业内专家和网民代表

---

[1] 介绍温岭参与式预算的文献较多，这里主要借鉴的是较早系统性研究该模式的学者著作以及作为该模式参与者、亲历者编撰的文献。参见贾西津：《中国公民参与——案例与模式》，社会科学文献出版社 2008 年版；张学明、吴大器等编著：《温岭探索——地方人大预算审查监督之路》，上海财经大学出版社 2016 年版；陈奕敏主编：《从民主恳谈到参与式预算》，世界知识出版社 2012 年版。

组成评审小组，通过讨论、建议和评审的形式，对预算项目进行现场评审，从而确立了新的财政预算编制模式。[①]2012 年云南省盐津县的"群众参与预算改革"在省财政预算改革的战略布局中展开，其特点是"不是单笔固定金额的预算参与，而是将全部预算纳入考量的制度设计，其中更涵盖了村级和乡镇级公共事务"[②]，也可谓预算决策社会监督的重要体现。2012 年杭州市上城区开展参与式预算监督试点工作，整个工作流程分为前期准备、民主恳谈、意见反馈和跟踪问效四个阶段，让人大代表充分参与到政府预算审议的各个阶段中。[③]2013 年台州市天台县开展参与式预算试点工作，力图建立项目库、确定民意代表、开展民主恳谈、监督执行等参与机制。[④]此外，多个地方市区在预算决策参与的具体方式上进行制度创新，如广东顺德及江苏无锡推行线上线下相结合、网络评议与现场听证互动、"民众点菜"、"省县互动"等多元化的预算决策参与模式[⑤]；河南焦作将民意测评和专家论证等具有公共理性的方式纳入预算决策过程。

其二，预算执行中的社会监督。预算执行中需要纳税人的广泛参与和监督，比如重庆市在全国率先实行预算追加听证会制度，对预算单位申请追加财政资金实行听证，并建立了听证准备、听证会议、听证确立和指标公示等预算追加听证制度的相应程序。

其三，预算绩效评价中的社会监督。不止于预算决策、预算执行

---

① 《淮南市参与式预算试点正式实施》，参见 http://www.mof.gov.cn/xinwenlianbo/anhuicai-zhengxinxilianbo/201111/t20111111_606734.htm，最后访问时间：2020 年 1 月 7 日。

② 贾西津：《参与式预算的模式：云南盐津案例》，《公共行政评论》2014 年第 5 期，第 50—51 页。

③ 《上城区开展参与式预算监督试点工作》，参见 http://www.mof.gov.cn/xinwenlianbo/zhejiangcaizhengxinxilianbo/201211/t20121126_703127.htm，最后访问时间：2020 年 2 月 7 日。

④ 《天台县开展参与式预算试点工作》，参见 http://www.mof.gov.cn/xinwenlianbo/zhejiangcaizhengxinxilianbo/201301/t20130125_730233.htm，最后访问时间：2020 年 2 月 7 日。

⑤ 参见冯志峰、罗家为：《地方参与式预算的实践经验、问题检视与破解之道——一个基层协商民主的比较分析视角》，《地方治理研究》2017 年第 4 期，第 52 页。

需要纳税人的参与，良好的预算绩效评价机制同样离不开纳税人的有效参与。整体而言，中央层级的预算立法或者相关规范性文件正逐步将预算绩效评价纳入法治化轨道，确立预算绩效评价的法定地位并规范其运作程序，例如在"部门预算"中要求重点审查"部门重大项目支出绩效目标设定、实现及评价结果应用情况"[①]；预算绩效管理范围应当覆盖各级预算单位和所有财政资金，预算绩效评价重点应当由项目支出拓展到部门整体支出和政策、制度、管理等方面，同时在调整支出结构、完善财政政策和科学安排预算过程中，应当将绩效评价结果作为重要依据[②]；在特定公共项目运作过程中，财政部门应当对行业主管部门报送的项目财政收支预算申请予以审核并在考虑绩效评价、价格调整等因素基础上，合理确定预算金额。[③] 而在地方层面，除了延续预算绩效评价及其结果运用的基本规则之外，进一步强化了预算绩效评价中的纳税人参与。例如《安徽省预算审查监督条例》规定在人大对预算草案及其报告、预算执行情况报告所包含的"预算绩效目标的编制、完成情况"进行审查过程中，应当组织人大代表听取选民和社会各界意见；《河北省预算审查监督条例》规定预算草案应当包含对重点支出和重大投资项目的绩效情况的说明，而预算草案的初步审查依法应当邀请部分人大代表及社会各界有关人士参与，采取座谈会、论证会、听证会等多种形式听取本级人民代表大会代表和社会各界的意见和建议。以上规定为纳税人参与预算绩效评价与监督提供了现实的制度路径。《贵州省预算监督条例》规定县级以上人大常委会应当加强预算审查监督机构成员构成的专业性，可以聘请预算审查监督顾问或邀请相关专家提供咨询和技术服务，这就为具有特定专业身份或优势

---

① 参见《中共中央办公厅印发〈关于人大预算审查监督重点向支出预算和政策拓展的指导意见〉的通知》。

② 参见《国务院关于深化预算管理制度改革的决定》（国发〔2014〕45号）。

③ 参见《政府和社会资本合作项目财政管理暂行办法》（财金〔2016〕92号）。

的纳税人群体参与预算绩效评价提供了有力支持。

其四，预算问责中的社会监督。预算问责一般是指上级政府针对下级政府或财政部门针对其他政府部门就预算决策、预算执行中的问题要求实施者进行解释、说明并做出失责惩罚的过程。预算问责参与意味着行政主体之外的社会力量加入进来，形成预算社会问责。其主要表现形式有三种：一是纳税人作为独立的问责程序启动主体向特定行政部门申请预算信息公开，要求其就该预算信息做出解释说明；二是纳税人借助开放性的预算问责程序（如预算听证）对政府的预算行为提出质疑或要求其做出解释说明；三是纳税人就预算违法行为向各级人大常委会或其他有关国家机关进行检举和控告，由接受检举控告的机关启动对违法行为的法律责任追究程序。广东省的广州、佛山等地在依申请预算公开、预算问责听证方面进行了有益探索，制定实施了《依申请公开政府信息工作规程（试行）》、《财政专项资金使用绩效问责暂行办法》、《项目预算听证办法（试行）》等规范。依申请公开的核心内容是行政部门针对特定预算信息的公开申请做出是否公开、公开范围及公开具体事项的决定及解释说明，包括直接告知该信息内容或者获悉该信息的方式和途径，解释不公开信息的理由、依据，提供非属于本部门职能范围的预算信息相关主体的名称、联系方式等。如果申请者认为行政部门不依法履行预算信息公开义务，则可以向上级行政机关、监察机关举报，受理举报的机关将视具体情形做出责令行政部门改正、给予直接负责的主管人员和其他直接责任人员行政处分的决定。与申请预算公开依靠社会自发启动问责程序的做法不同，预算问责听证由政府职能部门启动，通过将传统上封闭进行的行政问责程序向社会开放，为社会参与预算问责提供现实途径。佛山市南海区2009年在全国率先引入评审专家参与的绩效问责听证机制。按照规定，行政部门在问责听证过程中应当提供项目立项依据、实施方案、绩效考核指标，评审专家对照这些信息，对项目资金使用情况、项目管理情况、项目绩效实现情况进行绩效评价，绩效评价结果作为财政部门安排下一年度预算资金的重要依据并通过公共网络或其他媒体平台向社会公开，绩效结果较差的项目还应当进行限期整改。[①]

从实践来看，中国的预算参与改革"总体呈渐进式推进、试验地主要集中在经济较发达东部沿海地区、以基层乡镇村和城市街道、社区为主"[②]的特点，其基本运作方式包括基于人大预算监督制度平台的纳税人参与和借助其他程序实施的更为直接的纳税人预算参与。基于人大预算监督制度平台的纳税人参与，主要以民主恳谈为核心，侧重于夯实基层人大会议和人大代表的权力，强化人大职权。民主恳谈源于早期在浙江温岭实施的农业和农村现代化教育活动，是一种旨在促进乡镇政府与村民群众联系而采取的新型互动式沟通方式。正是在民主恳谈机制的基础上，一种聚焦于财政预算领域的民主协商模式在浙江温岭各乡镇展开并逐步拓展到江苏无锡、河南焦作等乡镇或市区。尽管衍生到不同地区之后实践模式一定程度发生改变，但作为产生地的"温岭模式"特点而言，仍然表现为以人大固有的民主协商机制为基础，将纳税人参与和人大监督有机结合，以促进纳税人参与为突破口，实现人大制度真正管住财权、增强人大预算监督的实效性目标。通过将民主恳谈的纳税人参与形式与人大制度相结合，开启基层政府预算参与实践。其具体实施过程包含预算初审、人大审议、预算修改与通过、预算执行与监督等四个阶段，其中民主恳谈机制则主要贯穿于预算初审、人大审议两个阶段。

更为直接的纳税人预算参与以焦作市、无锡市和哈尔滨市所实施的预算参与模式为代表，注重预算决策或者编制的民主化以及预算资

---

① 参见牛美丽：《中国地方绩效预算改革十年回顾：成就与挑战》，《武汉大学学报（哲学社会科学版）》2012年第6期，第87页。

② 杨国斌：《城乡社区治理中参与式预算改革实践经验与思考》，《财经理论研究》2017年第1期，第92—97页。

金分配的透明化和公开化。具体而言，"焦作模式"体现为通过公众和社会组织对公共预算编制的广泛参与，彰显预算民主决策。在其预算编制层面，纳税人代表对一定公共项目进行讨论投票，进而通过预算信息公开、公民意见汇集、座谈旁听等形式，对财政预算资源配置表达意见。"无锡模式"实行公共项目民众点菜模式，在预算草案制定过程中，先由乡镇或市区人大及政府征集社会意见，形成关于年度公共预算的征询意见表，然后由人大代表及邀请参加的其他纳税人根据重要性和紧迫性原则进行投票表决。"哈尔滨模式"在注重预算决策民主的同时，实施预算公开改革，增强预算决策透明度，普通公众通过网上投票和社会听证等方式，对政府挑选的预算项目发表意见和建议，促进预算资金分配的透明化和公开化，鼓励多方资本参与，也比较注重参与主体及其代表性的广泛化。此类模式不同于温岭模式的特点在于纳税人参与预算草案的形成制定过程，纳税人通过投票表决，选择涉及切身利益的各种公共项目建设的优先顺序，影响公共预算资金的投向并监督公共支出的使用。

表 4　主要预算参与实践模式的梳理展示

年份	实践模式	主要内容
2005	浙江温岭预算参与模式	夯实人大预算审查监督的制度化参与平台，探索人大监督与民主协商、公共预算的有机结合。
2006	江苏无锡预算参与模式	在街道社区层面实行预算参与，划分为几个阶段：社区提出项目意向范围，街道宣布总预算约束并征求居民意见，确定项目范围，项目实施，项目质量监督和检查等几个阶段（亦称"公共项目民众点菜"）。
2006	哈尔滨预算参与模式	政府主导项目选择类型，由居民代表选择项目实施优先顺序，强调预算决策透明度。

年份	实践模式	主要内容
2008	河南焦作预算参与模式	在预算编制层面引入预算参与，尤其是涉及民生项目中的农业、教育、文化等预算资金安排听取社会公众意见。
2010	四川白庙乡预算参与模式	注重通过预算公开提升预算透明度与参与度。
2012	云南盐津预算参与模式	确定"推荐代表、民意调研、额度测算、确定项目、群众恳谈、公开公示、人大审定"多方主体共同参与的基层预算治理模式。
2012	广东顺德预算参与模式	贯彻民主预算、透明预算的改革理念，采用民众投票的方式确定预算参与的项目范围并实行现场表决。
2012	安徽淮南预算参与模式	细化项目选择评审程序，划分为候选项目分类和项目申报、项目网络评审、会议评审、项目确定几个阶段。

四、纳税人预算参与权构建面临的制度困境

对纳税人而言，预算是一个可以近距离观察财政资金流向进而监督政府支配利用公共资源权力的过程。如果纳税人的用税监督诉求能与编制、审批、执行预算的过程衔接，就可以通过纳税人参与预算，达到监督用税的目的。换言之，预算成为承载纳税人用税监督诉求的具有操作性的运行平台。纳税人预算参与权可以看作是纳税人税收权利扩展与预算机制衔接的产物。然而，经由对不同层面的预算法律法规及其他相关规范的梳理发现，尽管预算参与作为一种实践样态在预算运行的不同环节都有所反映，但是尚未形成一种确定化的权利形态进入法规范层面。实践中调整预算行为的相关立法形成的是以国家立法机关、行政机关为主体的预算权力配置、规范体系。在这一体系之下，不仅纳税人预算参与权整体处于缺位状态，而且预算参与本身还

受制于诸多制度因素而面临实施困境，"包括政府主导性强，制度规范缺失，民众参与意识不强，参与能力有限，参与层次低，参与环节单一"①，以及公共预算主动接受公民监督的理念缺乏、公共财政透明度比较低、预算编制的科学性不强等，都在一定程度上妨碍了纳税人预算参与的有效推进，也预示了纳税人预算参与权构建还面临着种种问题。

（一）确认权利形态的制度缺位

在现代国家的政治空间内，无论是公民还是政府都要遵循法律的规定。就法律体系而言，既要由宪法对预算参与权做出原则性规定，也需要专门的预算法律予以具体规定，辅之以行政法规、部门规章、地方性法规等，从而形成纳税人预算参与权配置、行使、保障的法治体系。但反观实践，预算参与权在宪法、预算法等法律规范中的条文体现可谓寥寥，纳税人预算参与权能否实现还有待法律的具体规定。

从《宪法》第二条、第四十一条等规定中可以推导出纳税人享有参与权的内容，但从明确性与集中性的角度而言，宪法对于纳税人参与权的规定尚显不足。即使将上述规定视作纳税人参与权的宪法依据，宪法规定仍需借助于部门法的贯彻实施才能真正落实。

从预算法的维度看，其主体内容是对预算运行程序的规定，并未确立纳税人参与预算的理念，亦无纳税人预算参与权的明文规定。现有的制度环境尚不能给纳税人的预算参与权行使提供具体的制度规则。修订后的《预算法》虽通过规定基层人大在审查预算草案前，应当采用多种形式听取选民和社会各界的意见，但在参与的途径、方式、后果、责任等方面仍缺乏较为具体的规定，只能由各地政府通过不同形式的实践予以探索。而地方性的省级预算立法较多地选择在人大预算

---

① 王晓慧：《公共财政模式下我国公民的预算参与权实现》，《河南师范大学学报（哲学社会科学版）》2016 年第 3 期，第 56 页。

监督制度框架之内附带性规定纳税人参与问题，即主要在人大预算监督运行的某个程序机制上嵌入预算参与环节，并且主要采取听取纳税人意见、向社会公开预算、受理纳税人违法预算行为举报等参与主动性、参与影响力较弱的方式；省级以下尤其是基层政府则通过非正式性制度以及正式制度中少量的政策文件或者内部规则作为实施依据，对推行者个人的能力、信心及智慧有很强的依赖性，缺乏持续稳定的适用空间。事实上，预算参与较多发生在省级以下的地方行政区域，究其原因，既有来自政绩、声誉等多种目标因素的诱导作用[①]，也有行政性放权特别是财权、事权下放后带来地方政府行为模式的变化因素。"拥有较大资源配置权的地方政府获得了实现地方利益最大化的手段"[②]，在此基础上可能采取包括预算参与在内的多种方式实现地方发展目标。因而，地方政府既具有回应多元化预算参与诉求的意愿和动力，也具有推动预算制度变迁的客观有利条件。如果在高位阶的预算立法上原则性规定预算民主或者预算公众参与，那么在地方预算法治层面就应当对具体落实预算参与原则提供制度创新的空间。当然，地方的制度创新主要集中于预算参与过程中各方主体的关系调适以及具体程序设计，而作为一种法定的权利形态，预算参与权利配置有赖于自上而下地形成统一的制度安排。

　　预算参与在本质上是一个权力结构重新调整和利益资源重新分配的过程，只有对参与者的权利进行"充实"才能真正解决参与缺位的问题[③]，也才能打破由公权主体垄断的预算权配置格局，形成一种持续性地从公权主体外部制约预算权的社会力量。[④]注重参与程序的规则设

---

①　参见宋彪：《公众参与预算制度研究》，《法学家》2009 年第 2 期，第 146 页。

②　杨瑞龙：《我国制度变迁方式转换的三阶段论——兼论地方政府的制度创新行为》，《经济研究》1998 年第 1 期，第 6 页。

③　参见王锡锌：《公众参与：参与式民主的理论想象与制度建构》，《政治与法律》2008 年第 6 期，第 14 页。

④　参见江必新、肖国平：《公众预算参与权及其实现》，《湖南大学学报》2012 年第 3 期，第 134 页。

计，可以给予预算参与的机会和通道，但还没有使参与者获得真正有可能影响预算运行过程及结果的有效工具。相反，地方过多地介入程序议程的规划，可能带来工具主义倾向或被人为操纵的风险，增加制度不确定性因素。① 这就需要权利的构建，作为制度运行的"稳定调节器"，克服预算参与的形式化弊端。此外，权利设置的一个明显优势是可以形成从权利赋予、权利行使到权利救济的闭环系统，进而提高参与对预算运行过程的影响程度。如果缺少权利设置，对是否参与、参与过程是否与预期偏离等问题缺乏反馈和谈判渠道，程序运行就只是一个简单地从上一环节到下一环节的推进过程，参与者对预算资金的分配利用不产生实质性影响，这就会降低预算参与的有效性，挫伤预算参与的动力。在这种情况下，程序设计者可能考虑修正程序，增加反馈异议环节，推动预算参与的持续进行。但还存在另一种可能，就是搁置乃至废弃程序规则。因而，更有效的方式是明确规定预算参与权，再辅之以具体程序规则的完善。当具体程序规定有所欠缺时，可以发挥预算参与权相当于一般条款的作用，填补预算参与具体机制的漏洞。

（二）支撑权利运行的预算参与机制不完备

预算参与权的法定化不能停留于文本意义上而应当具备明确可实施的机制，确定预算参与的层级、范围、程序、方式等，以便厘清预算参与权的运行边界。而这恰恰是目前预算参与改革实践所着力打造但仍然不够完备的部分。值得肯定的是，纳税人对预算运行过程的参与由局部单一环节的介入扩展至编制、审批、执行、监督全过程，呈现出不断深化扩展的趋势。但是，参与层次偏低、参与环节单一、参

---

① See Celina Souza, "Participatory Budgeting in Brazilian Cities: Limits and Possibilities in Building Democratic Institutions", *Environment and Urbanization*, No. 13, 2001, p. 172.

与方式不充分、参与范围狭窄等问题，均影响预算参与权的运行效果。

其一，纳税人预算参与的适用层级问题。纳税人预算参与最适宜在哪个预算层级展开？预算参与整体情况仍然集中于乡镇社区等基层领域，扩展到县市以上的预算参与还比较少。而按照我国现行《预算法》规定，街道和社区一级并非是独立的预算主体。实践中推行的"参与式预算改革"更多地体现为项目决策过程和社区街道发展计划，而非严格意义上的预算运行过程。

其二，纳税人预算参与的适用环节问题。各地的预算参与改革主要集中于或者是部门预算的编制过程，或者是人大的预算审查过程。纵使有个别地方已将参与式预算拓展到预算的执行、决算、绩效审查等环节，但从全国情况来看，纳税人能够对预算全程进行参与的情况还并不多见，不仅影响了预算参与实施的效果，也妨碍纳税人预算参与权的实现。

其三，纳税人预算参与的适用方式问题。一般而言，参与方式有自愿参与、邀请利益相关者、抽签、推选、组织化参与等多种，共同作用于纳税人的预算参与过程中。[①] 在温岭新河镇的参与式预算制度模式中，主要采取基层民众参与人大组织的预算编制民主恳谈，人大代表参与预算初审与审议民主恳谈的方式。相对于政府组织而言，作为纳税人之基层民众处于较弱势的地位，在预算项目选择的关键环节上，由于纳税人未能具体参与到决策安排中，民意表达不充分，参与方式呈现单一化状态。

其四，纳税人预算参与的适用范围问题。目前各地预算参与改革适用范围主要集中于与当地居民切身利益紧密相关的特定项目支出安排。此类预算参与方式虽有利于调动纳税人预算参与的积极性，但从

---

① 参见陈奕敏、尚国敏：《参与式预算——协商民主的鲜活形式》，《民主与科学》2016年第 2 期，第 33—37 页。

纳税人预算参与权的普遍要求来看，有限参与领域还远远不够。此外，我国乡镇一级的预算单位自身财税收入有限，可供自主性支配利用的财政资金较少，相当部分的财政资金来源于上级政府对下级政府的转移支付，即使一些较为发达的乡镇可以转让土地使用权获得一定比例的土地出让金，但此收入不稳定。财政收入来源的不确定性直接影响地方政府支配的资源规模与使用方向，最终影响预算参与的有效实施，也影响纳税人的预算参与积极性。

（三）保障权利实现的激励与约束机能不足

参与预算对于纳税人而言是一种理性选择，当遭遇各种外在或者自身的阻碍因素时，不参与反而是理性的，因此，一定的制度激励是权利实现的重要保障。但是现有的制度激励明显不足，由于主客观条件的限制，阻碍纳税人参与的因素较多。

一是纳税人参与能力有限。纳税人的个人素质、理性运用知识的程度、支配掌握的经济资源等构成其能否实际参与预算过程以及对预算决策结果影响程度的重要制约因素，"假定人人都有参与的基本倾向，有能力承担自己行为的后果，经济资源的存在能够使人们成为理性而负责的公民"[①]的观念显然过于理想。

二是预算参与改革侧重于对参与程序以及相应的议事规则做出设计安排，缺乏对参与激励的制度考量。在实际推行过程中，为让纳税人能够参与预算过程，往往通过代表推荐、名额分配甚至民众动员等方式，这就使参与不是作为理性公民主动自愿选择的结果，反而成为被动和消极的配合行动，直接限制了纳税人预算参与的实践效果。长期以来，预算当然地被认为是政府职责范围内的事情，与纳税人无关，纳税人很少关注政府的预算问题。因而预算参与改革不仅应从形式维

---

① 萨托利:《民主新论》，冯克利等译，上海人民出版社 2009 年版，第 180 页。

度为接纳纳税人的参与而改变原来封闭的预算议程，为其提供现实可行的参与机会和具体路径，更应从实质维度克服纳税人参与的制度障碍，激发其内生的参与动力与监督预算活动的自觉意识。在根本上，激励参与有赖于民主治理环境的建构与公共理性精神的熏陶。制度的作用在于通过其权威性、稳定性与可操作性的规范体系提供一种民主参与的知识、技巧，培育社会公众的民主观念与理性参与公共事务的精神品格。在我国对关乎国家治理体系与治理能力现代化的顶层设计中，强调"健全民主制度，丰富民主形式，拓宽民主渠道"，"使各方面制度和国家治理更好地体现人民意志、保障人民权益、激发人民创造"，"确保人民依法通过各种途径和形式管理国家事务，管理经济文化事业，管理社会事务"①，体现出通过"坚持和完善人民当家作主制度体系，发展社会主义民主政治"，这构成我国在预算领域坚持人民主体地位、发展民主治理、促进纳税人参与的基本指导准则。通过提供纳税人参与的权利配置、权利行使与权利保障机制，有利于帮助纳税人应对专业性与技术性极强的财政预算事务，克服外行参与的障碍，降低纳税人参与的门槛、简便参与过程、提升参与影响力，激励其积极主动参与。

三是具体程序设计缺乏沟通反馈机制，削弱参与积极性。尽管预算运行过程开始一定程度地向纳税人开放，并且由于与现代科技等便利化手段的结合，参与的技术环境与条件得到显著改善，但不可回避的是，纳税人对预算编制、审查提出的一些意见和建议能否得到及时的反馈和回应不无疑问。实践中更多呈现的仍然是单向度的从政府职能部门或者人大预算机构向外进行信息传递，而自外向内的反向传递纳税人诉求以及针对性地做出解释说明的反馈机制尚付阙如。

---

①   参见《中共中央关于坚持和完善中国特色社会主义制度 推进国家治理体系和治理能力现代化若干重大问题的决定》。

纳税人参与预算有利于夯实预算民主治理根基，但自身也存在一定行动边界与正当性基本要求。预算参与的正当性就是预算参与应当符合社会公共利益要求，然而，"参与的扩大，使得公共利益的界定和保护处于不确定和成问题的状态"[1]。参与还可能使预算运行面临新的风险，如参与者支持财政扩张政策而导致收支不平衡。[2] 参与者并不天然代表公共利益，参与者的私人利益有可能与预算运行所要求的公共利益发生冲突。如参与者的私人利益倾向使其希望获得特定项目的支出授权，而公共利益目标则要求对地方支出安排做出整体性改善；参与者的私人利益使其关注特定预算信息的公开，而公共利益目标则更注重预算过程的规范化、透明化。因而预算参与不一定能确保符合社会公共利益要求的预算结果的达成，它有助于在原有的权力格局之下增加一种博弈和平衡的力量，但其自身也可能带来减损公共利益的因素，如参与者基于狭隘的行业或部门利益提出不公平的分配诉求等，因而必须受到制度的约束。如果不关注预算参与的约束条件，而仅偏重如何提供参与机会的程序设计，那么，预算参与的正当基础将难以保障，也就无法支撑制度本身的持续运作。在实践中，预算参与的相关制度安排对于预算参与应当恪守的基本原则、达致的目标定位、预算参与是否契合公共利益目标实现的判断标准及解决机制等缺乏明确规定，简单的议事规制仅仅反映的是参与步骤和环节，并不足以提供各方预算行动者相互制约、理性选择的程序机制。

（四）推动权利建构的创新与嵌入脱节

预算参与的发端扩展呈现出的是一种自下而上的自发性制度变迁

---

[1]　P. 诺内特、P. 塞尔兹尼克：《转变中的法律与社会：迈向回应型法》，张志铭译，中国政法大学出版社 2004 年版，第 115 页。

[2]　参见爱伦·鲁宾：《公共预算中的政治：收入与支出，借贷与平衡》，叶娟丽等译，中国人民大学出版社 2001 年版，第 100 页。

过程，具有契合地方性政治、经济、文化发展特点，更好地组织地方公共产品或公共服务供给的优势，但这种制度创新也是嵌入在各种既有的相关制度构成的复杂关系网络中，制度之间相互影响、相互限制。预算参与权的建构是自上而下的基于中央层级立法做出统一规定进而扩展到地方层面予以贯彻执行的过程，但毋庸置疑，权利化形态的提炼、确认、界定等一系列法治保障行动都是立足于丰富多元的预算参与实践，当然也就不能离开对权利运行所处的制度环境、制度相互关系进行系统考量。预算参与权能否真正得以实现，不仅取决于其自身的制度安排，亦受制于这一复杂制度关系网络的整体效应。在这一意义上，纳税人预算参与权的建构既需要突破既有的预算权力主导的法权构造格局，又需要寻求与相关制度改革的协同配合，借助制度合力实现制度创新目标。

构成预算参与权建构最重要的相关制度安排是人大预算审查监督制度。不难发现，随着预算参与实践的推进深化，一些地区已经形成将预算参与置于人大预算监督这一正式制度框架之中的固定模式。首开先河的是温岭市新河镇在 2006 年度人大财政预算民主恳谈会召开之前通过的《新河镇预算民主恳谈实施办法》，将"民主恳谈"提升为人大制度化商谈程序，为后续扩展运用到财政预算领域提供坚实的制度保障。但是人大自身预算监督效能的局限制约了预算参与及其权利建构的实践效果，相关制度改革未能形成合力。

主要表现在：其一，人大预算分配决定过程与政府政策决策过程的分离问题缺乏必要规制。在实践中，政策供给的通常路径是上级政府制定，下级政府贯彻落实，但同时"上级政府一般不提供政策实施的资金或者只提供一部分资金"[①]，因而，在下级政府预算的编制、审批、执行的过程中，可能随时遭遇来自上级政策的资金安排需求。上

---

① 马骏：《中国公共预算改革：理性化与民主化》，中央编译出版社 2011 年版，第 76 页。

级政府自上而下的、具有刚性约束的政策供给路径对下级预算过程的独立性、确定性造成影响。为缓释这种不利影响，下级政府及其财政部门在财政预算资金中不得不预留一笔资金作为机动费，这种人为割裂的做法使得预算控制变得碎片化、形式化，削弱了预算过程本应具有的独立性与约束性。在此背景下，负载于人大预算分配过程的纳税人参与显然也就无法发挥其监督作用。

其二，信息维度、沟通维度与强制维度的人大预算审查监督的失衡。人大预算审查监督可以从信息维度、沟通维度与强制维度进行考察。[1]信息维度，反映的是人大能够获得的预算信息的全面性、准确性、及时性；沟通维度，反映的是人大预算审查监督能否在沟通对话、彼此信任的基础上展开，使各方信息得以适时共享与反馈；强制维度，反映的是人大预算审查监督能否改变政府预算草案内容及改变范围大小，能否对相关主体实施问责。信息维度与沟通维度的人大预算审查监督在立法及实践中得到较充分的体现，如预算草案编制的细化、预算文本报送机制的完善、预算编制审批执行过程中沟通反馈机制的充实等显示出信息维度与沟通维度的人大预算审查监督的进步。这种制度环境无疑为纳税人参与预算、监督及影响预算分配提供了更具实效性的操作平台。在强制维度上，人大预算审查监督依托地方性立法的补充得到一定程度的实现，尤其是听取决算审计工作报告并依托审计监督进行问题整改及问责约束已经成为地方人大在决算环节实施审查监督的重要组成部分，也为人大开展实质性的审查监督行动提供专业性、规范性保障，但整体上相比于信息维度与沟通维度，其制度改进的空间仍然较大。强制维度的预算审查监督对政府预算权力带来诸多更具实质性的影响，如修改、否决、问责等，因而相对于信息维度和

① 林慕华、马骏：《中国地方人大代表大会预算监督研究》，《中国社会科学》2012年第6期，第82页。

沟通维度的预算审查监督实施起来更有难度，但只要合理设计也蕴含发展改革契机。一个明显例证是近年来在实践中大力推行的绩效审计，将人大预算审查监督与审计监督、绩效控制、纳税人参与几方面因素有机结合起来，借助审计监督的力量，发展针对财政收支活动的专项审计，细化在人大预算审查监督中吸纳审计监督结论的具体程序与应用机制，将审计查出问题的整改问责作为人大预算审查监督的重要内容并且向社会公开审计结果及整改报告，凸显出强制维度的人大预算审查监督的发展空间。

其三，人大预算监督自身面临的专业理性与改革动能不足。人大的角色定位在长期实践中一直作为政治民主协商践行者的身份存在，注重搭建各方利益相关者的对话平台与沟通机制，引导社会成员的价值判断和公共选择。但是伴随着预算绩效评价改革的推进，尤其是人大预算审查监督重点从传统的预算规范性及预算收支平衡向注重结果导向与绩效审查的支出预算和政策拓展，对人大预算审查监督的专业理性提出了更高的要求，应尽可能让客观的评价指标、量化数据说话，而不能局限于主观上的价值权衡。这在一定程度上抬高了纳税人参与的门槛，也对人大预算审查监督的运作理念、实施方式、程序安排等提出挑战。人大不仅要承担法律赋予的各项公共职能，而且要面对预算审查监督领域重点拓展改革以及回应纳税人预算参与诉求所带来的新问题，如何通过人大预算监督制度的完善统筹改革目标亟待进一步研究。

五、本章小结

通过梳理有关涉及纳税人预算参与权内容的规范体系，发现从整体上纳税人预算参与权建构具有一定制度支撑：以公民基本权利配置为中心的宪法性法律，为纳税人预算参与权确立提供法理依据；以预算参与程序规制为中心的中央层级立法，为纳税人预算参与权行使提供重要支撑；以强化预算社会监督为中心的地方立法，为纳税人预算参与权实现提供法律保障。然而尚未形成一种确定化的权利形态进入法规范层面。面临确认权利形态的制度缺位、支撑权利运行的预算参与机制不完备、保障权利实现的激励与约束机能不足、推动权利建构的创新与嵌入脱节的弊端，制约了纳税人预算参与权的治理功能发挥。

第四章 国家治理现代化视野下的纳税人预算参与权配置机制

在国家治理现代化视野下，纳税人预算参与权的功能定位与实践效果存在明显落差，迫切需要制度重塑加以填补。"概一国之法治，莫重于规范国家权力的运作，限权之关键，首当是对国家财权的掌控，而控财之要义，则在于支配'国家钱包'的预算。"[1] 然而，将目光从理想回到现实却发现"中国各级预算编制基本上都是政府部门内部的事情，普通民众既缺乏参与的制度可能性，也缺乏参与的具体渠道，职能部门和专家均认为预算是一个'技术活'，普通民众缺乏相应知识来参与"[2]。深究之，预算制度发轫之初，预算权往往被视为政府行政权力的组成部分，其配置也仅仅是政府部门的内部权力分工，同时预算被视为政府管理国家的财政工具，因而预算权体现为具有公权性质的预算管理权。在工具价值和公权性质的定位之下，预算整体上呈现出高度的内部性、封闭性和等级性特点，纳税人往往被视为管理对象，其主体意识薄弱，自然在预算权配置中较少体现其意志，而纳税人预算参与权更是无从谈起。但发展至现代民主国家，公民财产的让渡而非政府自产收入是预算收入的主要来源，因而公民自然对预算收支具有

---

① 徐志雄：《现代宪法论》，台湾元照出版有限公司 2004 年版，第 360 页。

② 韩福国：《参与式预算技术环节的有效性分析——基于中国地方参与式预算的跨案例比较》，《经济社会体制比较》2017 年第 5 期，第 53 页。

最终的决定权和知情权。"预算不是简单的数字游戏，而是控制和约束政府的工具、方法和技术"①，预算得以冲破"政府管理国家"这一认识桎梏而成为管理政府的工具。即预算不再是政府行政权力的具体内容甚至附属，其除了工具价值以外还内含民主的价值诉求，纳税人也不再是仅具有客体地位的被管理者，而是具有独立主体意识的预算权利主体。现代预算已经成为"一种为促进公民权利的实现、在民众同意的前提下筹集公共财产并服务于社会的治理方式"②。这无疑揭示了在现代社会纳税人参与预算的必要性。

国家治理现代化最为重要的表征之一便是相对于传统的国家权力运作方式，其更加强调多元治理，即要求形成多元化的治理主体格局。结合预算的历史及其本质特征，多元主体治理格局在预算层面表现为通过权利配置机制塑造纳税人预算主体的法律地位。

一、纳税人预算参与权配置的基本理念

基于纳税人预算参与权的目的和价值取向，无论纳税人预算参与权的具体配置方式为何，其都应当树立纳税人的主体地位从而促成国家机关和纳税人通过协商合作方式来共同影响预算资金的配置。

（一）促进纳税人预算参与权与国家预算权力的同构性

纳税人预算参与是在原有预算行动者（预算权力主体——国家机关）之外，引入了新的行动者（预算权利主体——纳税人），其核心是引入了新的利益诉求。对于预算权力主体而言，纳税人的预算参与必然意味着原有的预算权力结构将会发生改变，这一改变的结果便是

---

① 熊伟：《认真对待权力：公共预算的法律要义》，《政法论坛》2011年第5期，第41页。
② 岳红举、单飞跃：《预算权的二元结构》，《社会科学》2018年第2期，第112页。

在预算权领域分权与民。因而，纳税人预算参与权的配置过程伴随着预算权力结构的重塑过程，两者具有同构性。

传统的预算权力结构注重从权力外部寻求制约力量，体现的是一种对立的关系；纳税人预算参与则强调从权力内部进行合作治理，体现的是一种协商合作的关系。纳税人预算参与权配置，一方面需要在国家预算权力与纳税人预算权利之间进行横向维度的分享，这是预算权力的运行方式从封闭转向开放、预算权力的主体格局从单一转向多元、预算权力的核心内容从命令强制转向合作优化的必然要求，有利于更好地适应国家治理现代化背景下多元主体共同参与的发展趋势，而预算权力结构的转型将为纳税人预算参与权配置提供直接动力和运行保障。另一方面，亦须在国家预算权力内部进行自上而下的纵向维度的分享，即通过权力下沉，赋予地方政府一定的财政自主权力空间，使其可以根据地方政治经济社会发展的特殊需要，灵活自主地决定具体实施预算参与的方式和程序，以更好地回应社会公众对于预算分配监督的诉求，为其提供契合社会公共利益需求的公共产品和公共服务。我国地方试验的制度改革传统以及公共物品供给中的"偏好误识"使得公民对于地方政府尤其是基层政府的预算开支更为敏感，地方政府尤其是地方基层政府具有推动预算参与的动力。具体表现在通过促进预算参与，有利于培养公众学习能力、提高政府透明度，增强政府公共预算政策的社会认同和遵从，从而构建起政府支持的基础，实现对稀缺资源的公平分配。因而，预算权力的纵向分享既是适应公共产品供给机制特点的基本要求，亦为促进地方预算参与可持续实施提供重要保障。

基于纳税人预算参与权与国家预算权力的同构性，纳税人预算参与权的配置不能就权利而权利，而是应当将其放在预算权力与预算权利的互动之中，以预算权力分享来建构纳税人预算参与权制度，同时以纳税人预算参与权建构的要求来完善预算权力制度和具体机制。

（二）明确纳税人预算参与权主体的广泛性与限定性

纳税人预算参与权除了需要与预算权力主体分享外，还需要面对内部作为预算权利主体的纳税人之间的权利配置问题，即哪些主体"应该"以及"可以"参与预算？有没有被排除在参与之外的纳税人？如果有，那么原因是什么？纳税人参与权重如何确定？如果是选举代表参加，那么哪些预算层级实行代表制、代表是如何产生的以及代表的权限是什么？这一系列问题的核心在于参与者的资格、参与者的权重是否一致以及参与者如何遴选这三个紧密相关的问题。

首先，平等原则是国家治理现代化的必然要求，且该原则已经写入我国宪法，成为宪法性原则。这表明了预算参与权主体的广泛性。"纳税人缴纳的税款是政府财政收入的主要来源，而预算则是国家组织分配财政资金的重要工具。作为国家财政资金主要提供者和终极所有者的纳税人，当然有权参与到分配财政资金的预算活动当中来。"[1] 现代国家作为税收国家不仅仅意味着税收是国家财政收入最为重要的来源，还在于税收国家中每个公民都负有依法纳税的义务，所有的公民都是直接税的纳税人或者间接税的负税人，即所有公民都实际上承担了税负。只要具备公民身份，就必然意味着其或是直接纳税人或是间接纳税人，更为普遍的是两者兼有，那么就可以参与到预算活动中来，以行使其预算参与权，而无须考察其纳税数额的多少，也不论其民族、种族、社会地位、教育程度等。

其次，既然所有纳税人都有平等参与的权利，那么在参与中的权重理应一样。但现实中存在一些专业技能要求较高的开支决策，此时在遴选机制上会存在差异，以体现预算民主性与专业性之间的平衡。预算参与主体总体上可以分为两大基本类型：普通纳税人和专业人士。

---

① 江必新、肖国平：《论公民的预算参与权及其实现》，《湖南大学学报（社会科学版）》2012 年第 3 期，第 133 页。

普通纳税人的参与动力是希望自身利益被吸收进特定预算项目的目标需求，专业人士的参与动力是加强预算决策的科学性和合理性。为了在预算参与的平等原则下实现预算决策的科学性和合理性，在参与主体的选取时需考虑以下两个方面。一是专业性。考虑到预算本身涉及专业技术知识较强、涵盖的领域较广，导致纳税人参与预算的门槛较高，因而在推行预算参与实践的初期，以及需要更多动用专业性判断而较少涉及价值权衡的开支项目上，应当充分发挥各行业专家学者的专业优势，通过宣传和培训提高纳税人参与的专业化水平，逐步提升纳税人参与预算的意识和技能。二是利益相关性。理性人的假设表明，人往往只对与其自身利益相关的事项具有兴趣，因而通过调动利益相关者的积极性，将有助于在多方充分博弈的背景下，使利益分配的预算决策趋于科学化。

最后，地方人大应当进行预算参与公众库与专业库的建设，以实现预算在民主与专业之间的平衡。结合域外经验和我国地方实践探索，我国纳税人预算参与权主体的设定方式应当主要采取混合参与模式，即直接参与和间接参与相结合。预算由于其特性，需要面临民主与专业之平衡，因而具有形式和实质层面。形式层面，预算表现为收支的专业数字，故而需要相应领域的专家予以把脉以保证其专业性和科学性。实质层面，预算是政府获得人民授权行使行政职权的范围，因而纳税人预算参与权的价值在于可以增强正当性、合法性与责任性，此时其民主性的特征凸显。混合参与模式下除了网络征求意见等，几乎无法让所有人都到场参与预算的讨论，故而需要进行参与库的建设。而预算民主与专业的双重面相则对参与库的建设提出了新的更高要求。此处，以浙江温岭参与式预算的探索为例做进一步说明。[1]

---

　　[1]　参见张学明、吴大器等：《温岭探索——地方人大预算审查监督之路》，上海财经大学出版社 2016 年版，第 61—65 页。

在长时间的探索中，浙江温岭逐渐形成了定向邀请、广而告之、随机抽取、科学抽样、代表征询和媒体追踪等多种预算参与的方式，而其中的随机抽取和科学抽样就涉及了预算参与库的建设。首先是基于随机抽取的公众库的建设。温岭市及其下辖乡镇人大一般会在重大财政预算开支或者绩效评估之时，向社会发布公告，邀请公民来针对具体项目进行探讨，即"民主恳谈"。在公告之中会明确恳谈的目的、参与人员的条件等，特别值得说明的是中介机构、行业协会、社会团体等组织也可以通过派代表参加的方式参与进来。人大或者人大常委会办公室会根据具体报名的情况，最终审核确定参加本次预算民主恳谈的名单。而所有报名参加的个人和组织将被纳入预算参与的公众库。温岭经过多年的建设，已经形成了具有广泛代表性的预算参与公众库。据相关统计表明，其公众参与库涵盖市人大代表（0.94%）、镇人大代表（2.63%）、村民代表（75.02%）、村民组长（0.22%）、民情联络员（0.20%）、居民代表（2.74%）、担任副处实职以上离退休老干部（0.10%）、妇代会成员（6.42%）、妇女代表（0.91%）、科协界代表（0.77%）、纳税额50万—100万元企业法人代表（1.85%）、大专以上学历外来人口（3.00%）、团支部成员（5.20%）。同时公众参与库不仅仅在不同职业之间具有广泛的代表性，而且在男女比例、文化程度、政治面貌等方面也具有广泛的代表性。由此，公众参与库的建设符合国家治理现代化所要求的形成多元化的治理主体格局，从而在预算层面上通过参与权的配置塑造了纳税人预算主体的法律地位。

公众参与库在具有广泛代表性的同时也面临专业知识不足的问题，即满足了预算的民主面而对于其专业面的诉求则没有有效回应。因此浙江温岭在探索公众参与库建设的同时，还吸引相关专业人士参与以建设预算参与的专业库。目前温岭预算专业库的人员由市人大代表（4.75%）、机关人员（31.99%）、人大财经委工委议事委员会成员

（2.64%）、镇（街道）人大领导干部（6.68%）、镇（街道）人大负责人（13.53%）、镇（街道）财政所所长（2.81%）、人大代表联络站负责人（7.73%）、村民代表（3.51%）、居民代表（2.81%）、纳税额100万元以上的企业界代表（8.79%）、中介机构代表（10.54%）、新温岭人（2.64%）和老干部（1.58%）组成。

在鼓励和引导地方治理创新以及经验试错的逻辑之下，我国不少制度都是先由地方试验进而得到全国性立法的确认。[①]纳税人预算参与权制度的构建同样可以依据这一路径，一方面与其他事项的地方试验一样，是大国制度创新和经验试错的必然选择；另一方面也源于现行地方试验已经颇为成熟，从节约立法成本的角度考虑，亦有必要将地方试验上升为全国立法。基于温岭模式的经验探索，可以在县以及乡镇一级人大建设预算参与库，为了平衡预算本身可能存在民主与专业的冲突，则需要分别建立公众库和专业库，两库的人员比例则根据具体事项的特性而定。其中公众库突出参与者的广泛代表性，而专业库则强调人员的专业背景。当然，在条件允许的情况下，可以鼓励地方对专业库继续细化探索。

（三）限定纳税人预算参与权客体的层级性

纳税人预算参与权可以涉及哪些层级的政府预算？结合域外经验、我国地方试验和现实情况，应当明确规定预算参与的适用层级和实施范围。就适用层级而言，预算参与的适用层级太高未必是一件好事情，因为这必然意味着参与人数的增加，由此带来预算参与实施难度的加大，反而制约预算参与实施的实际效果。从各地实践经验观察，预算参与的适用范围主要是在地方政府中较低的层级。当然，也

---

① 参见周尚君：《地方法治试验的动力机制与制度前景》，《中国法学》2014年第1期，第51页。

并非仅仅局限于基层政府。在浙江温岭，预算参与的实践开始于乡镇财政层面，目前正向市县级推进；而在巴西等国家，预算参与也主要适用于市级财政。统观中国公共预算改革进程，大致体现为"自上而下"和"自下而上"两种路径选择，而县乡财政恰恰处于两者交汇点。"实施参与式预算最适宜的行政层级是县、乡两级，因为县、乡两级满足参与式预算实施的两个基本条件，一是财政收入相对稳定并且可支配使用；二是预算项目与当地社会公众利益直接相关。"[①] 而对于更高层级的省、市级预算而言，加强人大预算审查监督更具现实意义。相较于域外法治较为成熟的国家和地区，我国预算参与实施的基础更加薄弱，因此就目前的情形来看，法律适宜将预算参与的适用层级限定于县乡财政这两级。当然对于条件较好的地区，允许并鼓励其向更高层级进行探索试验。就实施的范围来看，基于纳税人关注重心以及其参与能力的考量，并非所有的预算开支项目都适宜纳税人参与，纳税人预算参与实施的范围主要涉及如财政补贴、社会保障性支出等民生领域。[②]

（四）保障纳税人预算参与权运行程序的科学性

现代公共预算以其体现社会公共需求为其合法性根基，而社会共同需要在实践中表现为"通过集体决策程序所确定的需要"[③]，由此可见程序对于预算的重要性。预算参与权的行使须通过合法途径、遵循法定程序，预算过程的专业化和复杂性要求公民的预算参与是一种有序的参与。故应当通过界定参与过程中各方主体之间的权利和义务关系，

---

① 陈奕敏、尚国敏：《参与式预算——协商民主的鲜活形式》，《民主与科学》2016 年第 2 期，第 33 页。

② 参见刘洲：《财政支出的法律控制研究——基于公共预算的视角》，西南政法大学博士学位论文，2011 年。

③ 李俊生、姚东旻：《财政学需要什么样的理论基础——简评市场失灵理论的"失灵"》，《经济研究》2018 年第 9 期，第 34 页。

经由法定的途径和程序来落实纳税人预算参与权。预算参与权在运行程序上应当是开放式的，各地可以因地制宜，在遵循程序公开、公平、公正的基本原则条件下，确定本地代表选取的程序和相关机制。结合一般公共决策参与代表的产生方式，我国预算参与代表的产生主要有三种机制：一般适用于村一级预算参与的直接选举；适合于乡镇和县一级预算参与的随机抽取和分层抽样。一般而言，相较于随机抽取，分层抽样更为合理，因为随机抽取所产生代表往往不具有完全代表性，而分层抽样产生的代表能够涵盖不同群体和社会阶层的利益诉求，同时还可以通过抽样的设计来实现国家相应的政策功能。基于预算"通过集体决策程序所确定的需要"的特征，我们认为纳税人预算参与权应当全方位覆盖预算的所有流程，即涉及预算的提出、编制、决议、执行、监督及调整的全流程。而纳税人是一次参与还是反复参与的问题，在理论和规范上纳税人可以反复参与，而在实践中则受制于具体的选举方式。纳税人预算参与是法治保障下的有序参与，而组织保障是实现有序参与必不可少的条件，因此需要建立涵盖纳税人参与全过程的组织结构及其具体机制。虽然参与本身就是纳税人预算参与权的内容，但是从工具价值而言，纳税人参与的目的在于对政府公共资金的使用施加影响、表达诉求，因而毫无疑问纳税人预算参与权的构建需要体现向公民反馈的责任机制。

二、纳税人预算参与权内容的立法明确

权利乃是现代法学和法律的本位性概念。[1]虽然权利的广泛使用有将其变为"普遍的、用得最频繁但是歧义也最多的概念"[2]的趋势，但

---

[1]　参见张文显、于宁：《当代中国法哲学研究范式的转换——从阶级斗争范式到权利本位范式》，《中国法学》2001年第1期，第63—79页。

[2]　范进学：《权利政治论：一种宪政民主理论的阐释》，山东人民出版社2003年版，第1页。

是毫无疑问，权利以及围绕其形成的强大理论脉络已经成为法学、政治学等学科的主流话语体系。法理学和宪法学的相关理论认为，法律的明确性是通过法律保留以保障公民权利的必要构成要件，这主要是从对基本权利施加限制的规定而言的。[①] 然而，回到权利规范的内部，我们发现其依然需要明确性原则的关怀。即当权利规范本身缺乏明确性之时，对权利的侵犯根本不需要不受限制的权力，权利的城堡即因缺乏明确性和可操作性而从内部崩溃。故而，我们需要探讨如何在立法中明确规定纳税人预算参与权，并根据参与环节不同，细化纳税人预算参与权的权利内容。然后，结合预算参与的实践经验及参与推进的可行性因素，在参与的预算级次、参与的预算事项对纳税人预算参与权的行使边界上做出一定限制。

从我国宪法所确立的人民主权原则以及人民代表大会制度，可以推出预算参与权是纳税人的应有人权和法定人权，但是法定人权需要一定制度条件方能最终落实为实有人权。无疑，纳税人预算参与权的具体规范便是这一应有人权和法定人权的落脚点及制度载体。立法对某种权利形态直接做出规定是最一般的规范化途径。从设置公法权利规范的立法看，《税收征管法》采取"纳税人有权……"或"纳税人依法享有……权利"的表达方式，列举式规定纳税人税权的内容。每一个条文设置一项具体的纳税人税收权利。就预算参与权的规范表达而言，需要讨论的是预算参与权的规范模式、规范内容以及为保障权利实现而设置辅助性预算权利（力）的问题。

（一）纳税人预算参与权的规范模式

私法权利规范并非限于立法文本上的直接表达，当事人之间还可

---

① 参见欧爱民：《法律明确性原则宪法适用的技术方案》，《法制与社会发展》2008 年第 1 期，第 122—123 页。

基于意思自治和契约自由衍生出对彼此具有约束力的权利形态，以弥补法定权利在满足当事人利益上的不足。甚至在事实状态中不受法律认可的"权利"也可能在当事人之间存在，只是不具有请求司法机关予以强制性保护的能力。公法权利反映的是权利主体获得法律上"能够"从事某种行为的资格①，使权利主体具备在事实状态下所不具备的能力。不在公法明确赋权范围内则不成立公法权利。因而，公法权利的设置遵循严格的法定主义精神，不能通过一般或兜底性条款扩充法定权利的范围。《税收征管法》即是在第八条规定了纳税人知悉税收信息权、保密权、申请税收优惠权、对税务机关决定的陈述权、申辩权、提起司法救济权、控告权和检举权等八项权利。在纳税人预算参与权的规范表达上应当在遵循公法基本原理下延续这一法定主义的基本路径，对该项权利做出直接而明确的规定，而不采取一般或兜底性条款的弹性规定。

（二）纳税人预算参与权包含的规范内容

如果选择法定主义路径直接对权利做出规定，那么就像《税收征收管理法》实行的做法一样，还需要进一步明确该权利的具体内容。当然，基于文字的多义性和晦涩性，纳税人预算参与权的规范本身从字面含义上必然存在或多或少的不易理解之处，为了回应法律明确性原则的要求还可增设阐释性条款对权利规范做出进一步解释说明。② 预算参与权外延涉及甚广，但是最为核心的问题是参与是涉及

---

① 参见格奥格·耶利内克：《主观公法权利体系》，曾韬、赵天书译，中国政法大学出版社2012年版，第49页。

② 在权利阐释性条款设置上，《消费者权益保护法》提供了一种有效模式。以该法规定的消费者监督权为例，在第一款规定"消费者享有对商品和服务以及保护消费者权益工作进行监督的权利"的基础上，第二款进一步规定："消费者有权检举、控告侵害消费者权益的行为和国家机关及其工作人员在保护消费者权益工作中的违法失职行为，有权对保护消费者权益工作提出批评、建议。"第二款构成对第一款的进一步阐释。

预算的提出、编制、决议、执行、监督及调整的全流程，还是仅仅体现在其中的某些环节。由于预算活动是从预算编制、审批到执行、绩效评估循序渐进展开的过程，因而，纳税人预算参与权的规范化设置可以与预算过程衔接，使权利的效力范围覆盖预算的全过程，即预算的提出、编制、决议、执行、监督及调整、决算的全流程，形成与不同运行环节相匹配的参与权具体形态。概而言之，主要包括预算编制参与权、预算审批参与权、预算执行参与权、预算绩效评估参与权等。[①]

作为反映纳税人参与预算决策过程的预算编制参与权与预算审批参与权，打破了传统上在公权主体内部运行而具有高度封闭性的法权构造格局，由此产生的预算决策结果更有可能契合纳税人整体利益需求。当然，涉及公共资源分配的预算参与权所针对的预算决策项目本身具有层级性，不同预算层级的分配决策与纳税人利益相关性具有程度差异。在较低的预算层级，预算分配决策行动往往集中到更为具体的社会民生项目上，与纳税人利益关联度较高，通过预算参与权配置，有利于激发纳税人参与的意愿与动力；而在预算层级较高的决策事项上，由于与纳税人利益相关性较弱，即便设置纳税人预算参与权，其实际利用的几率也可能较低。

相对于影响预算决策的编制及审批权，预算执行参与权与预算绩效评估参与权由于专业性相对较弱而民众对其的敏感度又相对较高，因而其适用的预算层级更为宽泛。

（三）保障性预算权利（力）的设置

为保障预算参与权的顺利实现，有必要设置辅助性预算权利。预

---

① 参见江必新、肖国平：《论公民的预算参与权及其实现》，《湖南大学学报（社会科学版）》2012 年第 3 期，第 133 页。

算知悉权，也有学者称之为预算知情权①，是预算参与权得以顺利实现的前提和重要支撑，它是指纳税人依法享有的知悉预算相关信息的权利。试想，如若纳税人对预算情况无从了解，其将如何参与预算过程，又如何在预算过程中发表意见并进行监督？可见，明确预算知悉权是构筑规范化的预算参与权所不可或缺的一环。此外，预算参与的程序机制往往涉及听证，并且具体的参与过程总是离不开表达，纳税人的预算参与通过预算听证或对预算分配或执行表达意见反映出来。因而，预算参与权的行使过程与预算听证权、预算表达权也是密不可分的。再者，质询权被视为代议机关的传统权力之一。② 从预算公开角度出发，确立纳税人及其代表的预算质询权也是预算权利的重要组成部分，是保障纳税人知情权的必然要求。③ 然而，与其他制度相类似，虽然《预算法》赋予了人大代表或者常委会组成人员的质询权，但是质询主体仅限于人大代表和常委会组成人员。这并不意味着在制度上排除了纳税人的质询权利，而是表明纳税人需要通过人大代表来间接行使其质询权。因而，法律需要明确在什么情况下，纳税人提出的质询建议，人大代表必须进行质询。而对于人大代表和常委会组成人员提出的质询，《预算法》规定接受质询的主体必须及时给予答复，而"及时"一词看似有力，却具有高度模糊性，未对质询的效力和责任予以进一步规定，由此导致在实践中该权利往往无法得到有效的落实。从质询权运行本身的逻辑而言，质询是一种双向互动的过程，当质询主体对受质询机关的答复予以认可并不再继续询问时，质询才告结束。反之，如质询主体并不认可答复，则被质询机关及其直接责任人应承担相应

---

① 参见李建人：《公众预算知情权及其制度约束》，《法学》2015 年第 9 期，第 75 页。

② 参见叶供发：《财政权与历史视野中的英国议会》，《历史教学问题》1997 年第 6 期，第 46 页。

③ 参见贾康：《财税改革的三大要领》，《经济》2015 年第 1 期，第 9 页。

的法律责任。① 基于此，《预算法》应当明确质询主体提出质询的条件和程序，以及被质询机关应当承担的责任。当然，由于预算本身涉及财政利益的博弈，并不能一概认为只要质询主体不满意，被质询机关便要承担责任。因为极有可能一项惠及大多数人群的开支，被极少数群体所质询，这并不意味着极少数群体的合法利益不应当得到保障，而是指不能单纯以质询方的满意作为标准。因此，法律需要明确被质询方承担责任的具体情形。

除了设置辅助性预算权利之外，纳税人预算参与权的实现有赖于优化预算权力结构，尤其是人大预算审查监督权力在实践中对于促进预算参与发挥了至关重要的作用，因而，有必要进一步完善人大预算权力的配置，从而克服纳税人预算参与权行使中的制度障碍。

其一，预算编制提前介入权。在我国预算参与的现实中，人大代表通常仅能在预算审查和批准前几天甚至开会之时才能看到政府的预算草案，更遑论普通纳税人。根据预算法的规定，预算草案的编制权限在政府，具体承担部门则为政府的财政部门。对于公众甚至是人大代表而言，预算编制具有相当封闭性。人大专门机构依法对预决算草案和预算调整案享有初审权。而预算草案不仅复杂，更为重要的是具有专业性。正因如此，各地开始探索由人大常委会的相关委员会提前介入预算编制的改革实践。② 例如，浙江省温岭市在预算编制过程中实行了名为"会前协商恳谈"的模式，在预算编制过程中组织社会各界人士按照"人数不可少、分组要科学、预算提前发、协商要周到"的

---

① 蒋悟真：《中国预算法实施的现实路径》，《中国社会科学》2014 年第 9 期，第 130—133 页。

② 参见骆骁骅：《李玉妹率队赴省财政厅视察财政工作 提前介入预算编制监督工作》，南方日报网：http://epaper.southcn.com/nfdaily/html/2018-11/23/content_7765406.htm，最后访问日期：2020 年 1 月 5 日。陈敏：《市人大常委会提前介入预算编制和部门预算重点审查工作 提高预算编制的科学性和精准度》，茂名人大网：rd.maoming.gov.cn/index.php?c=show&id=7575，最后访问日期：2020 年 4 月 5 日。

原则对政府的预算草案进行讨论①，将针对预算草案形成之后的初审延展至预算草案形成之前的编制环节，有利于提升人大的初审效果和审查效果。

其二，预算修正权。我国现行预算法并未明确人大对于政府预算具有修正的权力，而近年来地方人大在此领域的探索也存在一些波折。② 由此导致不仅在法律规范上，而且在现实中全国及地方人大几乎都没有对政府预算进行修正的权力。在法理上，人大作为国家的权力机关，有权代表人民对政府的财政收支情况进行审查和监督，而预算修正权无疑是其必要的组成部分。考虑到我国预算法中并未规定分项审议的现实情况，预算修正权的缺位必然导致总体过关而部分项目不合格的预算被通过，使得人大预算审查和监督的效力大打折扣。而人大预算审查监督的实效性低下，又将进一步减损预算参与的效果，挫伤纳税人参与的积极性，当然更不符合国家治理现代化之要求。

其三，预算否决权。按照常理，人大拥有对政府预算草案进行审查的权力，那么现实中应当存在预算被否决的案例。然而现实中这种情况极少出现，甚至有人发出了"人大为什么不能否决不合理预算"的质问。③ 这种情况恐难以用目前所有层级政府的预算草案都是合法且科学的来予以解释，而应当去探索背后的制度缘由。《预算法》规定人大拥有对政府预算审查的权力，由此可以推出，人大对不合理的预算可以行使否决权。纵观我国《预算法》的文本可以发现，虽然高频出现"审查""撤销和改变"等语词，但整部立法并未提及否决或不通过的情况。即使"否决"或"不通过"可以利用文义解释从审查中得出，但是更为重要的情况是，整部《预算法》并未提及政府预算

---

① 参见张学明、吴大器等：《温岭探索——地方人大预算审查监督之路》，上海财经大学出版社 2016 年版，第 85 页。

② 参见魏陆：《人大预算修正权困境研究》，《社会科学》2014 年第 12 期，第 28 页。

③ 梁发芾：《人大为什么不能否决不合理预算》，《中国青年报》2011 年 1 月 26 日，第 2 版。

草案不通过之后政府应当如何开支以及相应的责任主体和责任承担形式。这就表明《预算法》实际上并未考虑预算可能被否决的情形。随着人大预算审查和监督权力实效性的增强以及纳税人参与预算的诉求日趋增强，人大预算审查监督事实上成为连接预算权力主体与预算权利主体的制度纽带。在此背景下，从立法上完善人大预算权力配置不仅有利于增强人大预算审查监督的实效性，而且为纳税人参与预算提供了制度化的稳定渠道。基于此，应在《预算法》中明确人大的预算否决权，并通过正面列举的方式明确政府预算草案可能被否决的情形。同时还需要建立预算否决权的配套制度，即如果预算草案被否，政府应当如何开支以及如何问责。例如，当政府预算草案被否决之后，除了必要的开支之外，其他项目不得支出，而必要项目的支出参照上一年的预算；政府部门须在规定期限内修改草案并再次提交人大审批表决。

其四，预算分项审批权。根据现行《预算法》及其相关规定，人大对政府预算的审批只能整体通过或整体否决，不能进行分项审批。分项审批制度的缺位导致人大的预算否决权也被搁置。作为预算编制重要依据的政府收支分类科目，无论是按照功能分类的类、款、项，还是按照经济性质的类、款，其实都是类型化思维下的概括总结。即人大对于预算草案的审批止于功能上的项和经济性质中的款，而无法对某一个具体的事项进行审批。例如，人大可以审议交通运输支出（类）中公路水路运输（款）的港口设施（项）预算开支的总体情况，但是无法审议某一具体的港口设施开支情况。一般情况下，政府按照人大审批通过的预算，在款或项之下进行具体事项的开支，可以按照具体分类的要求而由政府部门进行内部审批。如果事无巨细地要求所有具体事项都需人大进行批准，既不现实亦无必要，同时也不符合政府行政的规律。因而，与分项审批权紧密相关的便是人大对于重大事项的批准权。对于一些影响巨大或者耗费财政数额极大的具体项目，必须事先经过人大的批准方能行使。[①] 如某一具体的港口设施建设完全在预算案中港口设施这一项的限额之类，但是由于该具体事项影响巨大，则基于人大重大事项批准权，该港口设施是否建设以及在已经通过的预算"项"下具体的开支数额都需要人大进行专门审批。建立总体上的分项审批与重大事项的单独审批制度，将有助于真正落实人大对预算的审查和监督，从而更有效实现纳税人预算参与权。

三、纳税人预算参与权义务规范的系统设置

纳税人预算参与权的法律配置使得其从应有人权变成了法律人权，而相关权利内容的明确为其从法律人权最终升华为实有人权奠定了坚实的基础。但法律人权演变为实有人权尚需要诸多的保障，纳税人参与权自身所负担的义务规范之设置便是其重要表现。

（一）纳税人预算参与权义务规范设置之正当性

传统观点认为，公民权利特别是公法上的权利，其义务主体是政府，而作为典型公法权利，公民参与权更是"有赖于相应政府保障义务的履行方能实现"[②]。在宪法学界围绕宪法是否应当规定公民义务曾经展开了激烈的学术争论，部分学者基于宪法本身的功能，以及宪法采取以权利界定权利边界的方式，据此认为宪法不应当规定公民的义务[③]；而部分学者基于宪法的集体价值以及个人的社会义务，认为我国

---

① 参见谢宝富：《论我国地方人大重大事项决定权的权限范围》，《深圳大学学报（人文社会科学版）》2009年第2期，第50页。

② 参见邓佑文：《行政参与权的政府保障义务：证成、构造与展开》，《法商研究》2016年第6期，第61页。

③ 参见张千帆：《宪法不应该规定什么》，《华东政法大学学报》2005年第3期，第25—33页。

宪法规定公民基本义务具有正当性[①]。纳税人预算参与权源自宪法中人民主权原则，可以看成是宪法中公民参与权的具体细化。基于此，有必要从宪法基本义务规定之正当性的角度出发，解释我国纳税人预算参与权义务规范设置的正当性。

我国宪法是否应当规定公民之基本义务，可从中国语境、时代诉求和我国立宪实践三个方面予以论证。首先是中国语境。支持我国宪法应当规定公民基本义务的学者均强调，我国宪制建设的思想有异于西方国家，并不能以西方国家之规律简单套用在我国宪法之中。"西方宪法以'国家社会二元论'为基础，将基本权利作为限制国家、保卫社会、保卫个人自由生存空间的工具，基本权利仅针对国家，国家是基本权利的唯一义务主体。而社会主义国家宪法基于马克思主义的国家社会关系学说，认为国家、个人和其他的一切社会主体在利益上是一致的，认为个人利益的实现有赖于国家、社会的整体协同。所以，虽然宪法中的基本权利条款主要调整的是个人与国家的关系，但并不将基本权利的义务主体仅限于国家。"[②]其次是时代诉求，虽然学界用语不一，但是基本认同世界立宪史可以简要划分为自由主义思想的近代宪法时期和社群主义思想的现代宪法时期。西方国家的宪法的确有许多没有规定公民的基本义务，细究其缘由会发现凡是没有基本义务规定的宪法都是在自由资本主义时期制定的。而从《魏玛宪法》和《苏俄宪法》开启了现代宪法之路后，以社群主义为核心的现代宪法几乎都规定了公民的基本义务。自由资本主义时期制定的宪法在这一阶段通过修宪或者宪法解释的方式，使基本义务规范在宪法体制中得以体现。根据社群主义的观念，权利的享有必须有赖于国家（共同体）的存续，而共同体要得以存续必须满足两个方面的条件：共同体因保障

[①]　参见王世涛：《宪法不应该规定公民的基本义务吗？——与张千帆教授商榷》，《时代法学》2006 年第 5 期，第 25—31 页。

[②]　张翔：《基本权利的规范建构》（增订版），法律出版社 2017 年版，第 50 页。

其成员的权利而获得正当性，共同体成员为共同体的存续而承担义务。[1]最后，从我国立宪的实践而言。在我国宪法的规定中，明确体现了权利义务一致性的原则。[2]不仅仅表现为明确列举了公民的基本义务，还通过《宪法》第三十三条第三款、第五十一条之规定总体上树立了权利义务相一致的原则。正因为如此，有学者旗帜鲜明地提出"宪法义务的履行，是宪法权利运行的核心环节，也彰显了宪法权利运行的主体结构"[3]的观点。

综上，权利与义务具有一致性既是法理学的基本理论[4]，同时也是我国宪法规定的具体体现[5]。权利的直接表达是权利规范化中识别度最高的一种方式，但权利本身的内涵可能流于宽泛甚至模糊。在权利的规范建构上，将权利的意义做出明确和适当限定的有效甚至是唯一线索是作为权利对应物的"义务"[6]，也就是说，可以通过确定与纳税人预算参与权相对应的预算义务，实现纳税人预算参与权的规范化。

（二）纳税人预算参与权义务规范设置之具体规定

有学者认为，公民的义务分为共同体存续而对共同体承担的内在义务，以及为了实现统一社会关系双方协调与合作的工具性义务。[7]这一富有洞见的观点对纳税人预算参与权的义务配置具有指导意义。

---

[1]　参见刘茂林等：《中国宪法权利体系的完善：以国际人权公约为参照》，北京大学出版社2013年版，第26—27页。

[2]　参见蔡定剑：《宪法精解》（第二版），法律出版社2006年版，第239页。

[3]　刘茂林等：《中国宪法权利体系的完善：以国际人权公约为参照》，北京大学出版社2013年版，第245页。

[4]　参见张文显：《马克思主义法理学——理论、方法和前言》，高等教育出版社2003年版，第300—303页。

[5]　参见蔡定剑：《宪法精解》（第二版），法律出版社2006年版，第239页。

[6]　参见张翔：《基本权利的规范建构》（增订版），法律出版社2017年版，第36页。

[7]　刘茂林等：《中国宪法权利体系的完善：以国际人权公约为参照》，北京大学出版社2013年版，第27页。

1. 纳税人预算参与权的内在义务

纳税人预算参与权的内在义务，是指纳税人在行使预算参与权的过程中对共同体（国家）所承担的义务。著名政治哲学家汉娜·阿伦特将其称之为政治责任。[①] 结合内在义务的一般理论和预算本身的特性，纳税人预算参与权的内在义务可以分为以下四个方面。

其一，提高参与意识之义务。这可以视为纳税人预算参与权得以实现的前提之一，同时也是纳税人预算参与权义务规范的必然组成部分。纳税人预算参与意识与相关制度完善以及当地经济发展的状况有着强烈的正相关性，一方面参与意识可以倒逼相关制度的完善，另一方面如果没有较高的参与意识将会使得预算参与制度空有文本意义，而难以付诸实施，缺乏可操作空间。根据现实情况看，相对贫穷阶层对于预算参与的意识不强，这当中有诸多主客观制约因素，但是需要在政府加强动员尤其是强化各种参与激励、完善参与保障机制的基础上促进自身参与意识的提升，其他阶层更是如此。

其二，遵循相应规定及程序之义务。纳税人预算参与权需要参与层级保障、参与主体制度保障（诸如参与库的建设以及具体的遴选机制）以及参与程序保障。而这些保障机制本身从另一个侧面也体现了对纳税人预算参与权的义务设置，即纳税人在预算参与的过程中有义务按照相关规定和程序进行，不得违反层级规定、遴选机制和具体程序。当然纳税人所遵循的相关规定和程序义务并非是一成不变的，亦须根据实践发展需要而做相应调适，修订通过之后的参与规定或程序将构成纳税人预算参与权新的义务规范内容。

其三，认真履行参与职责之义务。纳税人预算参与权属于公法上之权利，而公法上之基本权利不仅仅体现权利主体的利益，还在很大

---

① 参见徐亮：《论个体对共同体的责任》，《天府新论》2017 年第 5 期，第 88—89 页。

程度上具有公益性。[①] 虽然基于预算本身具有的博弈性质，不能要求预算参与者都从大局出发来综合考量预算收支安排，这本身也不符合民主制的基本原则[②]，但是我国预算参与现实可行的方式为混合式。究其原因，一方面在理论和资格设置上遵循人人平等、机会均等的原则，因而理论上每个纳税人都有机会直接参与预算编制；另一方面在现实中能够直接参与预算编制的纳税人只能通过相应机制遴选产生，因而不可能是多数，并且在理论上存在部分群体可能一直没有被遴选到的可能性。因此，凡是被遴选上进行预算参与的主体必须认真履行参与职责，这不仅是在履行自己的权利，而且基于权利的公益性，亦是对共同体的政治责任。

其四，尊重参与结果的义务。预算天然的具有博弈的性质，其机理在于通过博弈实现利益的平衡以最终实现社会利益的最大化。而每一个预算参与主体实际上都代表了某一类主体的诉求，而有博弈必然就意味着有妥协，妥协则表明某些群体的诉求不可能完全得以满足。基于参与制度本身的逻辑以及对共同体的维护，要求纳税人在预算参与中必须尊重参与结果，这本身也是遵守法律的必然要求。

2. 纳税人预算参与权的工具性义务

工具性义务是指为了实现统一社会关系双方协调与合作的义务，即传统法理学所认为的权利主体的某一权利必然要求有相对应的义务主体的某一种义务来予以保障和实现。承前所述，内在义务是对共同体的义务，即为了维护客观法秩序；而工具性义务则是对具体权利主体的义务，在很大程度上是为了实现权利主体的主观权利。因此，纳税人预算参与权的内在义务更多地体现为该制度建构本身的要求，而工具性义务则体现为纳税人在具体参与过程中，在与相关主体产生法

①   参见陈敏：《行政法总论》（第六版），新学林出版有限公司 2009 年版，第 595 页。
②   民主制的运行机理在于代表不同群体利益的人来共同参与、博弈以实现社会利益最大化。

律关系之时，为了权利主体的主观权利而承担的相应义务。当然，由于法律在现实生活中的运行总是体现为以权利义务为内容的具体法律关系，所以作为制度建构本身要求的内在义务往往又渗透到甚至是细化为工具性义务，理论上的泾渭分明难掩现实中的融合交织。结合工具性义务的"双方关系协调与合作"，可以将纳税人预算参与的工具性义务分为以下几类。

其一，对预算编制部门之义务。预算编制部门享有预算编制之权力（利），其与履行预算参与权的纳税人之间必然处于需要协调与合作的关系之中。纳税人预算参与权在预算编制阶段主要表现为对预算编制部门编制的预算草案提出自己的意见，并且往往是一些不同甚至尖锐的意见，如果参与者仅流于形式的参与以及鼓掌认同，那么纳税人预算参与权将形同虚设。但是这些意见也只是为达到共同体内部双方的协调合作，纳税人在预算参与的过程中仍然需要保持对其他预算主体的尊重。其次，预算编制具有专业性，在立法中将预算编制的权限赋予政府并由财政部门具体负责，源于财政部门具有相关专业性。纳税人预算参与虽然借助专家库的建设而具有一定专业性支持，但是其本质主要是体现在预算的民主一面。完美之预算案需要体现专业与民主之平衡，因此纳税人在参与预算编制行使其人民之主权时，还需负有听取预算编制部门之专业说明的义务。最后，无论是尊重预算编制部门还是听取预算编制部门的意见，最终目的就是实现共同体内双方的协调与合作。故而，纳税人在预算参与的过程中负有提供其所提建议的依据和材料之义务，这样一方面保障纳税人之有序参与，另一方面也能为预算编制部门之决策提供参考。

其二，对参与组织部门之义务。纳税人预算参与必定是在相关部门组织下的有序参与，纳税人在预算参与过程中对组织者的义务与其他参与主体几无二致。该义务亦是"遵循相应规定及程序之义务"这一内在义务的具体体现，只不过"遵循相应规定及程序之义务"强调

的是对整体参与规定和程序机制的遵守以维护整体制度的权威，而
"对参与组织部门之义务"则是在具体参与中对作为其中一方主体的参
与部门所享有的相关权利（力）所承担的具体义务。首先，总体上尊
重法律设定之参与层级和参与方式，不能违反法律之规定而寻求参与
组织部门。其次，需要遵守参与组织者设定之具体规定，诸如在间接
参与中具体的遴选机制、参与的具体规则等。特别在间接参与中，无
论是随机抽取抑或是分层抽取的方式都不可能保障每一个人都参加，
即使从概率论的角度认为最终每人都会有机会参与，但是肯定不会满
足每人参会的意愿。[①] 只有强调纳税人尊重组织部门遴选结果之义务，
并结合内在义务认真履责，方能期待纳税人预算参与权之实效。最后，
在预算参与过程中如果有争议，则需要预算参与组织部门予以裁决。
因而，纳税人在预算参与的过程中，负有尊重参与组织部门对相关争
议裁决决定之义务。

其三，对其他参与者之义务。预算编制和执行过程中伴随着博弈，
参与权本身所具有的民主价值在一定程度上也表现为在法律规则和程
序之下的博弈机制。当纳税人在行使预算参与权时，必然不会出现大
家高度一致的局面，至少对某些项目以及其具体开支情况会有分歧。
基于此，纳税人在预算参与的过程中要充分尊重其他参与者的发言权，
更不得侮辱其他参与者，这是预算参与权之必然义务。这也要求纳税
人在预算参与的过程中，包括在预算参与者遴选的过程中，不得诽谤、
陷害甚至报复其他参与者。纳税人预算参与权的形式功能在于集大家
之智以增强预算编制和执行的科学性，但是参与者也可能存在专业性
不足的问题。即使是专业库的成员，也极有可能由于专业之间的壁垒

---

① 首先不可能每个人每次都能参与；其次概率论上每人都会轮上仅仅是理论上的可能，现
实生活中几乎无法实现，即使能实现也需要放在一个较长的时间段，而这个较长的时间段却不得
不面对区域内纳税人之增减问题；最后，退一万步讲，即使完美的每人都轮上了，也会出现被遴
选出的参与者本身并不关心此议题而是关心另一场没有遴选上的议题等问题。

而存在对其他相关领域专业知识的缺乏。因此，纳税人参与者之间共同提出相关建议既是其权利，也是其认真履职之必然义务。

四、纳税人预算参与权制度供给的路径选择

在人类进入文明社会以后，无论是成文法抑或是习惯法的国家，权利与制度之间便具有难以分割的关系。其中最为典型的便是德语中"Recht"一词，既表示"个人得以主张"的权利，同时亦描述客观的制度秩序，并由此形成了德国法上"主观权利"和"客观规范（秩序）"的庞大理论体系。① 纳税人预算参与权既体现为相关客观制度，同时也具体化为一系列主观权利。无论是客观制度还是主观权利，都必须先有相应的制度供给才有可能落到实处。总体而言，国家治理现代化视野下纳税人预算参与权配置的制度路径包括三个层面：宪法配置重在理念和精神，税收基本法的配置重在原则和概括性规定，预算法的配置则需要具体化从而具有操作性。

（一）纳税人预算参与权的宪法配置

纵观人类社会的发展历史，任何社会都是建立在一定社会共识的基础之上，该共识则是治理模式抉择的基础和前提，如若共识发生变化则必将引起治理模式的变化。国家治理现代化从其表面文义便知，是相对于非现代化的国家治理而言的，理所当然其所赖以依存的社会共识有异于历史上的其他社会类型。基于不同学科对社会共识有不同的归纳总结，从法律的角度而言，国家治理现代化无疑应当首先坚持依法治国，而"坚持依法治国首先要坚持依宪治国，坚持依法执政首

---

① 参见郑贤君：《作为客观价值秩序的基本权》，《法律科学》2006 年第 2 期，第 35—36 页。

先要坚持依宪执政"①。因此，国家治理现代化的社会共识基础应当是宪法共识②，符合国家治理现代化内在诉求的纳税人预算参与权的配置首先应当体现在宪法之中。

预算作为财政民主的制度根基，其通过纳税人参与这一形式吸纳广大公民参与到预算过程中，在本质上符合现代宪法民主法治的基本精神和要旨。公民对公共事务的参与权可以从我国《宪法》规定中推导得出。但对人民极为重要的"钱袋子"的掌管，在《宪法》的这些条款都没有明确。预算参与权是公民参与权的一项重要内容，只有当公民的参与权能在宪法层面进行确立，才能推动参与权在预算法律领域进行内容上和程序上的具体落实。

1. 纳税人预算参与权宪法配置的正当性

我国纳税人预算参与权在宪法乃至法律体系中的缺失，有赖于通过一般法律的配置得以弥补当无异议，但是否需要通过宪法配置的方式（即学界所言的权利入宪方式）则需要论证其正当性。在我国宪法学甚至整个法学研究中存在着明显的"权利入宪"偏好，即将某一权利在社会上没有得到实现的原因简单地归纳为缺乏相关的宪法规定，理所当然地将相关权利入宪作为完善建议中极为重要的部分。如这些年关于受教育权③、信访权④、住宅权⑤的研究就带有这样的明显趋势，似乎相关权利一旦入宪，这些问题便会迎刃而解。这种看似简单有效的方式在很长一段时间以来几乎成了法学研究的规定模式抑或是"学

①　《谈宪法，习近平这些话历久弥新》，中国国际广播电台国际在线：http://news.cri.cn/20191204/441d4126-5a94-8752-779a-4ef4b916b94f.html，最后访问日期：2020年4月21日。

②　参见韩大元：《宪法与社会共识：从宪法统治到宪法治理》，《交大法学》2012年第1期，第7—21页。

③　参见温辉：《受教育权入宪研究》，《法学家》2001年第2期，第68—72页。

④　参见杜承铭、朱孔武：《"信访权"之宪法定位》，《辽宁大学学报（社会科学版）》2006年第6期，第141—145页。

⑤　参见孙凌：《论住宅权在我国宪法规范上的证立——以未列举权利证立的论据、规范与方法为思路》，《法制与社会发展》2009年第5期，第136—142页。

术规范"。然而，这种观点的流行也曾遭受一些学者的批判。从权利入宪的实际效果而言，那些主张通过权利宪法化而忽视基本法律作用的观点，不得不面临的事实是，即使能够实现入宪的目的，也无法实现权利的保障。① 还有学者从权利成本、权利的不同属性以及实现的渠道进行论证，认为一些社会权利由于需要极大的社会成本，其能否实现以及实现的水平在很大程度上取决于政治权衡与选择，因此应当通过政治渠道进行解决，而一旦将其上升为宪法则意味着排除了政治渠道，其后果必然是贬低民主的价值。② 综上，在现代宪制社会，公民权利的确应当成为宪法的核心，权利入宪也使得相应权利获得了最高法律权威的保障，从而具有积极作用。但是首先，如果权利都实现了入宪，那么与宪法作为"总章程"的性质难说不相悖；其次，入宪者希冀借助宪法的权威来实现相应权利的落实，然权利蜂拥入宪的实际效果既可能是借宪法之权威来落实相应权利，同时也可能导致宪法本身权威的受损；再次，即使某些权利的确需要通过入宪以完善宪法权利体系之构建，但是亦需要相关法律制度的配套落实，而一味单纯地强调入宪而忽视相关配套制度建设则极有可能出现相反效果。

对权利入宪的泛化甚至是滥化的隐忧，是基于宪法本身的性质和地位、法律体系的构成以及权利保障本身的实践逻辑。那么在国家治理现代化视野下纳税人预算参与权是否应当入宪，即其入宪是否具有正当性？对这一问题的回答应当基于预算的属性以及纳税人预算参与权本身的特征来分析。预算名义上是记载政府行政的经费，事实上是记载政府行政的内容，其具有"公"与"私"两个向度，涵盖政治、经济、社会等诸多维度。可以毫不夸张地说，整个人类社会法治就是一部控制政府财政权的历史。有学者提出我国的公法体系应当建立在

---

① 参见王磊：《人权的宪法保护的几个误区》，《法学家》2004 年第 4 期，第 34 页。
② 参见姜峰：《权利宪法化的隐忧——以社会权为中心的思考》，《清华法学》2010 年第 5 期，第 51—63 页。

发达的公民社会的基础上，与此相对应，公民的参与权也就理所当然地成为我国公法上权利体系的核心。[①] 国家治理现代化是社会政治经济现代化的必然要求，其核心理念是打破以国家为单一主体的管制思维模式与权力中心格局，确保社会成员对公共事务的民主参与，形成公权主体与私权主体良性互动的格局。基于预算对于国家治理的作用以及预算法治在社会中的重要地位，预算制度以及纳税人的预算参与权与宪法具有天然的契合性。目前对于权利宪法化的隐忧主要集中于社会国家之下的社会权利，因为社会权利具有一定的不确定性以及高昂的财政成本，加之需要政府一定的自由裁量权，需要代议机关根据当年的情况来具体决定，同时在代议机关决定之时需要充分发挥民主协商妥协的价值。然而，纳税人预算参与权从根本上来看是属于政治性权利，同时也是人民主权原则最为直接的体现，可以避免社会权宪法化所存在的问题。纳税人预算参与权应当入宪，以完善我国财政立宪的精神和制度，从而为推动国家治理现代化提供有力的支撑。

2. 从人民到公民：纳税人预算参与权宪法配置的理念

我国现行宪法缺乏明确的纳税人预算参与权的规定，只能通过人民主权原则、公民的监督权、言论、出版、集会、结社、游行、示威权以及申诉、控告、检举权等推衍得出。这是讨论纳税人预算参与权宪法配置的前提和基础。然而在探讨如何进行具体的规范建构之前，需要明确权利配置应当遵循的理念。"理念"的提炼总结对于凝聚学科共识以及指引实践发展具有重要意义。但其具体表现呈现出高度不统一的状况。其缘由在于，研究者往往从不同角度对相应问题的理念进行归纳和表述。"法学是人学"[②]，人之图像预设是法律制度建构和法学

---

① 参见石佑启、朱最新：《论区域府际合作治理与公法变迁》，《江海学刊》2013 年第 1 期，第 117 页。

② 胡玉鸿等：《法学流派的人学之维》，北京大学出版社 2013 年版，第 35 页。

研究的逻辑起点[①]，"对人之为人的理解和定位，影响着一国政治制度的架构和法治发展方向"[②]。因此，纳税人预算参与权宪法配置的理念也应当从主体角度去归纳总结。国家治理现代化视野下纳税人预算参与权宪法配置的理念可以简单地表述为：从人民到公民。

1949 年我国开始进入社会主义建设时期，预算法治建设乃至整体法治建设进入了新阶段，着手基于人民主权的制度建构以实现国家治理的需要。此时基于人民主权的理论以及巩固新生国家主权的需要，法律上开始有意地塑造人民主体形象。在具有临时宪法性质的《中国人民政治协商会议共同纲领》（以下简称《共同纲领》）序言中明确规定了人民作为新国家主人的地位，同时在正文中详细地列举了人民所享有的权利。此时的人民并非现在所言的公民，其为一具有强烈阶级性的政治概念。而作为个体的人隐身于国家主人这一宏大政治话语体系之下。计划经济时期，个人高度甚至完全依附于所在单位[③]，此时人呈现出不独立、无主体性的图像[④]，纳税人权利保障掩盖在"纳税光荣"的政治口号之中。1978 年十一届三中全会的召开，意味着我国开始抛弃阶级斗争为纲的思路，转以经济建设为中心。理性人图像更是通过 2004 年人权条款和私有财产保护条款入宪，得到了根本法的确认和形塑。结合人权条款和私有财产保护条款对《宪法》第五十六条[⑤]进行体系解释，可以使纳税人权利保障获得宪法关怀。除此之外，2015 年《立法法》修改明确规定了税种、税率和税收征管只能通过法律加以规

---

① 胡玉鸿等：《法学流派的人学之维》，北京大学出版社 2013 年版，第 17—33 页。

② 陈林林、张晓笑：《人之图像与法治模式》，《浙江社会科学》2017 年第 3 期，第 49 页。

③ 参见张树义：《中国社会结构变迁的法学透视》，中国政法大学出版社 2002 年版，第 34—35 页。

④ 参见谢立斌：《宪法上人的形象变迁及其在部门法中的实现》，《华东政法大学学报》2012 年第 6 期，第 122 页。

⑤ 《宪法》第五十六条：中华人民共和国公民有依照法律纳税的义务。

定①，同年中共中央通过了《贯彻落实税收法定原则的实施意见》。综上，我国《宪法》《立法法》基于理性人图像基本建立起以财产权为核心的纳税人权利保障体系，此时的纳税人开始体现为具有独立性和主体性的公民。

以上分析是基于宪法对于整个纳税人而言，并非专门针对纳税人预算参与权的论述，但是由于纳税人预算参与权必然隐身于整体纳税人宪法形象之下，同时我国现行《宪法》中并未有明确的纳税人预算参与权的规定。因此，前文整体性的论述无疑是适用于我国纳税人预算参与权现状的，即宪法上对于纳税人的形象经历了由具有极强的集体主义色彩的人民到具体的公民的变迁。纳税人预算参与权宪法配置的理念应当从注重集体的人民到注重个体的公民，这也符合人大研究者提出的"从'代表机关尊位原则'到'代表履职本位原则'"的宪法变迁。② 当然，提出纳税人预算参与权的宪法配置遵循从人民到公民的理念并非在于否定人权本身应当具备的阶级性。人权的阶级性在很大程度上是针对总体上权利的享受对象而言的，即人民的敌人是不能享受权利的。③ 但是随着社会主义政权的巩固，权利的阶级性在很多时候仅仅是引而不发，对于人民内部而言更加注重作为个体的公民应当享受的具体权利。人权的切实保障是推进国家治理现代化体系的基础和目标④，国家治理现代化必然要符合这一时代变迁的需要，从而重视公民个体的权利保障。

---

① 参见《立法法》第八条。

② 参见张晋邦：《从"代表机关尊位原则"到"代表履职本位原则"——我国人大代表人身特别保护制度的宪法变迁》，《人大研究》2019 年第 10 期，第 9—21 页。

③ 参见刘茂林等：《中国宪法权利体系的完善：以国际人权公约为参照》，北京大学出版社 2013 年版，第 96—97 页。

④ 参见杨海坤：《人权保障是推进国家治理体系与能力现代化的基础和目的》，《人权》2014 年第 3 期，第 45 页。

3. 解释论抑或立法论：纳税人预算参与权宪法配置的具体规范

纳税人预算参与权入宪在理论上的重大意义与实践的正当性，还有赖于付诸实施才能产生真正的社会影响。那么符合我国实际的纳税人预算参与权入宪的现实路径为何，即我们应当以何种方式推动纳税人预算参与权入宪呢？对于法律的发展，在实践中有两种完全不同的思维方式，有学者将其总结为立法论和解释论。根据日本著名法学家铃木贤先生的归纳：立法论是指站在立法者的角度思考如何设计理想的法条；而解释论则从法官的角度出发，在现行立法的框架之内，综合运用各种法律解释方式以推演出具有说服力的观念来回应社会现实诉求。[①] 一般认为，立法论多发生在法治不健全以及社会急剧变动时期，而解释论的发达则往往被视为一个国家法治成熟的标志之一。由于我国法治建设起步较晚，所以长期以来立法论占据了我国法学研究和法治实践的主流，这是基于时代背景而做出的必要选择。但是在社会主义法律体系基本形成的当下，我国法治实践和研究也面临着从立法论到解释论的转向。[②]

目前尚无针对纳税人具体权利入宪的争议，仅有的争论存在于整体上纳税人权利入宪的路径上，即宪法应当如何确立纳税人所拥有的依法纳税的权利。在纳税人权利入宪的路径选择之上，也相应地形成了立法论和解释论两个阵营。[③] 相对于纳税人权利整体入宪尚存在不同

---

① 参见铃木贤：《中国的立法论与日本的解释论——为什么日本民法典可以沿用百年之久》，渠涛译，渠涛主编：《中日民商法研究》（第 2 卷），法律出版社 2004 年版，第 538 页。

② 最为典型的表现便是各个部门法的学者都开始谈论本部门法方法论的转向。稍加列举如肖建国：《从立法论到解释论：〈民事诉讼法〉修改的实务应对》，《法律适用》2012 年第 11 期，第 40—47 页；张新宝：《侵权责任法：从立法论向解释论的转变》，《中国人民大学学报》2010 年第 4 期，第 1 页；傅郁林：《法学研究方法由立法论向解释论的转变》，《中外法学》2013 年第 1 期，第 171 页。

③ 该争论主要围绕现行《宪法》第五十六条展开的，即关于该规定是否能够成为我国税收法定原则的《宪法》依据，学界存在不同的观点。有学者认为根据法律的目的解释和体系解释——《宪法》存在的终极目的在于保护公民的合法权利，结合《宪法》第十三条关于"公民的合法的私有财产不受侵犯"的规定——从而得出该规定"可以成为税收法定主义的最高法律依

路径的可能性，纳税人预算参与权入宪的路径似乎仅有解释论一条现实的路可选。究其原因，除了支持纳税人入宪秉持解释论的理由之外，更为重要的是虽然纳税人预算参与权对于国家治理现代化具有重大的理论和现实价值，然而在作为"总章程"的宪法框架下，纳税人的预算参与权在宪法层面上应当属于纳税人权利应然之义而委身于相关条款之内。

（1）以解释论重塑宪法中纳税人权利条款。即使修改现行宪法，纳税人预算参与权直接而明确地规定于其中也无现实可能性，纳税人预算参与权入宪更多的是其内涵、精神进入宪法的视野。首要的措施便是纳税人权利入宪。针对我国目前纳税人权利的宪法缺失，为了完善我国税收立宪制度，从而更好地实现纳税人权利保障的目的，立法论当然是其最理想的方式。但是理想的方式却往往并非是现实的选择。如果通过立法论实现纳税人权利入宪就必然意味着要修改我国现行宪法，如此极有可能导致寄希望于立法论的入宪路径沦为空谈。一方面，现代宪制社会宪法的修改应当是谨慎的，而宪法解释往往才是其常态；同时修宪一般而言针对的是根本性事项，而解释宪法则可以涵盖宪法的所有内容。① 另一方面，有学者认为实践中宪法的修改往往是为了在宪法中确立改革开放的成果，因而呈现出一定的被动性且相对集中在经济机制上。② 从该学者总结的宪法修改的特点，我们明显可以看出通

（接上页）据"。参见刘剑文、熊伟：《税法基础理论》，北京大学出版社 2004 年版，第 108—109 页。更多的学者认为将该条规定解释为税收法定的《宪法》依据存在明显的逻辑难题，无论是从文义解释、体系解释、目的解释都无法得出该条规定能够成为税收法定主义的《宪法》渊源，只有正视税收法定主义在《宪法》中的缺失才能有益于我国税收法治的建设。参见李刚、周俊琪：《从法解释的角度看我国〈宪法〉第五十六条与税收法定主义 —— 与刘剑文、熊伟二学者商榷》，《税务研究》2006 年第 9 期，第 48—50 页。

① 参见刘星：《修改宪法与解释宪法之间的有益平衡》，《法学研究》1999 年第 3 期，第 159 页。

② 董和平：《宪法修改的基本经验与中国宪法的发展》，《中国法学》2012 年第 4 期，第 45 页。

过立法论实现纳税人权利入宪似乎遥遥无期。我国台湾地区的相关规定同样没有明确规定纳税人权利[1]，然而通过其大法官释字第210号解释确立起了"税收立宪主义"。[2] 结合立法论与解释论本身的特点、宪法修改的特点以及我国台湾地区的经验，解释论是我国纳税人权利入宪的现实路径选择。

（2）以体系解释明确纳税人预算参与权的内核。由于宪法层面上的纳税人权利更多地体现为公民依法纳税的权利，即税收法定抑或是税收宪定，而并不能直接推导出纳税人具有预算参与权。因而，在学理上容易得出通过逐步推动宪法修改以实现纳税人权利入宪的结论。宪法的权利本身应该是一个逻辑严密的体系，简而言之，对其中某一个权利的诠释与适用不能简单机械地仅从该条的规范表达出发，还需要注重其中的体系性。因而，有必要结合我国现行宪法的权利规范，运用体系性解释从而发掘出纳税人预算参与权的宪法支撑。《宪法》规定，我国的一切权力属于人民，人民依法通过各种途径和形式管理国家事务，管理经济和文化事业，管理社会事务。该规定是人民主权原则的具体表达，也是我国纳税人预算参与权总领性的宪法依据。同时《宪法》规定的民主集中制原则，"言论、出版、集会、结社、游行、示威的自由"，"批评、建议、申诉、控告、检举权"等都体现纳税人预算参与权的宪法依据。国家治理现代化视野下纳税人预算参与权配置的现实路径并非意味着必然采取立法论，对现行宪法进行修改从而将相关规定明确记载于宪法之中，而是可以基于从人民到公民的理念，运用解释论特别是系统解释论的方法对现行宪法规范进行解释，从而赋予纳税人预算参与权以宪法位阶。如此，方为现实可行之路径，同时也符合宪法的生命在于运用的原理。

---

[1]　我国台湾地区相关规定：公民有依法律纳税之义务。

[2]　参见葛克昌：《税法基本问题》（财政宪法篇），北京大学出版社2004年版，第36页。

（二）纳税人预算参与权的税收基本法配置

在国家治理现代化背景之下，财税体制的重要性日益凸显，财税的定位也突破了传统经济领域的桎梏而成为"国家治理的基础和重要支柱"。因而，作为财税体制建构基础的税收法定受到了国家和社会的广泛重视，近年来税收法定的步伐迈得坚实而快速。然而随着 2020 年基本落实税收法定原则任务的完成，另一现实问题已经逐渐呈现在立法者和学者们面前，那便是如何统筹现行众多的单行税法。于是制定《税收基本法》① 的呼声再次响起。② 早在 20 世纪 90 年代，基于我国按照税种划分而实行的分裂立法模式存在协调性等问题，学术界和实务界就曾主张通过制定《税收基本法》来完善税收法律体系、规范税收行为、协调单行税法以及税法与其他法律之间的关系等。③

根据对相关历史和研究成果的梳理，我国关于《税收基本法》制定的研究大致经历了 5 个阶段。第一个阶段为 1990 年到 1993 年，是《税收基本法》的提出酝酿时期。在 1990 年，国家税务总局税制改革司提出制定《税收基本法》的设想之后，学术界开始论证我国制定《税收基本法》的现实意义并形成了一定的成果和初步草案。第二阶段为 1994 年到 1998 年，是《税收基本法》立法计划的批准与研究的初步发展时期。该时期最大的时代背景为《税收基本法》的制定被纳入了全国人大常委会的立法规划之中，因此激起了学术界和实务界的极大兴趣。一方面学术界围绕《税收基本法》制定的相关问题取得了丰硕的研究成果，另一方面截止 1997 年底已经形成了《税收基本法》草案讨论的第六稿。第三个阶段为 1999 年到 2003 年，是《税收基本法》

---

① 税法基本法的名称一直存在分歧，主要有以下几种：税收基本法、税法通则、税收通则法、税收法、税法等。

② 参见《落实税收法定原则提速 学界建议税法总则提上立法日程》，新华网：http://www.xinhuanet.com//legal/2019-12/27/c_1125397030.htm，最后访问日期：2019 年 12 月 26 日。

③ 参见刘隆亨：《我国税收基本法制定的意义、特征和框架》，《法学杂志》2004 年第 5 期，第 51—53 页。

的相对停滞阶段。这一阶段由于《税收基本法》起草工作的停滞，导致学术界和理论界对这一问题的关注大不如前。第四个阶段为 2004 到 2007 年，是《税收基本法》制定研究的全面发展阶段。其开始于《税收基本法》的制定再次被列入人大常委会的立法规划之中，该时期的代表性事件是成立了《中华人民共和国税收基本法（税法通则）》（专家稿）的起草小组。第五个阶段为《税收基本法》制定的挫折阶段。自 2007 年《中华人民共和国税收基本法》（专家稿）上报全国人大常委会审议没有任何回音之后，我国《税收基本法》研究陷入基本停滞状态。[①]

虽然从我国《税收基本法》制定的曲折经历以及我国最近几年全国人大常委会的立法工作规划看来，我国在短期之内制定出台《税收基本法》的可能性并不大甚至微乎其微。但是《税收基本法》立法的曲折历程并非源于其对于我国国家治理不重要，相反在很大程度上恰恰是由于其关涉重大、涉及利益众多才出现立法进程相对缓慢的局面。基于我国税收法治的现状以及《税收基本法》的重要性，建立符合国家治理现代化要求的纳税人预算参与权期待《税收基本法》的出台。

在《税收基本法》中建构纳税人预算参与权制度必然要求具体的制度设计，而制度设计的首要问题便是明确纳税人预算参与权的性质和功能。因为赋予纳税人预算参与权以不同的性质和功能，将会生成不同的具体制度。传统观点将权利划分为积极权利与消极权利，并认为消极权利对应的是政府的"不侵犯"，即不需要政府积极作为，然而这一观点正遭受着现实的责难和学界日益广泛的质疑。基于消极权利行使亦需要国家提供司法救济等积极作为[②]，有学者直言传统的二分

---

① 参见张怡等：《衡平税法研究》，中国人民大学出版社 2012 年版，第 33—36 页。

② 相关论述参见史蒂芬·霍尔姆斯、凯斯·R. 桑斯坦：《权利的成本——为什么自由依赖于税》，毕竞悦译，北京大学出版社 2004 年版。

法已经崩溃[①]。基本权利都具有作为主观权利和作为客观法的两个面向，而当基本权利作为主观权利时便具备了防御权和受益权两项功能，当其作为客观法之时便具备了客观秩序的功能。[②] 毫无疑问，在《税收基本法》中建构纳税人预算参与权也应当遵循权利的一般理论，从防御权功能、受益权功能和客观秩序功能三个角度进行。

1. 纳税人预算参与权的防御权功能

防御权是权利最初的面貌，其导源于"公民拥有一个不受干涉的私领域，而国家恰恰是外在的可能对此领域予以侵犯的最大威胁"[③] 的思想。纳税人预算参与权从字面上极容易被认为不具备防御权的功能，同时传统的二分法将其划归至需要政府积极作为的积极权利范畴之内。的确，纳税人预算参与权的实现需要政府的积极作为，但是并不意味着其不具备防御权的功能，即纳税人预算参与权的配置需要注重其防御权功能的一面。防御权功能的配置除了通过立法明确"不得侵犯"以外，更为重要的是相应的各国家机关的消极义务配置。

其一，立法机关的消极义务。传统观点认为，公民防御权功能仅仅针对的是不受限制的行政权力，然而由于立法相对于行政在效力范围内的普遍性以及整体性，实践中不良的立法对于公民基本权利的伤害往往范围更广，同时影响也更为深远。有学者指出"基本权利的防御权能，应该首先是针对国家立法机关"[④]。纳税人预算参与权对立法机关的防御权功能，可简要表述为立法机关不得制定侵犯纳税人预算参与权的法律。所以，首先需要在制定《税收基本法》之时明确单行税法的立法界限，防止其侵犯纳税人的预算参与权。考虑到《税收基

---

① 参见张翔：《基本权利的规范建构》，法律出版社 2017 年版，第 62—67 页。

② 参见张翔：《基本权利的规范建构》，法律出版社 2017 年版，第 70—71 页。

③ 赵宏：《主观权利与客观价值——基本权利在德国法中的两种面向》，《浙江社会科学》2011 年第 3 期，第 40 页。

④ 菅从进：《权利的防御权能与立法机关的消极义务》，《内蒙古社会科学》（汉文版）2008 年第 5 期，第 14 页。

本法》属于财税领域的基本法律规范，应当概括性规定纳税人预算参与权，而对于其防御权功能的具体体现，可以通过前文提到的体系化解释得以明确。基于社会现实以及权利义务一致原则，纳税人预算参与权与其他权利一样，其在具体行使中必然会受到一定的限制。因而，纳税人预算参与权对立法机关的防御权功能主要体现在限制标准的厘定上。首先是形式标准，即法律保留。税法与刑法是现代法律体系中，法律保留要求最为严格的两个部门法[①]，甚至被称为现代文明的两大基石。[②]《税收基本法》应当明确只能通过法律才能对纳税人的预算参与权进行限制。其次，是实质标准，即公共利益。实质标准是对形式标准的更高要求，即法律保留仅仅对限制权利的方式进行了限定。只能通过立法方能予以限制，如果不辅之以实质性标准便会在实践中导致从对立法的限制演变为授予立法剥夺权利的情况，从而使得法律保留乃至纳税人预算参与权失去其原本的价值和意义。而对不同权利限制所要求的公共利益的重要性和紧迫性不同，形成了关于基本权利限制的若干标准，包括对正当利益（通常反映的是公民经济社会权利内容）采取的合理性审查标准，要求对正当利益做出限制的规定须有一个正当的目的且立法机构已经考虑过达成该目的的手段；对重要利益（通常反映的是公民政治权利）采取的中度审查标准，不仅要求对重要利益的限制需要有正当目的，同时需要考量该目的的重要性以及该限制对促进重要利益的程度；对迫切利益（通常反映最基本的免于歧视或寻求公平保护的权利）采取的严格审查标准，既表现在实体法上要求限制所依据的正当目的是紧迫的，又表现在程序法上加重了限制者的

---

① 参见杜宇：《刑法上之"类推禁止"如何可能？——一个方法论上的悬疑》，《中外法学》2006 年第 4 期，第 424 页。

② 参见张学博：《税收法定原则新论：从绝对主义到相对主义》，《上海财经大学学报》2016年第 4 期，第 108 页。

举证责任。[①] 结合纳税人预算参与权的性质，对纳税人预算参与权进行限制的公共利益应当经受中间层次的检验标准，即此时的公共利益应当是介于迫切利益与正当利益之间的重要利益。

其二，行政机关的消极义务。包括纳税人预算参与权在内的所有权利的防御权功能在传统意义上主要针对的是行政机关。当然也有部分学者认为在严格实行法律保留的国家，行政机关仅仅是在严格地执行法律的规定，只要立法本身符合相关理念和精神，行政机关不会侵犯公民相应的权利。然而，严格的法律保留仅仅是理想的状态。众所周知，行政法学历史上曾经存在关于自由裁量权是否应当存在、存在是无奈之举还是本质之必然、如何规制行政裁量权等争议。这些争议有些已经日趋明朗，有些还在激励学人不断探索。由此可见，即使立法机关的消极义务已经得以落实，由于行政自由裁量权的存在，行政机关依然有可能会侵犯纳税人的预算参与权，即纳税人预算参与权的防御权功能在行政机关的消极义务上依然具有现实意义。《税收基本法》首先应当明确除了法律规定的情况，任何组织和个人不得以任何形式侵犯纳税人的预算参与权。此为原则性和总体性的规定，该规定的落实还需要对"法律规定的情况"进行具化，以及对"法律规定的情况"之下行政机关的具体裁量行为进行规范。其中，如何对"法律规定的情况"进行具化主要属于立法机关的消极义务，前文已论述。而对于"法律规定的情况"之下行政机关的具体裁量行为的规范，结合域外经验和行政法基本理念，我们认为对纳税人预算参与权在法律规定范围之内的限制必须要经受作为行政法"皇冠原则"之比例原则的考量。[②]

其三，司法机关的消极义务。传统观点认为司法机关相对于立

---

① 参见马玉丽：《论我国少数民族法规审查标准的类型化构建——以美国政党程序的三重标准为借鉴》，《湖北民族学院学报（哲学社会科学版）》2014年第6期，第63页。

② 参见黄学贤：《行政法中的比例原则研究》，《法律科学》2001年第1期，第72页。

法机关和行政机关往往具有消极性，特别是在涉及政治自由等权利方面。[①] 依照此观点，纳税人预算参与权的防御权功能仅要求司法机关不枉法裁判即可。然而，与行政机关具有自由裁量权一样，司法机关在具体的案件裁判中也不可避免并且是理应具有一定的裁量空间的。同时受能动司法观念的影响，司法也开始有意识地介入到社会之中。纳税人预算参与权的防御权功能要求司法机关在不枉法裁判的前提下，还需要规范司法裁量权以及将纳税人预算参与权的落实作为实现司法社会效果的一部分。

2. 纳税人预算参与权的受益权功能

权利"所具有的可以请求国家作为某种行为，从而享受一定利益的功能"即为受益权功能。[②] 传统二分法认为受益权功能仅仅体现在积极权利之中，其具体表现为积极权利所赖以实现的国家义务部分，即此时权利所对应的国家义务是权利主体的受益权功能配置所指向的内容。诚如前述，传统意义上的消极权利也具有一定的受益权功能。无论是将纳税人预算参与权定性为政治权利，还是将其定位为新型的积极权利，都不可避免地具有受益权功能。受益并非仅仅是物质抑或是经济上的利益，还包括法律制度和法律程序的供给。[③]

其一，纳税人预算参与权主体制度的供给。一般认为法律是对主体之行为进行的规范，因此，主体制度在法律制度的建构中具有举足轻重的地位。纳税人预算参与权主体制度的供给，概言之即哪些主体可以参与到预算的全过程中来。符合国家治理现代化要求的预算必定是公共预算，而公共预算的应然之义便是聚众人之财以办众人之事，

---

① 参见张卓明：《从司法消极主义到司法能动主义——美国最高法院在选民资格案件中的司法哲学》，《北方论丛》2019 年第 1 期，第 109—111 页。

② 张翔：《基本权利的受益权功能与国家的给付义务——从基本权利分析框架的革新开始》，《中国法学》2006 年第 1 期，第 24 页。

③ 参见张翔：《基本权利的规范建构》，法律出版社 2017 年版，第 184 页。

理应众人参与并接受众人之监督。[①] 因而，原则上所有的纳税人都应当作为纳税人预算参与权的主体，这也符合前文提到的从人民到公民的理念要求。但纳税人预算参与权主体制度供给的重点和核心并不在此，而是纳税人不同群体的类型化及其权利配置。

预算参与权主体是一个开放、动态的发展体系，随着实践发展，原来被排除在外的主体可能加入这一体系，其具体表现形式不一而足。[②] 但从立法上可明确主体属性，即未被传统的公权主体配置格局所包容的"社会力量"，他们既不享有立法机关的预算审批监督权，亦不享有行政机关的预算编制执行权，而是被预算法重新赋权的主体。它具体包括个体和组织体两大类型，其中个体参与者又分为两类：一类是对预算资金分配利用做出经验判断的普通公众；另一类是运用专业知识提出价值无涉意见的专家学者。组织参与者也分为两类：一类是作为分散利益代表者的社会组织[③]，其主要任务是集中众多个体的意见或诉求，与公权主体进行协商谈判；另一类是追求自身利益最大化的市场主体，其参与旨在提高预算资金使用效率，同时获取自身利益。

前述主体在权利配置上具有不同的制度需求，因此，立法在对纳税人预算参与权进行概括性规定之后，还有必要针对不同主体情况进行权利倾斜性配置。一方面，相比普通公众参与者而言，专家参与者

---

① 这也符合从家财国家到税收国家的内在逻辑。

② 如广东省佛山市南海区的绩效问责立法，最初只是吸纳"专家学者"参与，后来发展为吸纳普通公众参与。《预算法》修订之前缺乏对公权主体之外社会参与的规定，立法修订之后，增加了"听取选民和社会各界意见""公民、法人和其他组织检举控告违法行为"的规定。《预算法》第四十五条、第九十一条使用"选民""社会各界""公民、法人和其他组织"的主体概念；在一些地方预算参与的相关立法中则有"社会团体、各界代表、公民"（《新河镇预算民主恳谈实施办法》）、"社会力量"（《上海市政府购买服务管理暂行办法》）、"纳税人代表"〔《三亚市财政预算资金安排社会听证管理暂行办法（试行）》〕、"公众"〔《佛山市南海区项目预算听证办法（试行）》〕、"专家学者"（《佛山市南海区财政专项资金使用绩效问责暂行办法》）等不同表达方式。

③ 按照美国学者萨拉蒙的解释，社会组织泛指"介于市场与政府之间的各类主体"。参见萨拉蒙：《全球公民社会——非营利部门国际指数》，陈一梅译，北京大学出版社 2007 年版，第 5 页。在我国实践中，社会组织一般包括社会团体、民办非企业单位、街道社区社会组织等。

凭借其专业技术优势以及不直接介入预算分配的中立立场，容易形成与公权主体的良好互动，从而顺利实现预算参与，是否赋权对其参与现状影响不大。而普通公众参与者将不同程度地影响预算分配方案及其执行过程，其利益偏好与公权主体的意志可能冲突，不利于实现预算参与；同时，普通公众参与者内部还会因资源、信息、能力等背景差异，造成参与机会的不公平分配，因而，其权利配置的需求更显迫切。应进一步明确公众作为预算参与权主体的法律地位，规定公众享有平等参与预算的机会。为保障公众预算参与权的顺畅行使，可规定建立专家咨询、社会组织支持等保障性措施。另一方面，相比市场主体，社会组织的预算参与地位更有赖于立法保护。这是因为，市场主体往往基于自身的逐利动机而参与预算过程，当待议预算事项与其自身利益密切相关时，便能激发其参与动力。而社会组织在目标定位上的模糊性以及在资源调配或人力动员方面的先天不足，导致当缺乏明确的法律依据时，便无法持续有效地激励社会组织参与预算事务。因此，立法不仅应对社会组织预算参与权的主体地位加以明确，而且有必要克服其因资源匮乏而产生的权利行使障碍，如制定促进社会组织发展的财税激励措施等。

其二，纳税人预算参与权的层级设计。纳税人预算参与权作为纳税人（公民）参与预算编制，落实人民主权原则的具体制度载体，在明确主体范围之后，必定面临着纳税人可以参与到哪一层级的预算运行过程这一问题，即纳税人预算参与权的适用层级。适用层级过于狭窄无疑不利于纳税人预算参与权在实践中的功能发挥，但是，是否层级越多越好甚至是包含我国预算的所有层级，亦值得慎重考量。在实践中，纳税人预算参与几乎都是发轫于乡镇一级，而待经验成熟之后再在县级进行推广，如广东顺德、浙江温岭等。纳税人预算参与权的层级设计除了需要考虑现有实践和域外经验以增强可操作性以外，还需要与现行人大制度在内的法律制度进行协调并借鉴相关原则和规范。

根据我国现行《宪法》第九十七条的规定，我国县及其以下的人民代表大会由选民直接选举产生，而县级以上则采取间接选举的办法。这一规定是在 1979 年 7 月的第五届全国人大二次会议上得以修改确立的。[①] 时任全国人大法案委员会主任的彭真同志对此说道："在一个县的范围内，群众对于本县国家机关和国家机关工作人员的情况是比较熟悉和了解的，实行直接选举不仅可以比较容易地保证民主选举，而且便于人民群众对县级国家机关和国家工作人员实行有效地监督。"[②] 基于此，我国纳税人预算参与权的层级设计目前应当限定为县级及以下，即县和乡镇。当然这也并非是绝对的一成不变，待各方面的条件成熟之时，纳税人预算参与权亦可能往上延伸至其他层级。

其三，纳税人预算参与权的方式设计。尽管基于现实考量在层级上将预算参与限定在县级及以下，但是即使在县级以下的预算编制中要求每一事项都实行全员参与显得并不现实也没有必要。税收基本法在对纳税人参与权进行受益权功能配置之时必须供给科学合理的参与方式。目前实践中采取的预算参与方式可以分为直接参与、间接参与和混合参与三种类型。结合三种方式的优缺点，不能概括性认定某一种参与方式更加适合我国的现实，而应当分级分事项而定。首先，村级以及民生事项原则上实行直接参与。虽然我国目前实行一级政府一级预算的制度，村属于村民自治组织，因而不属于我国《预算法》中所称的预算。但是基于村级财政对于基层民众的重要性以及我国部分地区正在推行村级预算制的现实[③]，就村级财务安排而言，宜采取直接参与的方式。另外针对民生事项也应当采取直接参与的方式。当然直

---

① 参见蔡定剑：《宪法精解》(第二版)，法律出版社 2006 年版，第 405 页。

② 《中华人民共和国法律及有关法规汇编 (1979—1984)》，法律出版社 1986 年版，第 808 页。

③ 王敏、方露：《村级财务也搞"预算制"》，中国改革报：http://www.crd.net.cn/2018-06/08/content_24730796.htm，最后访问日期：2020 年 4 月 10 日。

接参与并不一定是会谈式的当面参与，也可以通过网络等方式实现。其次，对于一些专业要求比较高的项目，在预算编制时应主要采取间接参与，即注重发挥专家库和人大代表的作用。最后，除上述两类外的其他项目的预算参与，原则上采取混合方式，具体的操作方式可以综合参考前文提到的随机抽取和分层抽取的方法。特别值得一提的是浙江温岭已经开始实行性别预算[①]，这也可视为混合方式的一种具体表现形式。

其四，纳税人预算参与权的给付保障。全面的主体配置、现实且有效的层级设计以及切实可行的方式，并不必然保障纳税人权利——预算参与权的落实。因为权利的实现不能脱离相应的给付保障，纳税人预算参与权需要政府履行相应的给付保障义务。宪法学上的给付保障义务是指"国家为了公民基本权利的实现而向公民提供物质利益或者与物质利益相关的服务的义务"[②]，具体就纳税人预算参与权而言，则是指为纳税人行使预算参与权而向纳税人提供相应物质利益或者与物质利益相关的服务的义务。相对而言，经济收入较低的纳税人群体往往也是更加需要国家通过财政预算给予特殊照顾的群体，其容易将预算参与视为负担，对于预算参与没有积极性甚至根本不参与。虽然很大部分的原因可以归咎为该部分群体在现实体制之下的话语权较轻，导致其认为参与并没有太大的实质性效果，以及其公民意识较为薄弱等。但更大程度上的缘由却在于，其主要精力都放在满足基本生存需要上，根本无暇顾及预算参与这种更高层次的需求。正如马斯洛层次需求理论所阐释的，当人们还在寻求生理和安全的需要之时，谈何追求更高层次的尊重和自我实现。由此，为纳税人行使预算参与权提供给付保障是《税收基本法》的应然之义。在具体的制度设计上可以借

---

① 参见张学明、吴大器等：《温岭探索——地方人大预算审查监督之路》，上海财经大学出版社 2016 年版，第 100—101 页。

② 张翔：《基本权利的规范建构》，法律出版社 2017 年版，第 202 页。

鉴人大代表履职保障的相关规定，进行纳税人预算参与权给付保障制度的具体建构。

其五，纳税人预算参与权的救济保障。西方法谚有云，"有权利必有救济，没有救济的权利不是真正的权利"。我国纳税人预算参与权不彰，即具体表现为相关救济制度的不足，反过来，权利救济制度不足也进一步深化了权利不彰的现实。正是因为救济制度的供给对于权利保障的重要价值和作用，才有学者将作为救济制度重要组成部分的"接受审判权"视为宪法意义上的受益权。[①]但同时，亦须指出的是，预算本身带有极强的政治性，纳税人参与预算的广度（参与范围的宽窄）和深度（参与产生影响的大小）除了自身的参与意愿和动力之外，更大程度上取决于公共权力部门是否愿意开放参与以及能否提供客观的参与条件和可行途径，而在这方面立法和行政部门具有较大的自由裁量空间，司法的介入存在有限性。另外，预算过程致力于实现社会公共利益，通过将财政资金分配到具体使用部门，再经由这些部门的职责履行活动，满足社会公共利益的需要。纳税人的参与增加了介入预算事务的主体力量，但参与预算过程本身仍然要服务于公共利益的实现。而"公共利益的促进，……不是通过个体的公法权利和司法对这一个体公法权利的保护来实现"，而是"通过政治和行政过程去实现"。尽管不乏通过纳税人诉讼这类公益诉讼程序探索公共利益的司法实现机制，然而，司法解决的落脚点仍然在于个案正义，更为根本性的解决方案在于"诊断那些制度上的问题，贡献于重新设计那些制度上的安排"[②]。例如，为让预算过程变得更加规范透明，更易于被监督，选择细化预算收支分类、健全预算公开与预算参与制度，而不是通过个别争端的解决，实现个案正义。这表明，纳税人预算参与权主要通过立法或

[①]   参见张翔：《基本权利的规范建构》，法律出版社 2017 年版，第 215 页。

[②]   P. 诺内特、P. 塞尔兹尼克：《转变中的法律与社会：迈向回应型法》，张志铭译，中国政法大学出版社 2004 年版，第 120 页。

者行政主体的法律实施活动予以保障，在权利救济上具有特殊性。

3.纳税人预算参与权的客观秩序功能

权利的双重属性主要来自于德语中"Recht"一词具有法和权利两层含义，同一个词"指代两个绝不相同但又可能相互渗透、紧密联系的概念：客观法与主观权利"[①]。基于此，基本权利具有了客观秩序功能，客观秩序功能又被称为客观价值秩序功能，是国家承担的除针对防御权功能的"不侵犯义务"和针对受益权功能的"给付义务"以外，运用一切可能的和必要的手段来促成基本权利实现的义务[②]，其是"构成立法机关建构国家各种制度的原则，也是构成行政权和司法权在执行和解释法律时的上位指导原则"[③]。

从其定义可知，主观权利（尤其是受益权功能）与客观秩序不仅仅在词源上同源，而且都含有法律制度和法律程序供给的要求，如此是否意味其区分仅仅是学理上的咬文嚼字而无实践中的意义和价值呢？虽然主观权利和客观秩序词源同源并在制度建构上往往呈伴随状态，但并不能否定其在具体配置上的差异。第一，两者虽然都强调法律制度和法律程序的供给，但主观权利关注的重心在于具体权利在法律制度和法律程序中的配置、运行和保障，而其中内含的相应国家义务是明确、具体且特定的，权利人可以基于此提出具体明确的请求；而客观秩序则关注整体制度的建构，此时法律并没有规定明确、具体、特定的国家义务，纳税人权利只是被抽象地、概括性地视为国家义务，而具体的保护措施则留由国家机关（包括立法机关）自行判断决定。[④]第二，纳税人预算参与权作为主观权利之时，强调以此提出请求的个

[①]　莱昂·狄冀：《宪法学教程》，王文利等译，辽海出版社、春风文艺出版社1999年版，第3页。

[②]　张翔：《基本权利的受益权功能与国家的给付义务》，《中国法学》2006年第1期，第24页。

[③]　张翔：《基本权利的规范建构》，法律出版社2017年版，第226页。

[④]　参见张翔：《基本权利的规范建构》，法律出版社2017年版，第253页。

人权利性质；而客观秩序功能则更加凸显法律制度和法律程序作为法律秩序以约束国家公权力的一面。① 所以，两者在同源依存的基础上，存在关注视角和侧重点的差异。这两方面的差异也导致《税收基本法》仅仅通过主观权利的防御权功能和受益权功能的配置，尚无法完成纳税人预算参与权的客观秩序功能配置之路。

虽然学理上主观权利与客观秩序泾渭分明并在实践中具有必要性和重要价值，但是在制度建构中其必然统一于基本权利之中，表现为基本权利的一体两面。② 最为精辟的论断便是在权利双重性质理论发源地的德国，所明确指出的"主观权利与客观法的要素是彼此渗透、互相补充的"③。一方面，客观秩序包含主观权利。客观秩序抽象地、概括性地规定国家义务，而国家义务明确至具有确定的请求内容时便是主观权利的领域了。从价值层面，主观权利所指向的个人权益必然要求得到客观秩序所蕴含的整体利益的认可和覆盖。从这一角度看，主观权利可以视为客观秩序的特殊情形。另一方面，客观秩序往往在很大程度上围绕主观权利而展开。理念上，基本权利保障构成了现代宪制和法治的基础；制度上，基本权利成了一切国家机关的行为准则；运行上，国家机关应当为基本权利的实现提供制度、物质等保障。以防御权功能和受益权功能为内容的主观权利建构为促进客观秩序功能的实现提供了关键支撑。

唯有正确认识主观权利与客观秩序的区别与联系，才最终有利于建构我国纳税人预算参与权制度。纳税人预算参与权的客观秩序功能配置主要包括以下几个方面。

---

① 如有学者在合宪性审查中，将依申请审查视为主观权利救济，而将依职权审查归为客观秩序统合。参见王蔚：《客观法秩序与主观利益之协调——我国合宪性审查机制之完善》，《中国法律评论》2018 年第 1 期，第 134 页。

② 参见赵宏：《作为客观价值的基本权利及其问题》，《政法论坛》2011 年第 2 期，第 66 页。

③ 转引至张翔：《基本权利的受益权功能与国家的给付义务》，《中国法学》2006 年第 1 期，第 29 页。

其一，明确纳税人参与原则。原则和规则被视为是主观权利和客观秩序的重要区分①，即原则是客观秩序重要表现形式和组成部分。《税收基本法》作为财税领域的基本法，其性质和定位决定其不可能对纳税人预算参与权进行详细的制度设计。相对于《宪法》配置侧重理念和精神以及《预算法》配置注重具体规则的设计，《税收基本法》则更多的是介于两者之间的原则和概括性规定。由此可见纳税人预算参与权的客观秩序功能与《税收基本法》具有天然的契合性，而纳税人参与原则无疑是其首要和最佳的契合点。我国现行《预算法》经过 2014 年和 2018 年两次修改后对预算管理的诸多事项做出了调整和变动，尤其是在预算公开方面取得了很多积极的成就。但总体而言，《预算法》对纳税人预算参与权尚无明确规定，只是在地方立法层面对公民监督预算有些许规定和探索。虽然预算公开制度在促进建设公开透明的阳光政府、责任政府方面具有重大的理论和现实意义，同时也为纳税人预算参与权的实现提供了前提和可能性，但是预算公开与预算参与之间并不能完全等同。为了能够通过客观秩序功能配置从而落实纳税人预算参与权，应当将预算参与作为与预算公开相并列的原则。如此，纳税人预算参与权在宪法精神的指引下，方能获得财税领域基本法的关照。

其二，为纳税人预算参与权提供制度性保障。与基本权利的双重属性理论一样，"制度性保障"的概念同样来自于德国。卡尔·斯密特作为其首倡者，认为制度性保障"并非建基于原则上不受限制的自由领域的观念之上，而是设计一种受到法律承认的制度"②。相较于主观权利的个人请求，客观秩序功能更加强调的是对政府权力的控制，这一点与预算的本质特征具有一致性。"预算不是简单的数字游戏，而是控

---

① 参见张翔：《基本权利的规范建构》，法律出版社 2017 年版，第 253—254 页。
② 卡尔·斯密特：《宪法学说》，刘锋译，世纪出版集团、上海人民出版社 2005 年版，第 182 页。

制和约束政府的工具、方法和技术"①，权力天然的扩张性使得其不可能通过自我约束以实现规范运行的目的，以权利制约权力也许是一条可行的路径，此时的权利并非是指个体自由范围内的权利，而是已经制度化的权利体系。因而，公民权利本身就是针对国家机关的要求，即公民权利的要求就是国家机关的义务范围。《税收基本法》中应当在明确预算参与原则的基础上，建构具体的预算参与制度。首先，总体上建立纳税人参与权制度。作为财税领域的基本法的定性，在《税收基本法》中不可能对纳税人预算参与权进行详细的规定。其建立的参与制度应当是针对整个财税领域而言的，但是这种总体性、概括性的参与权规定为具体领域的预算参与提供了制度支撑。其次，建构纳税人预算参与权基本制度，确定在预算领域纳税人参与的基本法权地位及其权利内容，为《预算法》的具体规定预留空间。

其三，为纳税人预算参与权提供组织和程序保障。确立参与原则和提供制度性保障对于纳税人预算参与权的实现具有至关重要的作用，其主要体现在静态的前提性保障上。但仅确立原则和提供制度性保障尚无法保证纳税人预算参与权的落地，除这些前提性保障之外还需要动态的保障措施，具体而言便是组织和程序保障的供给。第一，是程序保障。"程序决定了法治与恣意人治之间的基本区别"②，而在财税法领域"通过程序安排来控制公共财产权已经成为重要的基础性共识"③。因而，程序保障对于纳税人预算参与权的客观秩序功能具有举足轻重的价值和作用。当然，限于《税收基本法》的性质定位，其不可能对纳税人预算参与权的具体程序进行翔实的设置。唯一的现实路径便是在《税收基本法》所确立的预算公开原则的指导下，对其中规定的财

---

① 熊伟：《认真对待权力：公共预算的法律要义》，《政法论坛》2011年第5期，第41页。
② 季卫东：《法律程序的意义——对中国法制建设的另一种思考》，《中国社会科学》1993年第3期，第83页。
③ 刘剑文：《理财治国观——财税法的历史担当》，法律出版社2016年版，第46页。

税领域整体的正当程序制度做出系统安排，从而为纳税人的预算参与权提供程序保障。第二，是组织的保障。组织保障对于权利的实现具有首要的至关重要的作用，诸如大学对于学术自由、工会之于劳动保障权益等。在纳税人通过直接参与方式行使预算参与权的情况下，直接参与并不等同于自发参与，更不等同于自给自足的参与。无论是参与项目与议题的遴选、参与前的准备、参与主持、具体参与的形式（辩论式、质询式抑或是其他形式）、参与意见的收集及反馈等无疑都需要相应的组织予以保障。更为重要的是，在大多数情况之下纳税人预算参与权都需要通过随机抽取抑或是分层抽取的方法以混合参与的方式实现。无论是随机抽取还是分层抽取都需要一定的组织来实施。结合我国现行法律规定和地方实践，组织保障的现实可行之道在于在各级人大设立预算委员会[①]，由预算委员会具体组织纳税人预算参与权的具体事项。当然，个别条件较好的高级别人大亦可尝试设立独立的预算公开委员会，但是就目前而言，全面铺开既不现实也无必要。

（三）纳税人预算参与权的预算法配置

国家治理现代化视野下的法律规范系统应当是一个内部体系严密、分工明确且相互配合从而实现对社会有效治理的规则体系。从纳税人预算参与权的角度而言，不同位阶的法律为其提供不同的渊源与支撑，以共同建构纳税人预算参与权的大厦。基于"总章程"的定位，宪法配置更多的是在理念和精神方面；《税收基本法》作为财税领域的基本法，对纳税人预算参与权的配置虽然不如宪法那般宏观，但也主要体现在原则和概括性规定上。宪法配置和《税收基本法》的配置对于纳税人预算参与权制度的建构具有重要的价值和作用，但是依然需要更

---

① 目前已有学者从完善国家治理体系和治理能力现代化的视角，提出了在各级人大设立预算委员会的建议。参见唐大杰：《从预算监督走向国家善治：建议各级人大均设立预算委员会》，爱思想：http://www.aisixiang.com/data/119007.html，最后访问日期：2020 年 4 月 15 日。

为细致的操作性规范。而预算法的配置便是在宪法所确定的理念和精神的指导下，贯彻《税收基本法》的原则和概括性规定而形成的具体规范。

传统上法律对权利的系统配置及实现机制包含"权利—义务—责任"三个层面。即为具体的权利确定相应的义务主体，而当义务主体怠于履行甚至是直接违反相关义务之时，则通过责任的追究来予以实现。[1] 传统的权利配置模式在规范纳税人预算参与权方面，固然有不可小觑的价值，然而预算参与权本身的属性以及国家治理现代化的要求对其提出了新的要求，倒逼配置机制的创新。

基于"权利—义务—责任"的权利配置及实现机制相对而言是一种关注结果的静态模式，该机制的启动很大程度上在于义务主体是否违反相关规定从而造成权利主体的损害。然而纳税人参与到预算全过程中来，固然有基于财政预算分配的结果考量，但是参与的本身即是其目的之一。一如在我国税负是否过高的论争中，有学者富有洞见地提出"关键不是税率而是程序"的著名论断。[2] 国家治理现代化要求现代的国家治理是一种源头治理、多元共治。因而，仅仅从责任角度讨论纳税人预算参与权不符合国家治理现代化的内在诉求。可以借鉴司法和法学研究中的法律议论模式[3]，对其进行适度改造，以便作为预算法维度的纳税人预算参与权配置的基本路径。议论式权利配置机制为"聚焦沟通行为，立足于主观间性和话语博弈，建立一个兼顾沟通、程

---

[1] 参见张文显：《马克思主义法理学 —— 理论、方法和前言》，高等教育出版社 2003 年版，第 376—379 页。

[2] 季卫东：《曹德旺现象，症结不在税率高低而在税收程序》，腾讯大家：http://dajia.qq.com/original/category/jwd20161226.html，最后访问日期：2020 年 3 月 27 日。

[3] 学理上将司法和法学研究中法律解释的模式分为主观决定模式、客观决定模式和法律议论模式，关于法律议论模式的论述详见季卫东：《法律议论的社会科学研究新范式》，《中国法学》2015 年第 6 期，第 27—43 页；季卫东：《中国式法律议论与相互承认的原理》，《法学家》2018 年第 6 期，第 1—15 页；陈肇新：《通过法律议论回应司法中的政策 —— 以"二阶证立理论"的困境与超越为线索》，《法制与社会发展》2019 年第 2 期，第 157—172 页。

序以及权利共识指向的理论体系"①。将交往理性运用到法律发现机制之中②，即表现为"以程序要素为核心的法律商谈"③。如此，议论式的权利配置及实现机制一方面符合纳税人预算参与权本身的特征，注重过程（至少是同时注重过程和结果）而非片面强调基于结果的责任。另一方面，议论式机制所内含的多元治理、协商共治的理念也回应了国家治理现代化的需要，因而可以成为国家治理现代化视野下预算法对于纳税人预算参与权配置的新机制。

1. 纳税人预算参与权的程序建构

在财税法领域"通过程序安排来控制公共财产权已经成为重要的基础性共识"④。法律议论模式中的程序并非是指税收征管程序而主要是指预算法本身的立法程序以及纳税人预算参与的程序，特别是基于国家治理现代化下多元治理要求的沟通程序。在英国学者基恩看来，市民社会的存在和发展有赖于若干的程序保障⑤；德国哲学家哈贝马斯指出"立法的合法化负担从公民资格转移到了商谈性意见形成和意志形成过程的法律上建制化了的程序"⑥；我国台湾地区著名财税法学家葛克昌教授就曾经强调财政政策立法程序的重要性，并且指出程序的失当是导致现代税收国家危机的重要原因，"在代议多元化民主政治之正常与不正常的发展下，由于在程序上失去均衡，致决策立法之过程受损，在权力政治之作用之下，而走向国家任务膨胀之趋势已日益严重"⑦。现

---

① 季卫东：《法律议论的社会科学研究新范式》，《中国法学》2015 年第 6 期，第 35 页。

② 参见王进文：《"人的尊严"义疏：理论溯源、规范实践与本土化建构》，《中国法律评论》2017 年第 2 期，第 118—119 页。

③ 侯卓：《财税法功能的"法律性"解构》，《财经法学》2017 年第 1 期，第 116 页。

④ 刘剑文：《理财治国观——财税法的历史担当》，法律出版社 2016 年版，第 46 页。

⑤ 陈弘毅：《法理学的世界》，中国政法大学出版社 2013 年版，第 258 页。

⑥ 哈贝马斯：《在事实与规范之间——关于法律和民主法治国的商谈理论》，童世骏译，生活·读书·新知三联书店 2011 年版，第 159 页。

⑦ 葛克昌：《租税国危机及其宪法课题——财税改革之法律基础》，《台大法学论丛》1991 年第 20 卷第 2 期，第 122 页。

代社会日益多元化的利益结构，促使预算法向注重程序建构转变，而此时的程序不再是以控权为主要甚至是唯一的目的，程序主导下的预算过程促使将反思的视角投放到纳税人的预算参与权之上。[①] 国家治理现代化视野下纳税人预算参与权的预算法配置首先应当注重程序建构，这既包括传统的预算程序，同时更为重要的是纳税人预算参与程序的建构。因为相对于传统的"权利确认—义务履行—责任追究"机制，纳税人预算参与权既是手段同时也是目的。同时，预算参与本身虽然主要体现为程序但同时也理应受到程序的限定。

2. 纳税人预算参与权的沟通机制建构

程序的建构就是为了在其保障之下实现相关主体的充分沟通，这亦是国家治理现代化下多元治理的必然要求。无论理论上如何解释财政现象，其收入面（主要体现为税收）对于纳税人最为直观的感受便是财产的减损，其支出面（主要表现为预算）对纳税人而言是作为税款的对价与公共产品的供给。税收是现代国家赖以存在运行的基础，是文明的对价。对于纳税人而言，税收是不可避免且不可或缺的，因而其最为关心的事情便集中在税负的分配以及税款如何使用的问题上。对于税负的分配问题，学界基于税收国家理论在学理上得以实现周全的解释[②]，而实践中通过税收法定原则的普遍确立和落实得以解决。然而，国家治理现代化一方面要求多元治理，另一方面则对政府的职能提出了更多元的要求。这既拓宽了政府开支的范围，同时又对政府开支决策的民主参与提出了诉求。正是因为时代变迁带来的预算地位凸

[①]　季卫东：《曹德旺现象，症结不在税率高低而在税收程序》，腾讯大家：http://dajia.qq.com/original/category/jwd20161226.html，最后访问日期：2020 年 3 月 27 日。

[②]　根据财政社会学的观点，税收国家不仅仅意味着税收是国家财政收入最为重要甚至是唯一来源这一形式特征，更为重要的是税负需要在代议民主之下实现公平的分配，且须保持纳税人的经济能力。因而，在税收国家理论内含的代议民主、税负公平、税源保持的价值和要求之下，税负分配在理论上得以解决。参见葛克昌：《租税国的危机》，厦门大学出版社 2016 年版，第113 页。

显，才有学者提出财政法的国家形式应当由税收国家发展到预算国家。[①] 为了符合国家治理现代化的需求，结合预算本身的特征，沟通机制的建立对于纳税人预算参与权的建构具有极其重要的作用和价值。

虽然我国以往预算的编制和执行过程中，也在一定程度上通过不同的方式征求民众的意见，但是总体上依旧带有浓厚的行政主导色彩。纳税人预算参与权的建构要求在注重程序机制的基础上，加强对相关主体沟通机制的设计，从而保障相关主体充分表达其利益诉求。这也符合财税法本来应当在讨价还价之中诞生并发展民主制度[②]的域外经验。通过纳税人的预算参与，一方面有利于提高预算本身的科学性和民主性，另一方面则凸显纳税人本位的现代财税法理念，符合宪法人民主权的理念和精神。传统的权利配置机制包含"权利确认—义务履行—责任追究"的基本内容，以实体法为核心，注重主体行为调整；而符合国家治理现代化要求的纳税人预算参与权建构则以程序法为核心，注重行为者之间的沟通博弈机制的确立，以明确环境中哪些因素可以进入法律系统，从而解决预算法民主性与专业性之间的矛盾。

3. 纳税人预算参与权的软法配置

软法在最近十来年广受追捧，并在实践中逐渐形成了软法之治的局面。虽然软法蓬勃兴起，但是软法并未形成一个能为大家所接受的统一概念。一般认为软法是指那些具有实际执行力但是没有法律约束的规则的总称。从概念的文义便知其包括范围甚广，有学者将其类型化为以下六大类：社会自治组织规范、基层群众自治组织规范、人民政协和社会团体规范、国际组织不对外产生效力的规范、硬法中没有

---

① 参见李炜光、任晓兰：《从"税收国家"到"预算国家"》，《理论视野》2013 年第 9 期，第 41—44 页。

② 参见季卫东：《杂谈"产政府"思路对税制的影响》，载氏著：《法制的转轨》，浙江大学出版社 2009 年版，第 212 页。

明确法律责任的规范、执政党和参政党的规范。①软法之治无疑契合国家治理现代化所要求的多元主体治理和多元模式治理。同时软法本身带有自愿合作之内涵，"自愿的合作可以创造出个人无法创造的价值"②。前文提及的权利-义务-责任机制无疑都是体现《预算法》作为传统硬法的特色，作为规范政府收支的法律规范亦需要通过硬法机制保障其立法宗旨与目标的实现。但是《预算法》作为硬法更多的是从规范政府的角度而言的，从纳税人参与权的角度而言无疑是存在软法适用的空间和必要性。纳税人预算参与权的软法配置主要集中在以下几个方面：首先，除了在《预算法》中明确规定纳税人预算参与权主体及其权利范围、义务主体及其责任外，还可以设置一定的不以强制执行为核心的倡导性规定，以助力部分地区进行有益的探索。其次，《预算法》中需要对一些社会组织参与预算编制和执行的地位进行明确，以便更好地实现规范政府财政收支的目的，诸如公共预算观察志愿者组织就曾促使全国100多个部门公开其部门预算。③最后，《预算法》纳税人预算参与权的具体规定上还需要衔接执政党的规定、人大和政协内部的规定等，以便实现软硬结合从而更加有利于建构相关制度。

（四）纳税人预算参与权的地方立法配置

《宪法》《税收基本法》和《预算法》对于纳税人预算参与权的建构形成了层次体系分明、分工明确的相互协调的制度框架、规则体系和运行机制。然而，《宪法》的修改要求比较严格，程序比较复杂，《税收基本法》的制定也非一日之功，《预算法》的完善亦属不易。因

---

① 参见姜明安：《软法的兴起与软法之治》，《中国法学》2006 年第 2 期，第 26 页。
② 罗伯特·D. 帕特南：《让民主运转起来》，王列等译，江西人民出版社 2011 年版，第 21 页。
③ 参见何颖思、文远竹：《广州首次网上"晒"账本 百余部门可免费下载》，人民网：http://media.people.com.cn/GB/137684/10242707.html，最后访问日期：2020 年 4 月 28 日。

而，理想的做法是，先构建好顶层设计，然后再进行细化；而现实的路径却往往是先通过地方试验，出台纳税人预算参与的程序制度或工作规范，待时机成熟后再推动顶层设计。就纳税人预算参与权而言，更是如此。因而纳税人预算参与的适用范围也主要在地方层面，特别是表现在基层政府所进行的制度创新。各地推行的预算参与试验尽管内在具有一致性，但是其更为显著的特征却在于它的多样性、适应性和制度的融通性。因此任何试图将纳税人预算参与权整齐划一的标准化举措，都将可能伤害到它所具有的制度创新性活力。但另一方面，若不在国家法律体系中对纳税人预算参与权予以规制和认可，则又可能出现由于缺乏法治的关怀而很难获得一种长期健康有序发展的制度保障。所以，各国较普遍的做法是在国家政策层面出台制定有关纳税人预算参与权的指导性或原则性规定，为其预留改革空间。在此基础上，将具体实质性立法事项交由地方立法机关因地制宜地进行具体设计。如居民代表的选举方法、意见表达形式、公共资源分配的标准、预算参与委员会职责权限、全体大会的人数、议题所涉范围等事项。而更具体的程序性操作事项则留给了预算参与者们（很大程度上是预算参与的组织部门）通过一定的途径予以修正或更新。结合我国地方政府的立法权限，我国纳税人预算参与权地方立法配置的主体为设区的市以上的人大及其常委会，配置的内容则为对纳税人预算参与的事项制定地方性法规。①

此外，积极培育普通公众参与预算的能力。尽管纳税人预算参与权要求所有公民平等的参与，但较高的公民素质无疑有助于提高预算民主和公共治理的质量。为此，我国应当加强对广大公民参与预算的知识培训和教育，通过训练和培训提升合格的公众民主素质和品格，

---

① 参见陈丹：《城市社会管理创新视角下的参与式预算刍议》，《福建论坛·人文社会科学版》2012 年第 2 期，第 173—175 页。

为纳税人预算参与权的推进创造条件。在具体的建构中应当构建预算协商网络、基于预算完整的周期统筹规划并扩大预算参与中各环节的开放程度、实现公共协商与投票表决两种参与机制在纳税人预算参与中的协同运用。①

综上，国家治理现代化首先要求形成多元化的治理主体格局。在预算层面表现为通过权利配置机制塑造纳税人预算主体的法律地位，形成从宪法、税收基本法到预算法多层次的制度供给路径。这就要求不仅应当在立法中明确规定纳税人预算参与权，并根据参与环节不同细化纳税人预算参与权的权利内容，同时从参与的预算级次、参与的预算事项对纳税人预算参与权的行使边界做出一定限制；也要分类设置义务规范，通过确定与纳税人预算参与权相对应的预算义务，实现纳税人预算参与权的规范化。

五、本章小结

在国家治理现代化视野下，纳税人预算参与权的功能定位与实践效果存在明显落差，迫切需要制度重塑加以填补。基于纳税人预算参与权的目的和价值取向，应当树立纳税人的主体地位从而促成国家机关和纳税人通过协商合作方式来共同影响预算资金配置，推动纳税人预算参与权的规范化。权利规范化的基本框架包括：明确纳税人预算参与权与国家预算权力的同构性、纳税人预算参与权主体的广泛性与限定性、纳税人预算参与权客体的层级性、纳税人预算参与权运行程序的科学性的权利配置整体思路；借鉴相关财税立法，确认纳税人预算参与权构建应当遵循严格的法定主义规范模式，对其包含的具体权

---

① 参见谭诗赞：《协商民主视角下的中国参与式预算实践及其前景展望》，《长白学刊》2016年第5期，第34—38页。

利规范内容做出规定，同时为保障预算参与权的顺利实现，有必要设置预算知悉权、预算质询权等辅助性预算权利并优化人大预算审查监督权力结构；促进纳税人预算参与权义务规范的设置，通过确定与纳税人预算参与权相对应的预算义务，实现纳税人预算参与权的规范化。权利规范化的制度供给路径包括四个层面：宪法配置重在理念和精神，税收基本法的配置重在原则和概括性规定，预算法的配置侧重权利规范化建构并设置相应程序机制，地方立法配置则需要更加具体化并切合地方制度环境。

第五章 国家治理现代化视野下的纳税人预算参与权运行机制

在现代社会，程序的重要性日益凸显，甚至有学者将程序法治作为区分法治社会和恣意社会的重要标志。纳税人预算参与权的行使表现为一个动态的过程，因而对其的规范在很大程度上就体现为对过程本身的控制[①]，而这个过程在法律上的表达就是程序。欲构造纳税人预算参与权的运行机制，首先当明确其建构思路。统观改革实践，大致有立法主导型和行政主导型两种设计理路。按照前者的设想，由立法机关主导构建纳税人预算参与的程序机制，预算参与程序成为法定预算过程的组成部分；而行政主导则意味着由政府或其财政部门推动构建纳税人预算参与的程序机制，将预算参与程序纳入政府预算编制或执行工作的一部分。财政部门作为核心预算机构，对推动预算编制和预算执行过程中的纳税人参与具有重要影响，亦有助于调适预算民主性与专业性之间的冲突。无论是立法主导型还是行政主导型，两种纳税人预算参与程序机制的构建思路都具有积极意义。但是，立法主导型的构建思路将纳税人预算参与程序机制的重点放在预算审批阶段，而行政主导型的构建思路则聚焦于预算编制和执行阶段，均存在对普

---

① 参见孙莉：《程序控权与程序性立法的控权指向检讨——以〈行政诉讼法〉立法目的为个案》，《法律科学》2007 年第 2 期，第 146 页。

通纳税人参与关注不够的问题。

事实上，作为当今实现善治的一种有效工具①，纳税人预算参与包含了国家治理重要的运行程序和机制，涉及预算编制、审议、执行和监督等多环节。"公民的预算参与权是公民通过各种合法的途径与方式参与预算事务的权利"②，确立并保障纳税人预算参与权的最终落实，不仅具有通过集众人之智以实现预算科学性和制约政府预算权力的工具性价值，更为重要的还在于其有助于丰富和完善纳税人参政议政的途径，以最终实现人民主权原则。因此，纳税人预算参与实践开辟了一种新型的国家治理模式，打造了公共预算实践的创新方式。③ 各国财政实践表明，参与预算的方式包括听证、座谈会、咨询顾问委员会、论证会、表决、民意调查、讨论、列席和旁听等。④ 那么，如何构造纳税人预算参与权的运行机制？又如何保障纳税人预算参与权的运行？概言之，推动国家治理现代化还要求将治理主体拥有的文本上的权利转变为行动中的权利。在预算层面表现为通过一系列程序运行机制促进纳税人预算参与权从文本变为现实，即纳税人预算参与权从应有人权、法定人权落实为实有人权。

科学而多元的参与权制度设计需要有效地解决现代社会最为核心且最为难解的民主与专业的平衡这一问题。预算在形式上表现为政府收支的数据，在实质上体现为人民授权之下的政府事权，其内含民主与专业两大诉求，这也是预算具有政治和经济两个面相的应然之义。

---

① 参见赵丽江、陆海燕：《参与式预算：当今实现善治的有效工具——欧洲国家参与式预算的经验与启示》，《中国行政管理》2008 年第 10 期，第 106 页。

② 江必新、肖国平：《论公民的预算参与权及其实现》，《湖南大学学报（社会科学版）》2012 年第 3 期，第 132 页。

③ 参见刘斌：《参与式预算的治理逻辑及其发展前景》，《理论月刊》2017 年第 8 期，第 144—146 页。

④ 参见张献勇：《关于公众参与预算制度的思考》，《财政研究》2008 年第 1 期，第 17—19 页。

而这两大诉求随着社会日益复杂所带来的财政功能的日益多元，导致其冲突和矛盾亦日渐凸显。"公民的预算参与权是公民通过各种合法的途径与方式参与预算事务的权利"①，该权利包含了国家治理重要的决策程序和机制，其关涉预算编制、审议、执行和监督等多环节。现代预算案如何处理基于政治的民主性与基于经济的专业性之间的冲突和矛盾，成了理论和实践上不得不面对的问题。下文将以预算本身的流程为主线，以平衡民主与专业为内核来进行具体论述。

一、预算编制听证程序

预算是将有限的资源在各个项目中进行分配的过程，这个过程必然涉及多方利益及其平衡问题。通过构建和规范预算编制听证程序，有利于为纳税人监督公共资金使用提供制度化平台。根据程序适用的不同，可将听证分为立法听证、司法听证和行政听证。立法机关在立法时通过听证会等形式，组织相关部门、利害关系人和专家学者陈述意见，参与质询和辩论，完成对法律法规的审议，这就是立法听证。从程序上看，预算编制和审议过程类似于立法程序，并且预算编制环节的预算听证也符合立法听证的特征，可以视为准立法听证。虽然相关部门也会在预算执行和监督出现争议时组织听证，但这种听证更类似于行政听证。

我国现行《预算法》虽然有规定人大代表或者人大常委会组成人员可以通过询问或者质询的方式向预算编制部门提出意见，但并未规定代表可以就具有争议的事项进行论辩或举行听证。预算关涉众人的利益，因而要求通过听证环节来实现集众人之智的目的；而预算的专

---

① 参见江必新、肖国平：《论公民的预算参与权及其实现》，《湖南大学学报（社会科学版）》2012 年第 3 期，第 132 页。

业性和博弈的特质，展开一定程度的论证说理是其最好的方式。而论辩和听证环节的缺失将会导致人大预算审查在实践中被虚化。[①] 实践中，各地虽不同程度建立了预算编制听证程序，但并未达到预期目标，预算编制听证流于形式。例如，某地实施的预算编制听证过程中政府官员代表占据了绝大多数的听证名额，即使有公民参与听证，公民提出的建议或意见也得不到重视，导致预算编制听证制度难以发挥实效。为此，优化预算编制听证程序，势在必行。

（一）预算编制听证程序之基本理论与现状

一般认为听证来源于英国法上基于公正从而要求听取双方意见的思想[②]，并且最初是普通法司法审判之必经程序，而后为了提高决策的科学性和民主性，听证制度被移植至立法和行政决策之中。决策听证的实质在于听取与该决策有利害关系的人的意见，以实现决策的科学性和民主化。[③] 尽管预算案是否具有法律规范的性质在学界形成了不同的观点[④]，但是，毫无疑问，预算编制应当属于行政决策的范畴，加之预算编制涉及公共财产之分配博弈，也涉及作为公共财产提供者和支出之受益者的纳税人之利害关系，因而听证的适用范围理应包括纳税人在预算编制阶段之参与。并且，从听证的定义和功能可以看出，听证制度移植到行政决策领域最为直接的原因在于可以提高决策的科学性与民主性，其必然内含了在行政决策中如何平衡两者之设置，从功能和特质的实质面，听证制度亦完美地适用于预算编制阶段。

在预算编制阶段纳税人之预算参与权主要是通过听证制度得以实

[①] 参见朱大旗、李蕊：《论人大预算监督权的有效行使——简评我国〈预算法〉的修改》，《社会科学》2012 年第 2 期，第 108—109 页。

[②] 参见王克稳：《略论行政听证》，《中国法学》1996 年第 5 期，第 16 页。

[③] 丁煌：《听证制度：决策科学化和民主化的重要保证》，《政治学研究》1999 年第 1 期，第 59 页。

[④] 参见胡明：《论预算的规范性质与效力》，《东岳论丛》2017 年第 8 期，第 74—75 页。

现的。现代政治学认为公民与政府之间属于委托代理关系，作为代理者的政府应当忠实地为委托者的利益服务。但是由于信息不对称，作为委托者的公民在实践中总是处于劣势地位，要保证作为代理者的政府按照公民意愿使用预算资金，就必须为公民质询和监督预算提供平台。而预算听证制度就是公民赖以质询和监督政府预算编制的制度载体，通过预算听证制度可以凸显作为委托人的公民之地位。而根据公共财政理论，现代政府是立足于对公共财产的汲取、管理、分配与使用，进而向社会提供公共产品或公共服务，公共财政资金的收支安排及其具体实施事关每个纳税人，这就意味着在做出相关预算决策时有必要通过一定途径对于那些具有重大公共影响的事项听取普通民众的意见，而预算听证便是一种有利于积聚各方观点、促进公共利益目标达成的可行方式。在国外立法中便有通过预算听证征求利益相关者意见的制度安排，诸如美国之《国会预算和留置控制法案》就明确规定在编制预算草案的过程中，国会的预算委员必然召开听证会以听取公众与专业认识之意见。①

依据我国现行《预算法》规定，当人大代表或者人大常委会组成人员对政府预算存在异议之时，可以对其提出询问或者质询，相对应的是相关部门需要给予回复，但并未规定代表可以对有关事项进行论辩或举行听证。除了《预算法》之外，在《全国人民代表大会议事规则》《全国人大常委会议事规则》以及《预算审查监督条例》所建立的预算参与原则中也没有预算听证的一席之地，更遑论预算编制听证了。可以说，在全国性立法中，缺乏明确规定的预算听证程序。

与我国其他制度创新一般先从地方试验或者地方探索开始相一致②，我国预算听证制度在地方也取得了卓有成效的改革成果。地方立

---

① 参见阎坤、王进杰：《公共支出理论前沿》，中国人民大学出版社2004年版，第12—17页。
② 参见周尚君：《地方法治试验的动力机制与制度前景》，《中国法学》2014年第2期，第50页。

法预算听证主要集中在预算批准和预算追加方面。在预算批准方面的听证，如上海市闵行区的探索①，而预算追加听证则相对更为广泛，如我国地方第一个实行地方预算追加听证的《安徽省预算追加听证办法（试行）》②以及后来的《重庆市财政局预算追加听证会制度》《铜陵市预算追加听证办法（试行）》等，并且在实践中安徽省早已经将该规定落实。③除此之外，还有部分地方人大常委会建立了预算初审听证制度，如江苏省句容市。④前文提到的浙江温岭在预算编制中通过民主恳谈会的方式实现了纳税人在该阶段的参与，民主恳谈会与预算编制听证虽然在实质上具有众多的相似或相通之处，但毕竟在程序设计尤其是制度本身的功能定位上存在一定的差异。民主恳谈程序侧重于协商合作，旨在促进社会共识的达成，其结果可能是各方参与者就宏观性的预算安排政策方向达成共识，或者至少使不同预算主体的意见得以汇聚以便为下一阶段预算决策提供信息基础；而预算编制听证则具有更明显的质疑反馈、证明说服的论辩性质，旨在展现特定预算方案的合理性、可行性，其结果可能是对待议预算方案的支持或认同，也可能是持否定或存疑立场，而有待其进一步修正完善。可见，两种程序机制各有侧重，不能相互替代。相对而言，民主恳谈程序基于其启动时间早、实践根基稳固的优势，在具体的预算运行过程中运用较广，并且形成了具有稳定性、持续性的规范化实施机制。而预算听证囿于其实施依据的缺失，在实践中局限于个别地方的试验探索。做得较好的是广东

---

① 参见张峰、周行君：《预算听证制度完善的闵行实践》，《上海人大月刊》2014年第6期，第37—38页。

② 参见杜见良：《为"实行预算追加听证制"叫好》，《审计月刊》2000年第10期，第37—38页。

③ 王弘毅：《预算追加听证制把紧"钱袋"》，中安在线：http://ah.anhuinews.com/system/2010/10/07/003367870.shtml，最后访问日期：2020年4月20日。

④ 该市的预算初审听证是指："市人大常委会对预算草案初步审查过程中，通过举行公开听证会，充分听取人大代表和社会公众的意见，为本级人民代表大会审查和批准本级财政预算提供审查意见的程序性安排。"参见《句容市人民代表大会常务委员会预算初审听证办法》第二条。

南海。有学者从南海预算编制听证与温岭参与式预算的对比来总结其特点：其一，预算听证强调的是整体的价值取向，即相对于参与式预算强调参与本身所体现的政治权利取向，预算听证则更为强调的是在法治、科学和民主有机统一下如何通过协商模式以实现求同存异的整体价值；其二，相对于温岭的参与式预算，预算编制听证更加强调民众最终利益的实现；其三，预算编制听证在方法上采取的是最小反对票和追求效率的方法；其四，预算编制听证相对而言，参与者的条件并不如温岭参与式预算那么严格，因而可以广泛推广；最后，政府与民众的统一是预算编制听证的突出特点，即相对于参与式预算这一形式所体现和强调的政府与民众在预算编制中的对立，预算听证则在求同存异的前提之下，通过有效协调使得预算单位和民众代表在总体目标上具有一致性，从而促进预算草案的完善，并最终实现预算编制阶段的实质民主。[①]

（二）预算编制听证程序之具体设计

基于预算在实际上表征为对政府权限之实际授予，预算编制阶段的听证就显得尤为关键。"预算编制作为利益分配的过程，引入听证制度可以提高利益分配透明度与公平度，尤其是对公共利益影响较大的预算项目必须适用听证制度。预算听证程序的完善，应着重于预算听证主体、预算听证内容、预算听证权利以及预算编制的裁决等方面。"[②]即以社会公众、社会中介组织、大众传媒为主体，全方位构建预算编制向社会征询的预算听证机制。在设计预算编制之具体程序之前，首先应当明确的是预算编制听证制度之法律地位。在未来启动新一轮

---

① 参见文旗、许航敏：《地方财政预算制度的协商治理模式创新探索》，《财政研究》2015年第 4 期，第 82 页。

② 蒋悟真：《预算公开法治化：实质、困境及其出路》，《中国法学》2013 年第 5 期，第45—51 页。

《预算法》修改工作之时，应当在借鉴域外经验和我国现有地方试验经验的基础上，建立覆盖预算全过程，当然也包括了在预算编制阶段的听证制度。构造预算编制听证原则，如预算听证的时间应当科学、预算听证的主体应当开放、预算听证的结果应当反馈等。[1] 除了应当在《预算法》修改时建立涵盖预算编制在内的预算听证制度以赋予其明确的法律地位之外，还应明确其法律效力。建议《预算法》应当设置听证前置制度，即要求提交人大常委会预审或在人大审议的预算草案必须在编制阶段经过符合法律规定之听证程序。在明确法律地位和效力之下，探讨如何建立具体的预算编制听证程序。预算编制听证涉及众多具体的程序，且可能存在不同的分类。以下以听证的具体流程将其分为事先的听证准备阶段的程序、事中的听证阶段的程序、事后的听证结果阶段的程序三个阶段。

1. 事先的听证准备阶段的程序设计

听证准备阶段的程序设计虽然不属于狭义上的听证程序，但是预算编制程序要想顺利运行并取得预期之效果，毫无疑问必须要有设计周全的事先准备程序，故而听证准备之程序当属广义上的听证程序。事先的听证准备阶段的程序应当围绕以下几个方面进行具体设计。

第一，听证方案之设计。相关法律、法规以及规范性文件对于预算编制中听证程序的设计虽然具有重要的指导性和执行性，但相对于每一次的预算编制参与也仅仅是纲领性的指导，因此，每一次预算编制听证都需要在事先准备阶段设计具体的听证方案。方案中除了包括本次听证的范围、参与人员的职责等基础性事项外，更为重要的是结合本次听证范围和参与人员而进行的规则设计。

第二，听证范围之选定。虽然理论上纳税人预算参与权应当介入

---

[1]　参见程国琴：《参与式预算的制度构建》，《集美大学学报（哲社版）》2018年第4期，第64—69页。

预算编制的全程以及全部事项中，方能充分体现人民主权思想和纳税人本位之理念。[①] 但是基于预算事项的诸多限定以及纳税人参与能力及精力之有限性，任何国家都不可能将所有事项纳入预算编制听证。结合域外经验、地方试验经验和我国实际，我们认为目前将下列四类事项纳入预算编制听证既具有理论之必要性，同时也具有现实之可能性。第一类是民生项目。民生项目与纳税人的关联性远非其他项目可比拟，因而纳税人对其的关注度也远远超过其他项目的开支。为了最大限度体现纳税人预算参与权之民主性和实效性，应当将其纳入预算编制的听证范围之内。第二类是一些数额较大或者产生影响较大的项目。预算在形式上表现为政府开支的具体项目及其数额，如果某一项目涉及的预算金额较大，对整体性的预算安排产生重大影响，即使本身不属于民生项目亦应纳入预算编制的程序之中。地方可以结合预算项目金额、预算项目利益相关者群体范围或者是上一预算年度绩效情况等因素，设置契合本地经济社会发展特点的预算项目听证标准。第三类是一些分歧较大的项目。基于预算之特质，其天然具有博弈之性质，不可避免地会存在某些项目是否应当开支以及如何开支会在社会中引起较大的分歧。为了提高预算的科学性与民主性以回应纳税人之关切，应当将分歧较大的项目纳入预算编制听证之中。第四类是财政专项资金项目。自分税制改革之后，财政专项资金对于地方政府的重要性不言而喻，这不仅表现在其数额巨大，而且还在于其具有规定用途并需要地方财政予以配套。[②] 财政专项资金使用得当将会增加地方公共产品供给能力，如若使用不当将会导致"集体债务之路"，对纳税人的整体

---

① 关于纳税人本位理念之论述详见李淳燕：《纳税人本位论——社会主义市场经济体制的理论基石》，《财贸经济》1994 年第 2 期，第 36—39 页；叶金育：《税法解释中纳税人主义的证立——一个债法的分析框架》，《江西财经大学学报》2014 年第 4 期，第 121—136 页。

② 参见周飞舟：《财政资金的专项化及其问题——兼论"项目治国"》，《社会》2010 年第 1 期，第 8—12 页。

利益产生消极影响。[①] 因而在预算编制过程中，如果涉及财政专项资金的申请亦应通过听证程序。

第三，听证事项之公布。听证本身就属于开门决策，故而公开性是其基础。待确定听证具体方案和听证事项之后，相关组织部门应当将听证事项、时间、地点以及具体的参与方式及方案通过政府门户网站以及大众媒体等向社会公布。

第四，听证代表之产生。即厘清参与预算编制听证的主体范畴，确立政府人员、专家和普通公民为主体的预算编制听证参与人员。此外，还需要保证预算听证工作人员的独立地位和中立性。至于纳税人预算编制参与代表的遴选方式在前文已有详细论述，在此不再赘述。

第五，听证代表之培训。作为纳税人预算参与权具体制度载体之一的预算编制听证必然要求听证代表的广泛性方能实现其民主性的要求。但是由于预算本身具有专业性，还要求对参与代表进行必要的专业知识培训。因此，当经过法律规定的方式产生了听证代表后，财政部门等组织需要邀请专家等对代表进行听证程序、听证规则以及预算和财政等基本原理的培训，如此方能回应预算所固有的民主性与专业性之平衡。

2. 事中的听证实施阶段的程序设计

事中的听证阶段的程序设计就是传统意义上的听证，其是预算编制听证制度的核心，亦是纳税人预算参与权在预算编制阶段得以实现的关键性支撑。其在具体的程序设置上与其他决策听证并无实质性区别，主要分为以下几个阶段进行。其一，由听证组织部门的主持人宣布听证的规则、工作人员的名单以及有无回避事项等。其二，由预算编制单位的代表就需要听证的项目之具体情况、必要性、可行性以及

---

① 参见周雪光、程宇：《通往集体债务之路：政府组织、社会制度与乡村中国的公共产品供给》，《公共行政评论》2012年第1期，第46—77页。

开支的法规政策依据等向听证代表进行介绍，当然必要性和可行性的介绍中还需要包括开支项目的预期绩效情况等。其三，参与预算编制听证的代表根据编制单位代表所介绍的具体情况，就自己或公众所关心抑或是介绍中未详细说明之情况对编制部门之代表进行质询。由于预算编制不仅仅体现纳税人与政府之间关于财政开支的博弈，在很多时候还包括纳税人之间的博弈，诸如前些年各地争相竞争的高铁站就是其明证。所以，待预算编制部门的代表介绍完相关情况之后，质询者（参与听证的纳税人）与预算编制单位的代表以及参与听证的纳税人之间可就相关争议焦点展开辩论，从而将听证推向实质化，应是必要的阶段设置。当然与其他听证一样，争论各方为了支持自己的观点，可以在法律法规以及具体参与规则允许的情况之下出示能够佐证自己观点的证据，相关证据的范围也理所当然地包括专家证据等。待质询和辩论结束之后，由预算编制单位的代表进行回应和总结。首先，对于参加预算编制听证的纳税人提出的疑问，预算编制单位的代表必须进行解答。其次，对代表们提出的合理化建议以及已经达成共识的辩论结果，应当按照建议或者共识对预算草案进行修改和完善。最后，当然在现实中极有可能出现预算编制部门当场无法回答或总结的情况，那么预算编制单位的代表必须对该问题下一步的反馈安排予以说明，诸如是待编制部门继续调研完善后再行听证还是暂时不列入预算开支。结合前文所提及的纳税人预算参与者遴选的公众库与专业库建设机制，在公开的前提下充满辩论与博弈的听证，定能增加预算编制的科学性与民主性，也有助于促进纳税人预算参与权落实。

3. 事后的听证结果阶段的程序设计

纳税人预算参与权既具有内在价值也具有工具性价值。内在价值的含义是指，纳税人参与本身就是《宪法》之人民主权原则之体现，而其工具性价值则在于通过聚众人之智以实现预算的科学性与民主性。这两个方面的价值也必然表现在纳税人预算编制听证制度之中，因而欲塑造纳税人预算听证的运行机制，应当包括意见表达机制和反馈机制。唯其如此，预算编制听证程序方能健全，纳税人权利方能得以保障。本节前文所述都可视为意见表达机制，而预算编制中的事后听证结果阶段的程序设计则需要围绕反馈机制而展开，特别是听证与最后结果之间的关系。（1）听证反馈程序设计。根据听证的一般法理以及其他相关听证制度，听证的实效性在很大程度上取决于听证与最终决定之间的关系，学界称之为听证的效力。[1] 如果听证并不影响最终预算编制，那么听证无疑将流于形式。故而，在预算编制听证中需要设计具体的听证反馈程序，而其应当包括三个方面。第一，是对于预算编制部门的代表现场无法回答的问题，应当在听证会结束后一定时间内将听证代表的意见反馈给具体的部门；第二，是在听证中纳税人达成共识的项目，组织听证的部门需要将其反馈给相关部门，并限期将采纳情况向社会公开；第三，是针对听证中争议较大无法达成共识的情况，同样需要将其反馈给相关部门，并限期对下一步安排向社会公众说明。（2）听证反馈公开程序设计。为了实现预算公开以满足纳税人在预算编制中的知情权，以及保证大多数纳税人的预算参与权，待预算编制听证会结束之后，相关组织部门（一般为预算编制部门）应当将听证会的情况进行汇总并归纳出焦点，最终形成听证报告以向社会公开。（3）实施和改进情况的反馈程序设计。听证反馈主要是对预算听证的情况向社会公开反馈，而实施和改进情况的反馈是指相关部门将听证会提出的修改意见予以落实和改进的情况通过法律法规规定的程序向社会公众予以公开，当然还可能涉及后文将提到的预算绩效评估程序。

---

① 参见马怀德、陶杨：《我国地方立法听证效力的表现形式》，《苏州大学学报（哲学社会科学版）》2007年第3期，第50页。

二、预算审议协商程序

公共资源和预算资金的分配是一个双向沟通和博弈的过程。预算编制可以分为行政机关主导模式和立法机关主导模式两种。行政机关主导模式之下预算权的配置以及纳税人预算参与权的落实都高度集中在预算编制阶段，预算编制听证程序有助于促进权力配置格局的转变，为纳税人预算参与权提供现实的运行载体。而立法机关主导模式的预算权配置及纳税人预算参与权则主要体现在预算审议阶段，此时纳税人预算参与权的运行载体则表现为预算审议协商程序。如果在预算编制环节缺乏充分的沟通与协商，那么在预算审批环节就要加强纳税人参与，以保障预算决策符合民意。只有具备规范化、制度化的多元主体参与公共决策的方式，才能保证参与主体的有效协商。[1] 从我国纳税人预算参与的协商模式中不难发现其具有浓厚的地方政府主导色彩，学理上将这种政府主导的模式称为"内输入"模式。"内输入"之下的协商并不带有决策的性质，而其功能更多地体现为咨询性。即权力主体通过协商以咨询纳税人的意见，在此基础上通过自上而下对公众的利益诉求进行综合性的吸纳。这种政府主导的咨询性协商模式下，纳税人依旧缺乏完整的独立主体地位，纳税人预算参与的影响十分有限。值得关注的是，我国纳税人预算参与的地方试验正在普遍施行，随着试验经验的积累以及法治整体的转型，必然在制度化、规范化和程序化方面对我国纳税人预算参与的协商程序提出更高的要求。有学者将其归纳为三个"重心转移"：协商主体的重心从政府转移到纳税人；协商路径的重心从"内输入"到"外输入"；协商功能的重心从政策咨询转移到民主决策。[2] 总之，强化人大对预算的审批权是民主法治的

---

① 参见戴激涛：《公民参与预算：理念、原则与制度》，《时代法学》2010年第2期，第25页。

② 参见申建林、谭诗赞：《参与式预算的中国实践、协商模式及其转型——基于协商民主的视角》，《湖北社会科学》2016年第3期，第26—28页。

基本要求①，而在此基础上，需要构建体现纳税人预算参与的协商程序与预算审议制度，提升预算审议绩效②。

（一）预算审议协商程序之基本理论与现状

党的十八届三中全会提出"推进协商民主广泛多层次制度化发展"。协商民主是选举民主相对应的一个概念，"选举民主与协商民主相结合，是中国社会主义民主的一大特点"③。虽然在选举民主与协商民主的关系上存在不同的学术观点④，但是无论是认同协商民主是选举民主补充的观点，抑或是赞同协商民主是选举民主的超越的论证，都高度认同在现代民主社会之下，对政策民主的要求使得协商成为"民主决策和科学决策的题中应有之意"⑤。协商民主的优点在于"它致力于使理性在政治中凌驾于权力之上。政策之所以应该被采纳，不是因为最有影响力的利益取得了胜利，而是因为公民或其代表在倾听和审视相关的理由之后，共同认可该政策的正当性"⑥。作为"政治的一个子系统"⑦的预算从产生伊始便体现了作为民主产物的印迹，在当前国家推行协商民主广泛多层次制度化发展的背景下，协商民主的理念理应融入我国纳税人预算参与权的制度构建之中，这亦是实现国家治理现代

---

① 参见陈仪：《强化人大预算审议权的路径选择》，《法学》2009年第9期，第74页。

② 参见王逸帅：《美英议会预算审议绩效比较：一种历史制度主义的分析范式》，《南京社会科学》2010年第3期，第72页。

③ 国务院新闻办公室：《中国的政党制度》白皮书，2007年。

④ 参见马德普：《协商民主是选举民主的补充吗》，《政治学研究》2014年第4期，第18—26页；马德普、黄徐强：《论协商民主对代议民主的超越》，《政治学研究》2016年第1期，第52—60页。

⑤ 李修科、燕继荣：《中国协商民主的层次性——基于逻辑、场域和议题的分析》，《国家行政学院学报》2018年第5期，第26页。

⑥ 艾丽丝·马里恩·扬：《交往与他者：超越协商民主》，载塞拉·本哈比主编：《民主与差异：挑战政治的边界》，黄相怀、严海兵等译，中央编译出版社2009年版，第118页。

⑦ Aaron Wildavasky, *The New Politics of the Budgetary Process*, Harper Collins Publishers Inc, 1988, p. 439.

化之多元共治，促进现代宪制下有效控制政府预算权的必然选择。

从现实而言，虽然很多国家都会建立全程的纳税人预算参与制度，但是在实践中必然会有其侧重点。我国预算在现实中呈现出较强的行政主导色彩，行政主导不仅仅表现在实践中行政机关的预算编制权重于立法机关的审议权，更为重要的表征为，在预算编制环节缺乏充分的沟通与协商。为了弥补我国现有预算民主机制存在的不足，保障预算决策符合民意，应当在预算审批环节加强公民参与，将多元主体参与公共决策的方式规范化、制度化。

与纳税人预算编制听证程序一样，我国目前尚缺乏全国性的法律法规，而主要是由地方试验进行推动。在预算审议协商方面进行卓有成效探索的有浙江温岭、浙江绍兴和上海闵行等地。首先，是浙江温岭的试验。纳税人在预算审议阶段的参与始于新河镇和泽国镇而后推向温岭全市并最终在温岭市级层面展开。温岭的探索主要集中在两个方面。其一是在预算民主恳谈的基础上实行预算初审票决，"相对于部门预算协商恳谈，初审票决更具有专业性和刚性。票决的部门都是当年度市委市政府重点工作部署的部门"，通过预审票决的倒逼使得"被审查单位的预算编制质量明显提高"。[1] 其二是在预算正式审议中，公众可以通过旁听并向人大口头或者书面提出意见、要求等方式参与预算。值得指出的是温岭市专门组织了财政学、法学等领域的专家对与会人员进行了相关培训，增强了参与者的专业素养，更有利于提升参与的实质效果。[2] 其次，是绍兴的探索。与温岭一样，绍兴的探索也是由地方渐次发展而来的，只不过绍兴的探索来自于村一级，即绍兴市下辖的嵊州市三界镇第一大村——八郑村，故又称之为"八郑规程"。

---

[1]　张学明、吴大器：《温岭探索——地方人大预算审查监督之路》，上海财经大学出版社2016年版，第94页。

[2]　参见戴激涛：《协商民主对预算审议的贡献：理论及实践》，《长沙理工大学学报（社会科学版）》2010年第1期，第58—59页。

"八郑规程"的核心要义在于将协商民主融入村级预算审议之中。其主要流程是首先广泛收集村民意见；其次由村两委提出初步方案，举行民主听证以听取意见；再由党员讨论完善方案，由村民代表进行表决确定；最后再将相关反馈以实现村务公开的方式予以公布。[①] 再次，是上海闵行区的探索。闵行探索有两个重要的特点，其一是预算审议协商探索主要采取预算初审听证的方式进行，其二是它作为地方预算改革实践中唯一一个在直辖市区级层面展开的探索。[②] 其具体运行机制为邀请社会公众、人大代表以及相关领域的专家学者来参与预算听证，并在听证中实行辩论制。[③]

（二）预算审议协商程序之具体设计

根据前文的分析和梳理，不难发现预算审议阶段的协商程序具有重大的理论和现实意义，目前在地方层面上已经有多地进行了富有成效的探索。但是无论是其理念还是规则，都尚未在我国《预算法》等全国性法律法规中得以确立，总体而言，我国纳税人预算参与的协商模式是一种在地方政府主导下的协商，主要以权力主体自上而下地对公众的利益诉求进行综合的"内输入"为核心运行机制，在此模式之下，协商往往是带有咨询性的。因此，尽管现有的改革探索获得"具有中国乡土特色的社会主义民主创新……代表了我国建立公共财政的方向"[④] 等高度评价，但是我国纳税人预算参与的制度化、规范化和程

---

① 参见韩永红、戴激涛：《协商民主在财政预算中的应用研究——以绍兴"八郑规程"台州"民主恳谈"为分析样本》，《中共浙江省党校学报》2010 年第 4 期，第 126 页。

② 参见周扬：《上海闵行区就财政预算项目举行公开听证》，载中新网：http://www.chinanews.com/gn/news/2009/12-11/2012745.shtml，最后访问日期：2020 年 4 月 20 日。

③ 参见戴激涛：《协商机制在预算审议中的引入：财政民主之程序构造》，《苏州大学学报（哲学社会科学版）》2010 年第 6 期，第 69 页。

④ 胡念飞：《新河试验是中国式的公共预算》，载新浪财经：http://finance.sina.com.cn/roll/20060316/1447599525.shtml，最后访问日期：2020 年 4 月 20 日。

序化还有待提升。

由于预算本身的重要性以及协商民主与选举民主之关系，因此，目前关注这一领域的学者有相当一部分为宪法学者，其完善建议中带有宪法研究本身所固有的宏大叙事的特点，旨在为公民有效参与提供制度平台。由于传统权力本位思想的残留，促使我国整体财税立法变迁应当从行政主导迈向立法主导①，而作为政治子系统的预算领域更是如此。预算审议协商程序具体设计的第一步需要转变相关理念抑或是相关立法重心，即整体上推动我国纳税人预算参与协商模式转型。因此，这些建议对于完善我国预算审议的协商程序乃至整个预算制度都具有重大的意义。但是，一方面，这些理想的建议无疑都需要大规模的立法和修法活动来予以落实，相关经济成本和时间成本无疑都是巨大的，因而导致其在短期内无法实现。另一方面，即使将来我国通过大规模的立法和修法活动使得该建议得以实现，但是这些高居云端的规则仍然需要落地。无疑，纳税人在预算审议阶段的协商程序之设计是符合国家治理现代化要求的，是在预算领域落实协商民主的重要机制创设。在国家治理现代化之下，预算审议协商程序的建构应当符合平衡民主性与专业性之需要，基于此，我们认为可以从以下几个方面进行具体的探讨。

其一，建立相关前提性保障制度和机制。虽然我们不能等待理想中完美的预算制度建立之后才开始探讨如何建立预算审议协商程序的议题，但是该程序的建立亦需要一些基本的制度作为前提性保障。首先是预算草案必须要详实，因为仅仅罗列财政开支大项的预算报告，纳税人根本无从判断其开支的合理性，从而使得协商无从谈起。其次是需要加强对参与者的培训。详细的预算必定要求分类别、分项目、分科目进行编制，复杂而多层次的数字加之预算本身所具有的专业性

---

① 参见丛中笑：《当代财税立法的生成与演进路径》，《政法论丛》2012年第2期，第47页。

极容易导致参与者根本看不懂，更遑论提出具有参考性的意见和建议。如果说预算编制过于粗略将导致参与者无从判断的话，那么预算的复杂性和专业性更会使其难以提出有影响力的意见。因此，为了落实预算审议的协商机制就必须要对参与者进行相关培训。目前纳税人预算参与地方试验较为成功的地区都十分注重对参与者的培训。

其二，重塑预算审议协商程序的原则。首先，预算审议协商程序需要遵循一般协商程序的动议中心、主持人中立、规则绝对、机会均等、谈论充分等原则，此外其还具有自己独特的原则，即协商主体的重心从预算权力单方主体转移到预算权力与预算权利主体的并重。协商民主是"协商"与"民主"的融合，协商民主要求赋予民众在公共协商中一定程度的话语权和参与决策权，然而，我国预算立法和实践整体上呈现出行政主导的色彩，具体到预算审议协商程序中，便是协商主体的重心一直是在政府主体一方。如果缺乏平等与民主，协商反映的更多是协调和动员，而无法体现真正的协商民主。[1] 在税收国家中，税收作为国家财政收入最为主要的形式，每一个普通公民都是纳税人。基于税收本身具有的"侵权法"性质所带来的"税痛感"，必然会导致公民纳税人意识的觉醒，并不断激起他们对公共事务的参与愿望。中国是"演进中的税收国家"，也被部分学者称为"非典型税收国家"[2]，但是建设税收国家无疑是我国财政体制改革的目标并具有可行性，而税收国家的建设又反过来对我国经济体制、法律制度和社会文化观念将带来深层次的影响。[3] 基于纳税人作为国家财政收入的最大来源以及国家支出最终受益者的角度审视，使得现行的以政府为主导的预算审

---

① 参见申建林、谭诗赞：《参与式预算的中国实践、协商模式及其转型——基于协商民主的视角》，《湖北社会科学》2016年第3期，第26—28页。

② 参见李文斌、张龙平：《非典型税收国家：当代中国的表现与陷阱》，《广东行政学院学报》2012年第4期，第5页。

③ 参见张富强：《论税收国家的基础》，《中国法学》2016年第2期，第167—169页。

议协商制度不符合税收国家建设之内在要求。对事关自己切身利益的公共资源分配的预算决策，应当赋予纳税人更多的参与空间，提升纳税人在预算审议参与程序中的主体地位，而不是让政府官员或技术专家取而代之。

其三，参与人员的遴选与参与方式的设计。关于参与人员的遴选机制在前文已有过论述，在此仅强调参与人员之遴选需要平衡民主性与专业性的要求，方符合预算审议协商的特质以及国家治理现代化之要求。在参与方式上，预算审议环节的纳税人参与通常采取带有浓厚间接参与色彩的混合参与方式。改革方向包括：首先，纳税人（非人大代表）通过相关遴选程序，在相应规则之下参加预算审议旁听。其次，在预算审议过程中引入辩论模式，即如前文所述预算编制部门以及具体预算开支部门作为一方，就人大代表关心甚至是异议之项目展开辩论。最后，在辩论的过程中，纳税人随时可以通过口头或书面的形式向人大代表提出意见或建议。同时为了保障其他未被遴选参加旁听的纳税人的知情权，以及保证其能够通过向人大代表提出建议和意见的方式间接参与预算审议，还需要建立预算审议公开等配套制度。

其四是明确参与效力。行政主导在预算审议协商程序中的体现，很大程度上并不在于是否规定相关程序以及程序规定是否完善，而在于该程序的效力为何，即行政主导之下纳税人预算审议的协商仅仅具有咨询的性质。作为纳税人预算参与权内在价值的人民主权原则之落实无从谈起，而作为其工具性价值的提高决策之科学性也由于其主导权在政府而大打折扣。故而，应当结合"协商民主是一种决策参与机制和意见整合程序"[1] 的定位，将预算审议协商程序的功能重心从政策咨询转移到民主决策。即需要在人民主权原则的指导下，明确规定预

---

① 韩福国、萧莹敏：《协商民主的基层实践程序与效能检验——浙江温岭参与式公共预算的制度分析》，《西安交通大学学报（社会科学版）》2017年第5期，第59页。

算审议协商与最终决策结果之间的关联性，可以通过列举性规定来明确不同协商结果对最终预算案的效力，诸如什么情况下必须修改预算草案、什么情况下暂不将该项目列入年度预算，等等。

其五是明确相关责任。责任既是预算审议协商程序的重要组成部分，亦是其重要保障，具有举足轻重的作用。一方面，如果参与者出现违反协商规则，则主持人根据情况轻重分别提出警告、暂停发言、中止发言、赔礼道歉、勒令退场等。对于严重违反协商程序和规则或者多次违反的情况，可以视情节严重程度，在一定时间段内将其列入遴选黑名单。当然如果涉及其他违法或者犯罪行为，将按照相关法律法规予以处理。另一方面，协商主持人也可能存在违反相关规则和程序的情况，视其具体情况分别给予停止主持职权、追究行政责任[1] 等处理。

三、预算执行参与程序

理论上将预算权的配置模式分为侧重编制权的行政主导模式和强调预算审批权的立法机关主导模式，但是对预算执行的关注相对较少，这主要源于在硬预算约束国家，预算草案一经通过则具有法律效力，执行机关必须严格依据预算案来进行开支，似乎其理所当然不是预算法关注之重心。但是预算的最终实现在执行，同时预算编制无论如何细化，皆不可避免会留给具体执行部门一定的裁量权。因而"预算执行是财政管理的重要环节，直接关系到党和国家政策的贯彻落实、财政职能的充分发挥、财政资金的使用效果"[2]。财政是国家治理的基础和重要支柱，国家治理现代化视野下的纳税人预算参与权也必然要求落

① 因为预算审议协商程序之主持人往往都为政府公务人员。
② 楼继伟：《深化财税体制改革》，人民出版社 2015 年版，第 124 页。

实在预算执行阶段。

（一）预算执行参与程序之基本理论与现状

预算草案经过立法机关的审议通过就会成为具有法律效力之预算案，但仅仅赋予立足民主博弈、体现民主性与专业性之预算以法律效力还远远不够，而更为重要的在于其执行。正如完美的法律规范得不到有效的执行依旧不能带来善治的结果一样，充分体现纳税人参与内在价值与工具性价值之预算案如果得不到执行，那么和没有预算案并无区别甚至性质更为恶劣。根据预算法一般理论，预算的执行必须严格按照已经通过的预算案进行，即预算应当具有"硬性"。但是基于现实中种种脱离预算案而进行开支的实际情况，学界归纳形成了软预算约束理论。一般认为，该理论为科尔奈在其 1980 年出版的《短缺经济学》一书中第一次明确提出[①]，而其思想渊源则可追溯到 20 世纪 30 年代末到 40 年代初哈耶克、米塞斯与格兰、勒纳的著名论战。[②] 最开始软预算约束理论仅仅应用在企业财务问题之上，并将其用作解释计划经济之下的相应经济问题。其核心观点在于计划经济之下，国有企业占据绝对之主导地位并且与政府之间的界限并未划分清晰，因为其享受着各种价格支持、信贷补贴以及直接财政补贴等，由此导致这些国有企业不存在破产的可能，因而其自然没有动力遵守相关预算，并将最终导致经济和创新的低效。[③]

随着时代的发展以及现实问题的凸显，软预算约束理论开始走出企业财务的范围，被学者们自觉或不自觉地作为理论分析工具来解释

[①]　参见许罗丹、梁志成：《软预算约束与社会主义国家的经济转轨——软预算约束理论二十年发展述评》，《经济科学》2000 年第 4 期，第 81 页。

[②]　参见艾里克·马斯金、许成钢：《软预算约束理论：从中央计划到市场》，《经济社会体制改革》2000 年第 4 期，第 59 页。

[③]　参见艾里克·马斯金、许成钢：《软预算约束理论：从中央计划到市场》，《经济社会体制改革》2000 年第 4 期，第 59—60 页。

国家预算的问题。[①] 虽然实践证明在实行市场经济的国家依旧存在软预算约束的现象，但是从其理论的起源以及实践表明，软预算约束更多的是发生在计划经济之下。如果从财政国家类型而言，便是软预算约束多发生在诸如自产国家等非税收国家。我国经济体制改革的目标是从计划经济到市场经济，基于财政国家类型的视角，便是由自产国家到税收国家的建设之路。然而，我国是一个"非典型税收国家"，其主要表现为"税收来源过度依赖国有企业，国家财政活动中的'自产性'收入比重过高"，"税收构成中的流转税比重过大，国家权力对市场领域干预力度依然偏大"，"国家财政总体收入中，非税性收入处于潜在的扩张状态"等。[②] 这便是我国在实践中大量出现软预算现象的经济背景。基于财政作为国家治理的基础和重要支柱的定位，决定了必须建立硬性的现代预算制度，加之国家治理现代化所要求的多元治理，因而纳税人预算执行参与程序的建立具有理论与现实双重必要性。

预算执行制度改革是财政支出领域高度关注的议题，是中国预算法完善的重要内容。我国现行《预算法》原则上规定了预算的刚性效力，并通过确定预算执行机构（第五十三条）、预算收入的征收（第五十五条）、收付实现制与权责发生制（第五十八条）、国库集中收缴和支付（第六十一条）以及临时支出安排（第五十四条）、预备费的动用（第六十四条）、预算周转金的启用（第六十五条）、超收收入之规范（第六十六条）等相关规定初步建立起了预算执行的相关制度。但是这些规定并未对纳税人的参与权进行明确，只能结合预算公开等制度，通过系统解释从而隐约可见。同样，在 2018 年 3 月中共中央办公厅印发了《关于人大预算审查监督重点向支出预算和政策拓展的指导

---

① 最为典型的体现便是几乎所有研究预算的学者，在其完善建议中都或多或少、或明或暗地提出要增强预算的刚性、硬性等。

② 参见李文斌、张龙平：《非典型税收国家：当代中国的表现与陷阱》，《广东行政学院学报》2012 年第 4 期，第 6—8 页。

意见》，该意见对于强化人大预算监督的实效性具有重要的指引作用，但是对于纳税人预算参与权的落实依然没有相关的规定。而在地方试验上，主要有预算追加听证和预算执行的专题询问。预算本身具有计划性，但是由于预算执行过程中往往伴随着难以意料的情况出现，因而预算追加情况亦属正常。我国关于预算追加听证的第一个地方规范《安徽省预算追加听证办法（试行）》①，以及在此后实践中为其他地方吸纳形成的相关立法，如《重庆市财政局预算追加听证会制度》《铜陵市预算追加听证办法（试行）》，均对预算追加做了专门规定。作为纳税人预算参与探索先行者的浙江温岭则通过预算执行中的专题询问实现纳税人的预算参与权。其具体运行机制为"人大常委会在每年审议审计工作报告中，围绕审计反映的涉及资金较多、社会关注度高的重点问题，对市政府有关部门当场开展专题询问"②。

（二）预算执行参与程序之具体设计

针对我国预算执行在实际中广泛存在的软预算约束现象，学者们关注重点在如何建立起符合我国特色的硬预算制度上③，而对于预算执行中纳税人的参与权尚未给予足够的重视。不过相对于预算参与权的建构，如何增强预算硬约束效力是前提和基础。结合域外经验和我国现实，可从以下几个方面探讨如何具体设计我国的预算执行参与程序。

其一是前提性制度保障。预算执行参与程序的设置有赖于预算执行的法治化，因为预算执行的法治化是对普通纳税人权利的真正维护，是民主法治的具体落实，有必要从预算执行法治化的角度为完善

---

① 参见杜见良：《为"实行预算追加听证制"叫好》，《审计月刊》2000 年第 10 期，第 9 页。
② 张学明、吴大器：《温岭探索——地方人大预算审查监督之路》，上海财经大学出版社 2016 年版，第 109 页。
③ 参见熊伟：《预算执行制度改革与中国预算法的完善》，《法学评论》2001 年第 4 期，第 133 页。

预算参与程序提供前提性制度保障。（1）建立预算执行多层次监督机制。加快预算执行监督的立法，建立起涵盖宪法、税收基本法、预算法、预算监督专门法律法规以及预算执行监督法律法规的完整规则体系，增强预算执行多元监督主体的权威性；健全财政内控机制；改革审计制度，建立独立、高效、公正的审计制度体系；完善人大的决算监督，立足于我国实践发展，尤其是结合《关于人大预算审查监督重点向支出预算和政策拓展的指导意见》精神，将预算审查的重心由年度收支平衡转到预算支出方面来。"政府间财政关系不仅需要良好的制度设计，还要有一个硬化预算约束……要推动修改预算法，改变目前人大批准预算时，主要侧重平衡状态，而预算支出政策和具体项目并非审查重点的做法，将预算支出作为人大批准预算的指标，从而有利于严格依法治税。"[1]通过预算执行的政治问责，强化预算的约束力。[2]（2）探索预算执行司法约束机制。基于司法制约预算权力的角度考虑，可以建构纳税人诉讼机制。虽然国内外关于纳税人诉讼的规定和研究结论纷繁复杂，但是其观点共识大于分歧。一般认为纳税人诉讼是公民针对政府违法或者不当的财政行为，基于维护公共利益的需要，而向人民法院提起诉讼要求制止政府相关行为的一种诉讼模式。可以在借鉴域外经验的基础上，结合目前已经较为成熟的行政公益诉讼制度，从确立原告资格、明确受案范围、明确举证责任和费用等方面来建立我国的纳税人诉讼制度。[3]

　　其二是完善预算预备费制度和预算周转金制度中的纳税人参与程序。预算在形式上是对政府未来收支情况的预计以及安排，即使在预算编制和预算审议阶段通过诸多举措来加强其专业性和民主性从而提

---

① 楼继伟：《中国政府间财政关系再思考》，中国财政经济出版社 2013 年版，第 316—317 页。

② 闫海：《基于立宪政体的日本预算执行多元监督及借鉴》，《江苏社会科学》2010 年第 2 期，第 147 页。

③ 参见施正文：《我国建立纳税人诉讼的几个问题》，《中国法学》2006 年第 5 期，第 154 页。

高其决策的科学性，都不能完全避免在预算执行过程中遭遇突发情况而进行应急调整。其中最为重要的便是预算执行过程中发生诸如自然灾害以及月份之间、季度之间的收支不平衡①等。对于这两类问题，《预算法》通过构建预备费制度和预算周转金制度来予以回应。与《预算法》所确立的其他制度相类似，这两项制度也没有纳税人参与权的相关设计。其仅涉及各级一般公共预算中可以设置预算周转金，且预算周转金由财政部门管理并不得挪作他用的原则性规定。为了体现国家多元治理的要求，以及提高预算周转金使用的科学性与民主性，应当在其中确立纳税人参与的机制和程序。根据现行《预算法》的规定，当发生自然灾害之时应当首先动用预备费，因而其带有浓厚的应急性质，不太可能使用直接参与甚至是辩论式的参与方式，此时纳税人预算参与更多地表现在知情权保障以及绩效评估和责任追究中。因此，当发生突发紧急状况之时，相关部门应当将预备费使用的详细情况向社会公众公开以接受监督。

其三是建立预算调整制度中的纳税人参与程序。预算本身是对政府未来一年收支状况所做的计划，因而其必然具有计划性。但是一方面由于人类认知能力的相对有限性，另一方面社会经济状况的瞬息万变，导致预算在具有计划性的同时也不可避免地具有变动性。基于此，现行《预算法》通过第 67 条之规定设置预算调整制度。该制度较为详细地规定了预算调整的程序，为我国预算的硬化提供了制度支撑，但同样，该制度中并没有规定纳税人预算参与制度。结合国家治理现代化的要求以及预算本身的特质，建议在未来修改《预算法》之时设置预算修正案制度②，并以此作为纳税人预算参与权在预算执行阶段的重

---

① 月份之间和季节之间的收支不平衡是经济运行的常态，行业常言及的淡季和旺季便是其明证。

② 需要特别说明的是，此处所指的预算修正案制度是指在预算执行过程，通过修正案的方式来实现预算的调整，而与部分学者所提出的人大在审议阶段基于预算修改权而形成的预算修正

要制度载体。修正案在传统意义上一般适用于法律的修改，但是基于预算的性质，在预算修改过程中也具有适用性。预算修正案制度是指在预算执行过程，由于发生了法定的需要调整预算的情形，则通过修正案的方式来实现预算的调整。在预算修正案制度之下，可以结合预算参与的具体程序供给，在引入听证和辩论形式的基础上，纳税人通过人大代表或者被遴选为旁听者参与预算修正案的讨论。

　　其四是建立重大事项决定中的纳税人参与程序。在国家治理现代化视野下，人大对预算执行过程中的重大事项应当具有决定权。从宪法第六十二条、六十七条、九十九条、一百〇四条，《地方各级人民代表大会和地方各级人民政府组织法》第八条与第九条，以及《关于健全人大讨论决定重大事项制度，各级政府重大决策出台前向本级人大报告的实施意见》相关规定中可以找到明确依据。[①] 而在地方层面，安徽省人大早在 1988 年便出台了《安徽省人大常委会关于讨论、决定重大事项的若干规定（试行）》。虽然人大重大事项决定权的地方试验推行已有三十余年，且已经上升为顶层设计，但是依然存在不少问题，需要进一步完善以适应国家治理现代化视野下纳税人预算参与权构建之要求。首先，需要明确哪些情况的预算调整属于重大事项。一般而言重点工程和重大民生项目属于重大事项的当然范围，但是何为重点或者重大，都需要法律法规予以明确。特别需要明确的是地方政府的举债应当属于重大事项。我国地方债务规模较大，亟待强化债务风险防控，地方政府举债应该成为预算法规制之重点。[②] 其次，建立健全涵

（接上页）案有一定的区别，预算修正权是指"改变预算草案的权力……拥有预算审批权的主体对进入审议程序的预算草案进行修改的权力"。无疑两种意义上之预算修正权均对完善我国预算法治具有重要的意义。具体可参见徐枫：《中国乡镇人大预算修公正案何以进行——来自浙江省温岭市新河镇的案例研究》，《四川行政学院学报》2014 年第 4 期，第 27 页；何雪波：《预算修正权界说》，《经济法学评论》2016 年第 2 期，第 169 页。

　　① 参见孙莹：《论人大重大事项决定权的双重属性》，《政治与法律》2019 年第 2 期，第 26 页。

　　② 参见楼继伟：《中国政府间财政关系再思考》，中国财政经济出版社 2013 年版，第 317 页。

盖议案提出、议案受理、调研论证、审议决定在内的具体程序。其中尤为重要的是人大转变观念，对重大事项决定权的启动从例行性决定到自主决定。^①当然纳税人的预算参与权需要落实在每一个环节，纳税人参与的具体程序与前文所述之遴选、辩论等并无不同。最后，需要将人大重大事项决定权与监督权结合起来，并将纳税人预算参与权贯穿其中。

其五是专题调研及专题询问中的纳税人参与程序。为了实现预算中专业性与民主性之平衡，在预算的执行过程中往往需要对某些问题进行专题调研和专题询问。该制度在 2012 年由浙江温岭首创^②，并通过 2015 年中央全面深化改革领导小组提出的《关于改进审计查出突出问题整改情况向全国人大常委会报告机制的意见》以及 2018 年中共中央办公厅印发的《关于人大预算审查监督重点向支出预算和政策拓展的指导意见》得以确立，但是并未对其具体程序以及其中的纳税人参与权进行详细规定。结合地方试验以及两份文件的精神，有必要建立符合纳税人参与权要求的专题调研及专题询问的程序：（1）需要明确专题调研、专题询问的范围。为了落实纳税人预算参与权，该范围既不能过窄亦不能过泛，应当界定为人大代表和纳税人普遍关注的问题以及审计查出的问题这两大类。（2）由相关部门组织专题调研会或者专题询问会，在会上通过带有辩论色彩的方式，针对参与者提出的问题进行公开讨论。（3）经过公开讨论之后将会形成调研意见或者询问意见，这些意见将对相关预算执行部门产生效力。对于不履行以及多次被审计查出问题而被询问的部门应当视其情况给予不同的政纪处分。

---

① 参见邹平学、刘海林：《论人大重大事项决定权的规范内涵及制度完善》，《四川师范大学学报（社会科学版）》2018 年第 1 期，第 63 页。

② 参见张学明、吴大器：《温岭探索——地方人大预算审查监督之路》，上海财经大学出版社 2016 年版，第 109 页。

四、预算绩效评价参与程序

公共事务的绩效评价一直是相关领域研究人员和实务人士所高度关注的核心问题之一。预算绩效评价是指在预算过程公开透明的前提下，以提高公共预算资金的使用效率和最终保证开支计划得以实现为目的，而对预算执行部门的具体行为进行的效果评测。预算在形式面相上为政府开支的具体项目，而在实质面相上则为纳税人授予政府未来一年的具体职权范围。国家治理现代化不仅仅关注治理的形式是否多元而科学，还高度关注治理的结果和效能是否满足一定的条件。因而，国家治理现代化视野下的纳税人预算参与权不但要体现在预算编制、预算审议和预算执行阶段，还必然涵盖预算绩效评价阶段。

（一）预算绩效评价参与程序之基本理论与现状

对于预算绩效评价的起源，学界尚存在争议，部分学者认为起源于 20 世纪初美国纽约市政研究局倡导以成本核算为重要特征的预算改革[①]，另有学者认为来源于 20 世纪 40 年代末美国胡佛委员会提出的"预算绩效"概念以及美国进行的绩效预算制度。[②]虽然基于不同考证标准，在具体的起源时间上存在争议，但是都认同预算绩效评价是预算制度的重要组成部分。而预算参与则是"与财政支出评价共同构成政府绩效预算改革的两条路径，成为促进政府行动合理性的重要制度安排"[③]。

政府预算的绩效评价以预算执行结果为预算绩效的度量，以预算

[①]　参见游祥斌:《绩效预算与绩效评估制度刍议》,《中国行政管理》2009 年第 8 期, 第 67 页。

[②]　参见蔡红英:《政府绩效评估与绩效预算》,《中南财经政法大学学报》2007 年第 2 期, 第 48 页。

[③]　王自亮、陈卫锋:《参与式预算与基层权力关系的重构——基于浙江省温岭市新河镇的个案研究》,《地方财政研究》2014 年第 4 期, 第 33 页。

执行的合规性、有效性、经济性、效率性以及公平性为评估指标，既含自律式评价，也有监督式评价。前者主要是预算执行单位或部门对其自身的整体绩效、工作人员的个体绩效进行考核，对自身的行政效率和责任进行反思，是一种内部性评价；后者重点强调公民对政府预算执行结果以及预算资金使用效率的满意度评价，关注预算绩效目标的实现。[①] 公众满意度是衡量公共预算绩效水平的基本依据。现代社会的预算属于公共预算当无争议，而基于宪法之人民主权思想，公共预算必然要求纳税人对预算运行全过程、全方位的参与，这亦是国家治理现代化之必然要求。[②] 由此可见，预算参与和绩效预算评价具有天然的关联性。即预算既要实现资源的战略性配置，又要提升有限资金的使用效率。因而，必须高度关注预算参与和绩效预算的有机整合，使公共资源的利用最大限度服务于社会公共利益目标的实现。进言之，绩效评价中要引入纳税人评价机制，促使政府将注意力从内部业绩考核转向纳税人的满意度，如此方能使政府在预算绩效评价乃至于整个预算过程中听取纳税人的相关意见及建议。在理念上，为了更为完整地体现预算的民主性，预算绩效评价应以客观公正的绩效评价体系代替传统的业绩考核[③]；在制度建设上，不仅要提高政府预算的完整性和透明度，还要建立政府预算绩效评价制度框架等[④]。在健全而有效的反馈和补救机制之下，通过预算绩效评价的纳税人参与，纳税人不仅可以对政府所提供的公共产品及服务进行评价，还可以通过预算执行情况详细地了解政府的职权行使以及具体的行政过程。在此基础上进一

---

① 参见朱立言、张强：《美国政府绩效评估的历史演变》，《湘潭大学学报（哲学社会科学版）》2005 年第 1 期，第 1 页。

② 参见刘有宝：《政府部门预算管理》，中国财政经济出版社 2006 年版，第 369—376 页。

③ 参见余小平、孔志峰：《在我国实行绩效预算的设想》，《财政研究》2004 年第 2 期，第 2 页。

④ 参见王志扬：《绩效预算有效实施的制度建设简析》，《财政研究》2011 年第 6 期，第 10 页。

步对不同部门以及同一部门内部不同项目的绩效进行对比和分析，从而实现监督预算资金使用的目的，最终有利于实现预算资金的有效使用并提高政府行政决策的水平。①

然而我国纳税人在预算绩效评价参与实践中的状况却与其理论上的地位呈现出高度的不匹配。一方面由于我国预算的刚性问题尚未完全解决，另一方面也源于预算绩效评价的专业性。目前我国实践中纳税人预算参与大多集中在预算运行的编制、审批、执行阶段，而较少直接涉足预算绩效评价阶段，或者仅委身于预算监督的过程中而偶有涉及绩效评价。

（二）预算绩效评价参与程序之具体设计

在现代社会，权利的实现需要一定的社会因素和制度条件，纳税人参与预算绩效评价也概莫能外，如参与者具备良好个人素质、政府提供积极配合等。这些条件在很大程度上体现为制度保障，并可以通过具体的制度设计予以进一步优化。其实预算绩效评价参与程序和前述众多程序以及保障机制在诸如参与者遴选、参与组织机构、参与流程、参与结果等具体程序上都具有高度一致性，此处根据国家治理现代化对于预算绩效评价参与之要求，撷取几个具有鲜明特色之制度予以具体说明。

其一是确立合理的预算绩效评价指标。绩效评价是一个针对既定目标是否达成的系统化检验过程，随之而来的问题便是既定目标往往是抽象且宏观的描述。那么既定目标具体包括哪些因素？如何识别已经达成既定目标？具体到预算领域中便是同一类开支甚至是同一科目之开支可以有多种选择，诸如同样是修建小学就存在修在何处、修成

---

①　参见蒋文龙、聂辛东：《论我国公共预算中公众参与程序的制度缺陷及其完善》，《湖南科技大学学报（社会科学版）》2014年第3期，第50—52页。

何等规模等诸多需要细议之问题。也许更为复杂的是已经完全确定的项目开支，其是否符合经济效率等方面的要求。由此可见，在预算评价阶段仅仅有"是否符合预算开支的目标"这一原则性的规定并不能够满足需要，还应当确立合理的评价指标体系。符合国家治理现代化内在诉求和满足我国"本土性""在地化"要求且融入纳税人预算参与的评价指标体系的确立，至少应该包括实质和形式两个方面。实质面侧重于满足预算评价的科学性诉求，并通过纳税人预算参与以实现科学性与民主性之平衡。在此指引下，以预算执行结果的合规性、经济性、效率性、有效性、公平性为评价指标。形式面重在满足纳税人参与的需要，以落实预算之民主性。预算评价指标体系的科学性在很大程度上体现为科学指标体系在预算领域的建立。但是由于预算代表着相应的职权范围和利益诉求，与其他法律制度相类似，科学的预算绩效评价指标还需要经过民主程序的认同才能成为具有法律效力的预算绩效评价指标体系。而纳税人的参与是这一民主程序机制的重要组成部分。

其二是确定可行的预算绩效评价模式。基于预算领域长期存在的行政主导以及预算绩效评价本身的专业性，在实践中预算绩效评价大多采取内部评价的方式，如由财政部门对预算开支项目进行绩效评价等。与我国预算法整体上需要走出权力单一主体控制模式相一致，预算绩效评价也需要引入纳税人参与以突破其内部性和封闭性。换言之，在预算绩效评价中引入纳税人评价机制，在传统预算科学性目标之上将纳税人的参与度以及结果的满意度作为绩效评价的重要指标甚至是目的，促进预算民主性与专业性之平衡，符合国家治理现代化的要求。

其三是建立纳税人预算绩效评价参与的保障机制。符合纳税人预算参与内在要求的预算绩效评价就是让纳税人对政府所提供公共产品及服务的质量进行评价，参与预算绩效评价是纳税人预算参与权的子权利。纳税人预算绩效评价参与的保障机制至少应当围绕以下三个方面进行具体设计。（1）纳税人预算绩效评价参与的反馈机制。与纳税人其他预算参与权一样，绩效评价参与权也同时具备内在价值和工具性价值两个维度，因而必然与编制听证、执行参与等一样建立相应的反馈机制。通过健全的反馈机制可以构建政府与纳税人畅通的交流环境，纳税人不仅可以了解行政过程，还可以通过对不同部门以及同一部门不同项目的绩效进行对比，倒逼预算编制的科学性，起到监督政府财政资金使用的目的。（2）纳税人预算绩效评价参与的救济机制。法理学基本理论表明有权利必然要求有救济，甚至救济本身也是一种权利。[①] 因而科学完整的纳税人预算绩效评价参与制度必然要求相应的救济机制，既包括纳税人无法参与到预算绩效评价中因而其参与权整体上受到损害时的救济，也涵盖纳税人在预算绩效评价参与过程中其具体的权利受到损害时的救济。（3）纳税人预算绩效评价参与的培训机制。预算本身是民主性与专业性的平衡，纳税人参与体现了其民主性的一面，但是其专业性亦造成预算绩效评估的参与障碍，不利于预算绩效评估参与制度的推进落实，无法实现其工具性价值并最终也会影响其内在价值的实现。因而结合地方试验，应当建立包括绩效评价在内的纳税人预算参与的培训机制以提升纳税人的参与能力。

五、预算问责参与程序

在纳税人预算参与权的具体配置中，权利的有效运行必然要求适格的主体履行相应义务予以保障。制度实践表明，作为第一性法定义务的主体并不是在所有时候都愿意及时充分地履行其义务。因而，基于法律的具体规定对义务主体的不履行行为进行问责，便在实践中成为权利实现的重要保障。预算问责是纳税人保障其合法权利、监督预

---

① 参见谭红、李川：《公民救济权的宪法思考》，《法律适用》2007 年第 12 期，第 35 页。

算活动、缓解社会矛盾的一种重要方式。基于推动国家治理现代化及系统建构纳税人预算参与权的需要，应当完善预算问责参与程序。

（一）纳税人预算问责参与程序之基本理论与现状

"法律责任作为法律运行的保障机制，是法治不可缺少的环节"[①]，有学者认为，责任体系是国家治理现代化体系的重要组成部分，责任体系的建设和完善是推动国家治理体系现代化的重要举措。[②]首先需要明确的是，虽然基于纳税人预算参与的义务配置，其必然也会在法律规定的特定情况下承担责任，但是预算问责的适用对象首要的应当是相关立法机关和行政机关，即预算问责的对象为预算权力主体。纳税人在预算问责阶段的参与权除了基于责任本身的功能和重要性外，不可忽视的是考量预算本身的特质。预算作为政府未来一年开支项目的总表，其包含了各项公共财政的支出详情。伴随着社会发展、法治进步以及人民权利意识的强化，作为公共财政来源者和支出受益者的纳税人愈发关心政府收支的绩效状况，特别是其中与民生改善和社会问题回应相关的内容。预算问责阶段的纳税人参与可以成为纳税人监督预算资金使用绩效的重要方式以及化解各种社会矛盾的有效途径。除此之外，预算参与本身体现为"一种'自下而上'的责任机制"[③]，因而在税收法治国度理当启动公共预算中的问责机制[④]。

我国在法律层面上并没有建立统一的预算问责制度。在缺少中央立法规范的背景下，在地方层面进行了诸多有益的探索，如宿迁市财

---

① 张文显：《马克思主义法理学——理论、方法和前沿》，高等教育出版社 2003 年版，第 375 页。

② 参见潘照新：《国家治理现代化中的政府责任：基本机构与保障机制》，《上海行政学院学报》2018 年第 3 期，第 30—31 页。

③ 林敏、余丽生：《参与式预算影响地方公共支出结构的实证研究》，《财贸经济》2011 年第 8 期，第 13 页。

④ 参见凌岚：《让公共预算中的政府问责制运转起来——对印度公民预算组织的考察》，《当代财经》2009 年第 3 期，第 41 页。

政局出台的《宿迁市财政局预算支出进度及预决算公开问责办法（试行）》以及广西壮族自治区党委和政府印发的《关于全面实施预算绩效管理的实施意见》等，浙江温岭还实行"人大将参与式预算工作纳入对各镇、街道的党建考核内容，通过强化考核，推动参与式预算不断深化的一种工作方式"[1]，并建立了详细的考核指标体系。但整体而言，局部性实施的地方经验难以作为更为广泛的纳税人参与的制度载体。目前，我国的预算问责制度具有较强的权力主导色彩，无论是从法律或制度上，抑或是实践中，纳税人参与的概率较低。即使在一些有纳税人参与试验的地方，囿于相关参与制度的局限，公民不能成为问责的发起人，依旧呈现出"考核主体以机关内部人员为主，忽视社会公众应有的地位和作用，而机关内部人员中，突出机关领导人员的作用"[2]的局面，作为问责发起人的地方政府及其职能部门可能出现回避与自身核心利益相关的问题，削弱问责的监督效力，加大公民参与预算问责的难度。

（二）纳税人预算问责参与程序之具体设计

一般认为，"预算公开—媒体问责—政府回应"是提升政府治理，打造"责任政府"的重要途径之一。[3] 但是"没有问责的跟进，即使公开也最多只能引起'茶杯里的风暴'……问责机制的完善，是预算约束得以实现的必要条件"[4]。基于此，应当建立健全预算问责参与程序。

---

[1] 参见张学明、吴大器：《温岭探索——地方人大预算审查监督之路》，上海财经大学出版社 2016 年版，第 84 页。

[2] 刘宏明：《完善我国公务员考核制度的思考》，《中国人力资源开发》2012 年第 5 期，第107 页。

[3] 张琦、吕敏康：《政府预算公开中媒体问责有效吗？》，《管理世界》2015 年第 6 期，第72 页。

[4] 杨海坤、皋华萍：《责任决定效果——预算问责的问题与完善》，《中国改革》2011 年第8 期，第 56 页。

纳税人预算问责参与程序可以围绕以下方面进行设计。

其一是纳税人预算问责参与程序之前提性制度。预算作为政治的子系统，本身是一个系统过程，无论是其问责制度建立还是其中参与制度的设计，都不可避免地需要一些前提性制度予以保障方可实现。"权力的让渡应当与问责约束相匹配，《预算法》的法权构造不应局限于行政主体内部预算权力的分割，还应在与纳税人、立法机关的外部监督约束中将预算权力分配关系向外扩展，强化义务责任的配置。"① 因而，可以考虑科学地组合包括政治责任、行政责任、经济赔偿责任等在内的各种责任形式，建立预算诉讼以及适应预算问责多元化要求的相应程序机制，完善举报制度、信访制度、人大预算监督问责制度，构造规范化、制度化的问责模式。

其二是纳税人预算问责参与的具体方式。现行《预算法》主要采取行政问责方式，问责主体、问责对象与问责程序都具有明显的行政主导性特点。② 从应然层面看，《预算法》中的问责规范不应当局限在"严格行政组织形态限定"的行政问责话语体系中。预算本身是民主化的产物，这就需要从拥有公共资源分配权力的政府外部建立制约机制，监督政府权力的行使。因而，《预算法》中的问责机制应当包含民主理念，而不能局限在系统内部的行政问责上。纳税人预算参与权及义务规范的引入使得在预算问责领域突破行政性问责框架更显必要。赋予纳税人预算参与权就意味着，改变之前纳税人仅仅作为预算活动的"边缘主体"地位，将纳税人置放于预算关系中的"核心地带"，进而对政府分配利用公共资源的预算行为产生影响。与此权利配置相适应，问责机制就不能仅仅满足于行政权力内部回应与追责，而必须为如何向纳税人解释说明及承担责任提供自外而内实施的路径。

---

① 　陈治：《减税、减负与预算法变革》，《中国法学》2019 年第 3 期，第 182—184 页。

② 　参见陈治：《预算问责的制度省思与矫正 —— 克服部门法思维局限》，载李昌麒、岳彩申主编：《经济法论坛》（第 17 卷），法律出版社 2016 年版，第 86 页。

　　为此，可以结合人大预算监督与问责机制的完善寻求纳税人参与的现实路径。预算法所确定的人大预算监督与问责机制包括听取审议报告，质询、询问，重大事项或特定问题调查，撤销有关预算决算的决议、决定或命令。为适应纳税人预算参与权的构建需要，应当重视询问、质询、调查、撤销等强度不同的人大预算监督与问责机制的各自功能，并有针对性地进行运用。

　　询问与质询主要表现为各方信息交换与意见沟通的过程。其强制性特征不明显。预算问责本身并不能简单等同于追究行为者的法律责任，而是可以看作由角色担当、说明回应和违法责任构成的三位一体的制度结构。①其中，"说明回应"与"询问""质询"的表现方式具有相通之处，通过完善人大预算询问、质询程序，实际上有助于落实预算问责中的说明回应要求。现行预算法所设置的责任规范集中于"角色担当"和"违法责任"层面，恰恰缺乏"说明回应"层面的具体规定。对于纳税人而言，"说明回应"的内容、方式甚至时机等都是纳税人关注的焦点，构成检视预算参与权保障水平的重要参照。基于此，对于某项预算信息不予公开或者不能按申请人要求的方式和内容公开，可以借助人大预算询问、质询程序，要求义务主体承担说明回应的责任。

　　重大事项或特定问题的调查增强了人大预算问责的职权色彩，但是由于预算法缺乏对纳入人大预算调查的重大事项或特定问题的范围进行明确界定，因而，实践中真正运用该规定进行问责的个案并不多见。在引入纳税人预算参与权的情况下，可将妨碍纳税人公平参与预算过程的行为纳入人大重大预算事项的调查范围，通过明晰人大预算调查边界，为预算参与权提供又一保障。

---

　　① 参见史际春、冯辉：《"问责制"研究——兼论问责制在中国经济法中的地位》，《政治与法律》2009年第1期，第6页。

撤销关于预算、决算的不适当决议、决定或命令涉及对预决算案的部分乃至于整体性否定，是效力最强的问责方式。从受预算决议影响的纳税人范围、利益受影响程度等因素考量，此种预算问责机制的强度应当与纳税人受影响的程度大致相当。可将之运用到非经正当程序而做出影响纳税人重大财产权益的预算决议的审查监督上。

其三是完善纳税人预算问责参与的政府应责机制。纳税人问责与政府应责本应是一体两面，如果仅有问责没有应责，那么问责机制也就形同虚设。政府应责机制的构建意味着当纳税人就特定预算事项依法启动问责程序后，政府相关职能部门应当进行回应，并将问责事项及应责结果向社会公开。构建政府应责机制应明确规定应责部门、应责形式、应责时限等内容，以规范政府应责程序，这既有利于保障纳税人预算参与权利的有效实现，同时也有利于在行政机关和纳税人之间构建互动反馈平台，避免争议问题被恶意夸大，造成不良的社会影响。在纳税人预算问责参与的具体程序设计中还有必要建立容缺受理的机制①，即如在增加议程、要求提交各种非必要方面的材料上，不应过分强调构建完美无缺的问责程序，以避免出现应责部门互相推卸责任妨碍预算问责正常推进的情况。

六、本章小结

纳税人预算参与权的行使表现为一个动态的过程，因而对其的规范化建构在很大程度上就体现为对过程本身的控制，而这个过程在法律上的表达就是程序。通过一系列程序运行机制促进纳税人预算参与权从文本变为现实，从应有人权、法定人权落实为实有人权。涉及预

① 参见韩业斌：《容缺受理制度的法理基础与完善路径》，《北方法学》2019年第1期，第88—100页。

算参与权运行程序的基本机制，包括预算编制听证程序、预算审议协商程序、预算执行参与程序、预算绩效评价参与程序、预算问责参与程序。预算参与运行程序机制要解决的核心问题是民主性与专业性的平衡。

第六章　国家治理现代化视野下的纳税人预算参与权保障机制

　　纳税人预算参与权构建有赖于系统化的制度建设。这既包括构建一个理性与公正的参与程序，保障各方预算主体都能合理嵌入预算运行过程，并在公共协商的框架下实现预算主体间利益的理性交换和达到博弈力量的适度平衡；亦包括最大限度克服权利主体面临的预算信息公开受限、预算参与渠道不畅、预算参与有效性低下、预算参与动力不足等各种障碍，保障社会参与主体公平、有效地参与预算运行过程。其中，预算公开是预算参与的前提，没有必要的预算信息，参与者的知识运用将会变得困难，这将极大地约束参与者的行动能力。[①] 并且纳税人申请预算信息公开本身也是纳税人积极参与预算事务、监督国家预算职责履行的重要形式。因而，完善预算公开，提升预算透明度应当成为预算参与权保障机制的首要组成部分。信息获得之后，参与者不一定能充分、准确地理解这些专业信息并做出符合社会公共利益要求的判断与选择，立法机关在培育纳税人参与意识、加深对专业领域知识理解、为纳税人提供稳定持续的参与通道方面具有重要作用。因而，除了完善预算公开机制，还需要完善人大预算审查监督保障机

---

　　① 王锡锌：《公众参与和行政过程——一个理念和制度分析的框架》，中国民主法制出版社2007年版，第43页。

制，强化立法机关在促进预算参与中的作用。最后，为应对纳税人预算参与动力不足及有效性缺失的问题，可以通过完善基层预算民主协商机制予以解决。

一、预算公开保障机制

（一）预算公开的理论蕴涵

现代预算被称为公共预算，意在限定预算目的、预算内容和预算监督的公共性[①]，即通过汲取社会财富、整合公共资源提供社会满意的公共产品和公共服务，相应地在内容安排上要求纳税人或者以组成代议制机关的形式间接参与或者直接参与到公共资源的分配利用决定中，并在运行过程中始终保证处于公共监督之下。因而，公共预算之公共性决定了纳税人参与和实施监督的必要性。而要真正理解预算并在参与预算过程中不同程度地影响预算权力主体的行动方向，就需要矫正因预算信息分布不对称给参与者带来的理解障碍，压缩为预算权力主体实施自利行为创造的寻租空间，从获取必要预算信息为开端，进而理解预算、接纳预算，最终达致完善预算、促进公共预算目标的实现。"只有保障预算公开，为预算监督主体及时提供准确和全面的财政信息，使公共预算主体间达到信息平衡，才能真正约束和制约财政机会主义行为"[②]，也才能保障纳税人预算知情权、参与权与监督权的实现，推动国家治理体系和治理能力现代化建设。这不仅已成为学界共识[③]，而且在有关预算公开的制度规范中，均开宗明义将预算公开视为纳税

---

① 参见黎江虹：《预算公开的实体法进路》，《法商研究》2015 年第 1 期，第 19 页。

② 蒋悟真：《预算公开法治化：实质、困境及其出路》，《中国法学》2013 年第 5 期，第 43 页。

③ 参见甘功仁：《预算公开的目标及其实现路径》，《法学杂志》2012 年第 12 期，第 55 页。

人实现预算权利的重要保障。①

1. 预算公开的解读

正是基于预算公开指向的是纳税人能够"影响"预算过程的参与以及监督行为②，因而，预算公开不能简单地理解为是静态或结果意义上的公开，还包括对预算编制、审批、执行、调整、决算的预算动态过程的公开。静态或结果意义上的公开是指将按照一定功能分类或经济分类标准编排成形并报经立法机关批准通过的预算文件进行公开，而动态或过程意义上的公开是指形成预算之前的商谈、论证、说服以及形成预算之后的实施、反馈、评估全过程公开，包括预算文本以及形成预算文本的政策考量与权衡因素的公开。纳税人能够知悉预算收支的来龙去脉，理解形成预算背后的公共政策选择，也就更能在预算执行过程中采取接纳遵从的态度，并自觉承担监督者的角色，形成预算公开、积极参与、理解遵从、自觉监督的预算权力主体与预算权利主体良性互动的治理格局。可见，预算公开应当实现结果公开与过程公开、静态公开与动态公开的结合。

动态或过程意义上的预算公开扩展了静态或结果意义上的预算公开对象范围，但没有改变是在预算权力主体主动公开的前提下进行操作的事实。这是否意味着预算公开仅仅限于预算权力主体的主动公开？实践中除了预算权力主体主动公开预算之外，还存在依纳税人申请公开预算的情形。预算公开可以分为主动公开与依申请公开两种情形。一是由负责编制、执行预算的各级政府、各部门、各单位主动启动公开程序，公开预算信息；二是由纳税人提出预算公开申请，启动

---

① 参见《财政部关于进一步推进财政预算信息公开的指导意见》（财预〔2008〕390号）、《财政部关于进一步做好预算信息公开工作的指导意见》（财预〔2010〕31号）、《财政部关于深入推进地方预决算公开工作的通知》（财预〔2014〕36号）。

② 参见刘剑文、侯卓：《论预算公开的制度性突破与实现路径》，《税务研究》2014年第11期，第4页。

公开程序，由相关政府行政部门决定是否公开以及公开的范围和方式。相对而言，申请人希望知悉的预算信息具有限定性与利益相关性，而主动公开的预算信息往往属于国家或地方整体性、概括性的财政收支信息，单靠主动公开无法完全满足纳税人对于特定财政收支信息的知悉需要。

无论是静态或动态、结果或过程意义上的预算公开，还是主动或依申请公开，都应当依法进行。在本质上，预算公开是一项法定行动，"体现出各种预算权力（利）主体之间的相互制衡与监督"①。对于预算权力主体主动公开而言，公开是其必须履行的法定义务，义务主体、公开的客体范围、公开面对的对象范围都应依法确定；依申请公开同样应当在满足法定的条件前提下，按法定程序进行。但是预算公开亦存在一定裁量空间。例如，预算公开的客体范围涵盖一般公共预算、国有资本经营预算、政府性基金预算、社会保险基金预算，即"四本预算"依法应当公开，然而，除一般公共预算之外的其他三本预算透明度均弱于前者，在公开的及时性、翔实程度、可理解水平以及互动反馈等方面不及前者。这表明法定的预算公开义务仅构成最低限度的规范化要求，但公开后的信息能否让社会公众理解、认同抑或质疑在很大程度上取决于具体公开部门或单位的裁量，表现在决定预算文件编制的细化程度、预算过程向社会的开放程度以及回应特定申请人诉求的程度。在这一意义上，预算公开既是一项具有拘束力的法定行动，亦是具有一定弹性的裁量行动。

2. 预算公开与相关概念的关联

（1）预算公开与财政透明度

预算公开常常与财政透明度概念交织在一起，两者具有一定重合性，研究透明度问题的核心就是信息公开问题。但是在严格意义上，

---

① 蒋悟真：《预算公开法治化：实质、困境及其出路》，《中国法学》2013 年第 5 期，第 43 页。

预算信息公开是财政透明度评价体系中的一个组成部分。依据国际上公认的衡量透明度高低的《财政透明度守则》，透明度判断包括政府责任确定性标准与财政预算活动信息披露的充分性标准。政府责任的确定性是从政府与市场以及各级政府之间的责任划分是否清晰的角度进行判断的，意味着财政仅限于承担公共产品供给的事务，而对于市场竞争性领域的活动交由市场自身解决，同时政府之间财力和事权的配置具有明晰的法律依据与彼此对应的关系，能够确保公共职能的正常履行。政府责任确定性标准是衡量财政透明度的基础标准和实质标准，因为财政透明度标示的是财政活动信息为社会公众所知悉的程度，而财政活动的信息就涉及财政是否履行其职责、财政有无缺位、越位或错位等政府责任是否确定的内容。只有当财政自身的职责得以明确并为公众所知悉，社会才能对财政活动的正当性、合理性进行评判进而形成有效的监督。在明确传递的信息内容的基础上，信息披露的充分性标准解决的是信息传递的数量、质量、有效性、可靠性等信息传递本身的问题，着重对信息传递的过程进行评价。因而财政透明度评价中的信息披露充分性标准其实与笼统的信息公开亦不是简单等同的概念，前者对预算公开信息的完整性、具体性、可理解性、时间性、可得性与真实性做出全方位的评价。由此可见，运用财政透明度评价标准理论有助于深化对预算公开内涵的认识，而促进预算公开是提升财政透明度的突破口，通过有效的预算公开机制确保财政透明度的实现。

（2）预算公开、财政透明度与预算参与

促进预算公开、提升财政透明度不是目的，它们都可以看作是服务于预算参与的重要保障机制。预算公开、财政透明度与预算参与三者之间存在密切的关联。

首先，预算公开构成预算参与的基本前提。纳税人参与预算的基本前提是知悉预算运行过程的相关信息。反之，如果无法获取信息或者获取信息的成本过于高昂，那么理性的个体行动者就会选择不积极参与预算，这又进一步加剧了预算的封闭性，导致其失去控制与监督。从理论上讲，政府的公共履职行为都可以通过财政预算信息得以体现，财政预算自然成为人民了解并监督政府行为的窗口。"如果缺乏一个有效的信息公开机制来确保财政透明度的实现，那么公众对政府活动的监督和控制无从谈起。"[1]

其次，预算公开既是预算参与的前提条件，同时由于预算参与的进行，事实上带动了预算透明度的提升。按照公共选择以及管制俘获理论的分析，预算权力主体往往基于自利化、可以免责或者为管制对象创造利益空间等因素而具有较强的隐蔽预算信息的动机，而在预算权利主体积极参与的情况下，可以降低信息壁垒，减少因稀缺性带来的人为设租空间。这一方面促使预算权力主体采取更加全面、更加细化的公开化行动，推动预算公开从形式上笼统的信息披露向注重信息的完整性、具体性、可理解性、时间性、可得性与真实性的公开质量转变；另一方面有助于形成"公开—参与—进一步公开—进一步参与"的良性循环和合理预期，为激发预算权利主体更主动参与预算，例如启动依申请公开程序提供动力。因而，预算公开、预算透明度与预算参与又形成双向互动、有机衔接的关系。

再次，预算公开、预算透明度与预算参与都可以置于国家治理语境下考量，"在现代民主社会里，信息在政府有效治理过程中发挥着重要作用"，"公开是公共治道的必备要素"。[2]实施预算公开、提升透明度与促进预算参与本质上都可归于预算民主的理论范畴之下，成为"提高政府公信力、重塑公众政治生活、巩固党和政府的合法性基础的

---

① 刘洲：《参与式预算法治化研究》，科学出版社 2015 年版，第 84 页。

② 斯蒂格利茨：《自由、知情权和公共话语——透明化在公共生活中的作用》，宋华琳译，《环球法律评论》2002 年第 3 期，第 266 页。

重要手段"^①，进而推动现代国家治理的完善。

（二）预算公开保障机制的现状及其存在的问题

预算公开的直接法律依据在《预算法》中有较为集中的体现：确立公开透明预算的基本宗旨，形成涵盖预算公开主体、对象、时间节点、重点说明事项等内容的基本制度框架，规定预算公开法律责任等方面。国务院颁布的《关于深化预算管理制度改革的决定》对"积极推进预决算公开"做了细化规定，财政部出台的《关于进一步做好预算信息公开工作的指导意见》（财预〔2010〕31号）、《关于深入推进地方预决算公开工作的通知》（财预〔2014〕36号）等构成专门规范财政信息公开的规范性文件。此外，在国家近年来推行的触及人大预算审查监督与政府预算绩效管理等重大核心领域的预算制度改革中，亦频繁出现预算公开的内容，显示出对预算公开法律规制的高度重视。再者，有两部财税法领域之外的法律规范对于预算公开实践发挥着重要作用，一是《政府信息公开条例》，构成预算公开法律依据的重要补充，为纳税人申请预算信息公开提供支撑；另一项《保密法》，是从反面规定预算公开的例外事项，但也面临如何更好界定预算公开信息与国家保密信息之间的界限问题。

表5   预算公开保障机制的相关内容

相关制度	核心主旨	规范依据
预算公开的基本宗旨	全面规范、公开透明，除涉及国家秘密之外依法规定的公开事项应当公开。	《预算法》
预算公开的制度框架	围绕预算公开的义务主体、预算公开的对象范围、预算公开的时间节点、预算公开的重点事项形成系统化的制度框架。	《预算法》

---

① 甘功仁：《预算公开的目标及其实现路径》，《法学杂志》2012年第12期，第56页。

相关制度	核心主旨	规范依据
预算公开的法律责任	对于未依法就有关预算事项进行公开和说明的行为追究责任。	《预算法》
预算公开的细化要求	对预算公开主体要素、预算公开内容要素、预算公开方式要素、预算公开时间要素进行细化。	《国务院关于深化预算管理制度改革的决定》（国发〔2014〕45号）、《国务院关于进一步深化预算管理制度改革的意见》（国发〔2021〕5号）、《预算法实施条例》、《财政部关于印发财政预决算领域基层政务公开标准指引的通知》（财办发〔2019〕77号）、《财政部关于印发〈地方预决算公开操作规程〉的通知》（财预〔2016〕143号）、《财政部关于深入推进地方预决算公开工作的通知》（财预〔2014〕36号）
	推进绩效信息公开透明，将重要绩效目标、绩效评价结果与预算决算草案同步报送同级人大，同步向社会主动公开，搭建社会公众参与绩效管理的途径和平台，自觉接受人大和社会各界监督。	《中共中央 国务院关于全面实施预算绩效管理的意见》、《国务院关于进一步深化预算管理制度改革的意见》（国发〔2021〕5号）
	人大预算审查监督过程中应加强与政府财政等部门的沟通，使预算草案更好地回应人大代表和社会各界的意见建议，及时向社会公开对支出预算和政策的有关审查监督情况。	《关于人大预算审查监督重点向支出预算和政策拓展的指导意见》
预算公开的重要补充	预算公开划分为主动公开与依申请公开两种基本方式。	《政府信息公开条例》
预算公开的除外规定	涉及国家安全和利益的事项泄露后可能损害国家安全利益的应当确定为国家秘密。	《保密法》

整体观之，我国的预算公开是依照《预算法》及其他相关规范实施的一项法定行动，已经形成具有操作性的基本制度框架，实践中预算公开的推行也起到了提升财政透明度和促进预算参与的作用。但不容回避的是，仍然存在以下问题：

（1）预算公开对象与除外事项的边界不明晰。依据《预算法》的规定，依法应予公开的是特定范围的财政预算信息，即经人大批准通过的预算决算及其执行情况报告等，这似乎意味着除此之外的其他财政预算信息均属不公开之列。然而，《预算法》同时又规定了一个除外事项，"涉及国家秘密的除外"，而关于国家秘密的界定并不取决于《预算法》。依据《保守国家秘密法》，国家秘密是指涉及国家安全和利益，泄露后可能损害国家在政治、经济、国防、外交等领域的安全和利益的七类事项，其中与财政预算有所关联的是第四项"国民经济和社会发展中的秘密事项"，但并未直接回应财政预算信息中究竟哪些内容属于国家秘密范畴，从而豁免公开的义务性规定；同样模糊的是《保守国家秘密法实施条例》中"机关、单位不得将依法应当公开的事项确定为国家秘密，不得将涉及国家秘密的信息公开"的规定，对于究竟如何认定国家秘密并未做出细化。因而，两部直接关乎国家秘密保护的立法都未对财政预算信息公开的除外规定做出明确指引，这实际上将《预算法》中"涉及国家秘密的除外"条款置于一种几乎"闲置"但又潜藏巨大裁量权力的状态，一旦超越了法定主动公开的范围，则都有可能被这一除外条款所涵盖而免于承担公开义务。更严重的是，一些在实践中长期发挥作用且迄今并未明确失效的立法，如《保守国家机密暂行条例》《经济工作中国家秘密及其密级具体范围的规定》等规定了国家预算、决算及各种财务机密事项属于国家机密，应当保密，这些规定尽管伴随着近年来预算公开法治的持续推进而逐渐淡出人们的视野，但对于实践中判断预算公开与保密事项的界限，尤其是涉及并未纳入依法主动公开范畴的事项是否应当保密、有限公开的范围以及密级层次的确定等，仍然有潜在的影响。实践中当纳税人启动依申请公开时，究竟如何回应申请诉求而公开相关事项就涉及两者关系的处理问题。由于预算公开的除外条款缺乏具体明确的适用标准，即便其他关于预算公开的立法非常翔实，其实施效果也将大受影响。

　　（2）预算公开方式的非均衡发展。财税法领域中的预算公开主要是指预算权力主体的依法主动公开。尽管立法明确此种主动公开不仅是面向立法机关的公开，也是向不特定多数的纳税人公开，即面向二元主体框架，但是由于法律条文中的"向社会公开"只是一种笼统的指向，受众带有极大的不确定性，并且反馈回应机制欠缺，导致大量预算公开只是一种单向度的信息传递，纳税人处于虚位状态，很难在实质意义上实现对预算权力的监督与控制。因而，需要更真实地建构"纳税人监督＋立法机关制衡"的双重机制。[1] 对此的突破，除了对主动公开本身进行机制完善，增强程序过程的交互性，还应当弥补依申请公开的立法不足。

与主动公开受众的宽泛性、模糊性相比，依申请公开的相对方是非常明确的申请人。此种依靠特定主体启动的预算公开程序体现出更强的参与性，因而，作为预算参与权保障机制的预算公开更应当重视依申请公开的重要意义。事实上，正是这些看似分散、个别化的自发行动，彰显了来自社会普通民众的预算民主意识，对于推动实践中的预算规范化、透明化改革发挥了积沙成塔的作用。典型范例就是 2009 年广州市民申请预算公开的一次"破冰"行动，揭开了政府预算神秘的面纱；上海科研机构向各地发出预算公开申请，进而整合相关反馈进行实证研究，推出省级财政透明度年度调查报告，持续性的申请预算公开行动使各个地方政府从被动关注自己的透明度排名到现在主动实施预算公开，从把预算信息定性为"国家机密"拒绝调查组申请公开，到现在作为政府履行法定职责的行动。申请预算公开行动促进了预算改革进程，成为推动国家预算公开制度变迁的直接动力。财政部制定的关于规范预算信息公开工作的指导意见明确提出，预算信息公开对于保障公民的知情权、参与权和监督权具有重要意义。在此基础

---

　　① 刘剑文：《由管到治：新〈预算法〉的理念跃迁与制度革新》，《法商研究》2015 年第 1 期，第 7 页。

上，该指导意见不仅重申预算信息主动公开的行为规范[①]，而且专门就依申请公开的受理机制、处理程序做出规定。申请行动与政府部门的反馈、回应乃至整体性的矫正、完善，两方面的良性互动既带来了个案中财政透明度提升的治理效应，亦扩展了预算法治的改革空间。

然而，现有立法在依申请公开上存在明显不足：一是《预算法》缺乏依申请公开的直接规定。预算公开的质量基本取决于预算权力主体依法履行主动公开义务的程度，这在一定程度上削弱了预算公开的实际效果，也从根本上制约了财政部以及地方有关预算公开的规范性文件的调整范围，因为上位法规定的缺失，使得下位法更多是在既有的上位法框架内进行细化而非拓展。二是《政府信息公开条例》修订的有限价值。《政府信息公开条例》对依申请公开提供了行动支撑，2019 年立法修改后删去了"特殊需要"规则更是为依申请公开扫清了一个主要障碍。但是该立法毕竟是普遍适用于所有政府信息的公开规制立法，财政预算信息既有政府信息的共通性特征，亦有自身的特殊性，相比于其他政府信息具有更明显的分布广泛性、内容基础性以及与政府行政履职过程的紧密相关性，因而，财政预算信息事实上是普遍存在并且高度流动性的；同时财政预算与国家秘密一直存在边界模糊的情况，需要对如何甄别预算公开的除外事项做出针对性制度安排，这些因素都决定了政府信息公开方面的一般行政性立法无法完全适应预算公开的规制需要。而在更深层次上，有待进一步探究的是财政预算信息是否就只是简单定性为政府信息？《政府信息公开条例》界定的"政府信息"，是指"行政机关在履行行政管理职能过程中制作或者获取的，以一定形式记录、保存的信息"。而预算运行过程显然不仅仅涉及行政机关，还有立法机关，政府与人大作为两大预算权力主

---

① 2008 年财政部曾下发《关于进一步推进财政预算信息公开的指导意见》(财预〔2008〕390 号)，其规定的预算公开方式仅是主动公开。

体，各自产生亦彼此分享所获取的财政预算信息。这表明财政预算信息已经溢出单纯的政府信息范畴，更进一步，预算公开规制的对象除了行政机关之外还应当囊括立法机关的公开行动，两者共同担负对外公开预算的义务与职责。而事实上，在财政部制定的财政预算信息公开的规范性文件中，预算公开更多表现为行政机关向立法机关的公开，财政预算信息的流动仍然是在预算权力主体范围之内进行的，这也是学者指出要建立真正意义上的"纳税人监督＋立法机关制衡"的双重机制的原因所在。基于此，不能停留在政府信息公开规制的一般行政立法层面看待预算公开，还必须跳出行政立法窠臼，从更宽泛的预算权力与预算权利的法律关系框架中重构预算公开制度。三是财政部颁布的财政预算信息公开的指导意见具有较强的依附性。即基本上是对《预算法》以及《政府信息公开条例》相关内容的细化，这是其作为下位法必然存在的局限性，然而，即便是这样的体系框架中，《政府信息公开条例》的修订并未触发财政预算信息公开法治的同步调整，致使预算公开尤其是在依申请公开方面始终存在先天规制不足的局限。

（3）预算公开法律关系的内容缺陷。预算公开的制度构造在本质上应当是法律主体之间的权力（利）义务关系构造，一定主体享有知悉财政预算信息以及请求公开财政预算信息的权利，并由相关主体承担预算公开义务。在现有制度框架下，承担公开义务的主体及义务内容是比较明确的，即各级政府、各部门和各单位，也就是负责形成预算信息的行政机关及预算单位依法负有公开预算的义务，但是与该义务对应的权利处于缺位或受限的状态。

①在主动公开情形中，立法对于承担主动公开义务的主体、公开的对象、公开的具体方式等制度要素均做出明确规定。这种公开义务是依法产生，而并不是基于某种权利请求，换言之，即便缺乏权利配置，相关主体依然要承担法定义务，这是否意味着权利配置并无必要？前文述及公法权利兼具主观权利与客观价值秩序的双重属性，由

此看出，公法权利配置的意义并不局限于产生特定请求权内容的主观权利，还在于甚至主要在于指引权力主体行动方向、塑造客观价值秩序。在预算公开法律关系框架中，预算权力主体的主动公开义务并不是直接源自特定主体的公开请求，但从公法权利引导建立客观价值秩序的功能角度分析，预算权力主体的公开行动未尝不是回应预算权利规范价值引导的结果。在前述归纳的部分预算公开规范性文件中，明确将保障预算知悉权、参与权、监督权等预算权利作为建构一系列预算公开义务的出发点，而且近年来预算公开法治改革还不断从宏观整体层面的制度规划向诸多细分领域（例如预算绩效管理、政府债务管理、政府与社会资本合作等）延伸，形成适应相关领域透明度发展需要的预算公开规制体系，恰恰反映的是在预算权利价值引导下预算公开改革向纵深领域推进的过程。预算权利是由预算知悉权、预算参与权和预算监督权等细分权利构成的权利束，预算参与权与预算监督权的配置都有助于促进预算公开，但预算参与权与监督权行使的基本前提是知悉财政预算相关信息，因而，引导预算主动公开义务的价值规范应当首先定位于预算知悉权。换言之，在主动公开情形中，尽管预算权力主体依法负有公开预算的义务，纳税人不必提出公开的特定请求，但基于预算知悉权的规范化建构，可以形成引导预算权力主体不断推进预算主动公开广度和深度改革的价值秩序。以预算知悉权规范化建构为切入点，弥补预算主动公开情形中权利缺位状态，形成以价值引导为主要内容的预算主动公开义务与预算权利的对应关系。

　　②在依申请公开情形中，法律关系主体相对更为明确，申请人以及接受申请的行政机关都具有特定化身份，主体间的权利义务内容容易确定。依据《政府信息公开条例》规定，公民、法人或者其他组织可以向地方各级人民政府、对外以自己名义履行行政管理职能的县级以上人民政府部门申请获取相关政府信息，但局限性在于该权利内容受到较大限制：

一是来自财政预算领域的"特殊需要"规则的限制。2019 年《政府信息公开条例》的修订删去了广受诟病的"特殊需要"规则，即不再前置性地要求申请者证明申请请求乃基于本人生产、生活或科研等特殊需要。实践中申请人提出某项公开请求可能与本人生产生活并无直接利益关系，亦并非从事科研工作的需要，而是可能基于关注某项财政资金使用的合法性合理性等公益性问题而启动程序。"特殊需要"规则无疑增加了申请人的程序成本，使得一些不具有直接利益关系的公开申请在尚未实质性地进入审查程序之前就被拒之门外。因而，删去这一不合理程序规定有助于保障预算权利的实现。然而财政预算领域的专项立法并未做出相应调适，依然保留了"对申请人申请公开与本人生产、生活、科研等特殊需要无关的预算信息，可以不予提供"的规定①，申请人仍然可能面临因无法举证证明存在直接利益关系的特殊需要而被拒绝公开的风险，当然亦不排除按照从新原则适用《政府信息公开条例》的规定，从而免除该项不合理的程序负担。如何进行法律适用，还存在不确定性。

二是来自依申请公开程序安排的限制。在突破特殊需要规则障碍进入依申请公开程序之后，申请人只是启动了程序，能否真正进入实质性审查环节还取决于被申请人的选择是否准确和具体，申请人希望公开的信息是否属于被申请人负责制作或获取的范畴，信息本身是否足够清晰确定以便被申请人做出判断和公开决定，以及其他申请形式和内容方面的具体要求。这一专业性极强的程序安排对于并不熟悉了解的社会公众而言构成潜在的参与障碍。程序有一定的形式化要件和参与条件设置是必要的，这是保障程序公平亦是兼顾程序效率的要求。但是程序制度有别于单纯的形式化要求，程序制度的关键在于凸显其过程性和交涉性。通过对交涉过程的制度化，促进议论和决定过程的

① 参见《财政部关于进一步做好预算信息公开工作的指导意见》（财预〔2010〕31 号）。

反思性整合，既克服形式法的功能滞后，也可以防止实质法过度开放的弊端。[①] 在现有的依申请公开的程序安排中，增加了告知、反馈、解释、说明理由的交互性程序内容，但如何在财政预算领域的程序机制中加以体现还需要进一步考量。另外，除了以上措施之外，如何增强依申请预算公开程序的交互性，对于《政府信息公开条例》中新设的依申请公开转化为主动公开的程序机制如何体现申请人的参与等也有进一步回应的必要。[②]

（三）预算公开保障机制的完善

在域外经验上，比较若干典型国家预算公开法律体系的建构路径，发现其共性是：预算公开法律体系整体比较完备，形成了包括宪法、财政基本法、预算法以及信息公开法等在内的完整规制体系。其中在宪法或财政基本法中隐含或者直接规定预算公开的相关条款，在预算法中确定预算公开、预算透明的基本原则，在信息公开法中规定适用于预算公开的操作程序。在机制完善的具体内容上，可以从预算公开保障机制的实体与程序方面考量。

"过于强调预算公开的程序特质，而忽略了预算公开的实体特质"[③]，是既往的预算公开法治建构中容易出现的问题。这里指摘的"程序特质"不是指向前文提到的具有过程性和交涉性的理想化程序机制，而是仅仅注重形式化构造的实然状态中的信息公开规制立法。预算公开保障机制应当实体和程序建构并重。实体建构是指建立预算公开规制的基本原则，完备预算公开制度要素，以及构建预算知悉权规范，

---

① 季卫东：《法治秩序的建构》，中国政法大学出版社 1999 年版，第 19—20 页。

② 参见《政府信息公开条例》第四十四条第二款规定。该条规定创设了依申请公开转化为主动公开的制度可能，有利于回应具有普遍性、广泛性的利益关切，同时也有利于降低主体双方的程序成本。但是如果行政机关经审核认为该申请公开信息不具备转化为主动公开的条件，是否赋予申请人获得听证的权利，有待进一步研究。

③ 黎江虹：《预算公开的实体法进路》，《法商研究》2015 年第 1 期，第 20 页。

指引具体预算公开程序制定；程序建构是指建立预算公开过程中参与者的交互机制，促进相关主体之间的信息流动与沟通反馈。

确立预算公开规制的基本原则。预算公开已经作为一种理念体现在预算法立法及其实施过程中，但对于预算公开立法、执法、司法活动本身应当遵循怎样的原则却没有明确规定，预算公开背后应当还存在一种"元规则"指引其法治运行各个环节的活动。一是以公开为常态、不公开为例外原则。在预算公开规制过程中，不可避免需要确定预算公开与国家秘密的边界、评估审查是否属于不公开预算信息的范围、判断个案中未列入主动公开范围但亦不属于法定保密事项的信息属性，而指引这些行动的基本原则是"以公开为常态、不公开为例外"。作为例外的不公开事项应当以立法予以明示，除少数关系国家安全、国防、外交等需要保密的预算信息以外，应当依法及时向社会公开，为纳税人参与预算提供基础和前提。二是法定性原则，无论是主动公开还是依申请公开都应当遵循法定的公开标准和程序要求，这就要求预算公开立法应当确保内容尽可能详尽周延，同时亦有必要预留制度调整的弹性空间，以便为决定预算公开或采取保密措施提供具有前瞻性的行动指引。三是公平性原则，主要适用于依申请预算公开过程中处理不同申请人的请求事项，应当保持客观中立。就相同政府信息向同一行政机关请求预算公开时应当避免采取歧视性对待，如该信息属于可公开信息，行政机关可以纳入主动公开的范围。四是便利性原则，应当根据不同的预算公开方式采取与之相适应的便捷、扶持或帮助措施，保障纳税人的预算知悉权实现。例如，主动公开预算方式应当注重信息公开途径的易得性，保障纳税人及时获取信息；依申请公开预算方式应当注重对申请方提出公开请求的及时受理与回复，促进申请公开请求得到及时反馈。

完备预算公开制度要素。完整的预算公开制度要素应当包括预算公开方式要素、公开主体要素、公开范围要素、公开对象要素等。预算公开方式首先是指主动公开与依申请公开两种基本类型，在此基础上进一步确定相关类型预算公开的具体实施方式，如听证、咨询等。而《预算法》仅规定了主动公开，并且缺乏对预算公开具体实施方式的规定。由于依申请预算公开以及具体实施方式的缺位，实践中处理预算公开申请请求时只能依据《政府信息公开条例》及财政部出台的相关规范，同时还不得不面临两者适用上的冲突。财政预算信息虽依法被纳入主动公开范畴，但更多涉及宏观性、整体性（如全国、地区或部门预算）信息，对于纳税人希望知悉的与自身利益关联更为紧密的微观性、特定化信息需求无法完全从主动公开行动中获得满足，再加上主动公开本身存在的仍然不够细化、反映财政资金使用具体用途及效果的信息不足等弊端，如果依申请预算公开无法有效发挥补充性作用，则显然不利于纳税人预算知悉权、参与权的实现。因而，《预算法》有必要明确增设依申请预算公开的基本类型，确定依申请公开的预算法规制标准，而不是简单依附于行政立法的调整。除了延续《政府信息公开条例》中免去特殊需要规则的规制模式之外，考虑到财政预算的专业性，申请人对于被申请人的选择及其职责范围的判断往往处于模糊状态，因而有必要倾斜性地设置一定便利性的程序规则，强化程序的交互性、反馈性。在确定预算公开基本类型基础上，预算公开主体要素可以对应不同类型进行设置，再进一步结合预算公开范围要素细化预算公开实施方式。预算公开范围覆盖编制、审批、执行、调整到决算等整个过程。基于此，预算公开具体实施方式可以针对不同运行环节设置，如在编制启动之前，通过各种公开渠道发布相关消息；在编制、执行过程中通过听证会等形式及时公布相关信息，接受公众质询；邀请公民旁听相关会议；等等。当然，涉及预算公开范围要素的更为根本的问题是确定预算公开的除外条款，这也是预算公开规制的核心内容。只要不属于该除外条款规定事项的财政预算信息都应当属于公开范围。《保守国家秘密法》以及《政府信息公开条例》等其他相关立法对于国家秘密的一般性内涵和外延的界定缺乏充分解释力，亦没有对"究竟哪些预算信息需要保密做进一步详细说明"，而是采取宽泛定密模式，这也是导致实践中财政预算信息往往被列入国家秘密的重要原因。[1]《预算法》可以就财政预算领域的不宜公开的信息进行确定化的列举，同时建立针对财政预算信息定密程序的专门机制，将实践中宽泛的定密自由裁量权纳入法律规制范围，从而给予无论是主动公开还是依申请公开的立法与实践更大的正向指引。

构建纳税人预算知悉权规范。权利的缺位是预算公开规制存在的一大弊端。而权利规范的建立不仅仅是约束特定主体的法律义务的履行，也旨在引导预算公开规制本身的不断完善。预算知悉权是实现预算参与权的保障性权利类型，无论是在法律主体相对确定化的依申请公开关系框架中，还是在公开义务主体单向度披露信息的主动公开关系框架中，预算知悉权都具有适用可能性，可以较好地兼容不同公开方式规制所要求的权力与权利平衡。构建预算知悉权规范与完善预算公开规制的制度要素具有同步性，两者相辅相成：预算知悉权的主体亦即预算公开规制中的对象要素，宜限定为普通纳税人。普通大众和人大代表是预算信息公开规制体系存在的两类主体，其在获取预算信息的能力及相关权利配置上存在明显的差异。人大代表基于人大自身的预算权力配置体系以及保障权利实现的其他制度安排，在实践中享有优越于普遍公众的知悉权，例如可以在预算草案审议阶段了解预算文本的内容，并且可以依法对行政机关及其所属部门提出质询要求其做出答复，人大代表的知悉权实际上是立法机关预算权力的自然延伸，没有做出特别规定的必要。而普通公众在现有的制度格局下或者作为主动公开的虚位对象，或者作为依申请公开的须承担不合理程序负担的相对人，其信息弱势地位较为明显，因而有必要做出倾斜性的制度

---

[1]　李建人：《公众预算知情权及其约束制度》，《法学》2015 年第 9 期，第 85 页。

安排。预算知悉权的客体与预算公开规制中的范围要素一致，但基于权利规范的价值指引功能，预算知悉权的客体范围可以做原则性规定，预留未来制度变迁的可能空间。当然，预算知悉权规范的实现程度受制于预算公开实施方式的选择等相关程序机制的制约，但是其自身作为价值规范起到从根本上指引程序机制完善的作用。

细化预算公开程序中的交互机制设计。典型的是预算听证程序。听证是传统的行政法程序制度，其核心是"鼓励通过多方参与者的表达、交涉、协商，吸纳各方意见，体现决策过程的民主性并为公共决策提供正当化的资源"①。在其作为兴起源头的行政法领域，听证主要作用于行政决策过程中，通过各方参与者利益的协调与平衡，达成价值共识，做出决策判断。预算听证是移植了行政法上的听证概念，并且在早期的学术研究中也强调了预算决策过程中的预算编制听证，"将听证设置在预算的最初环节是最有效的选择"，而且一旦在编制过程中吸纳了公众参与，在其后的预算运行环节则可不再设置，以免造成预算过程的拖延。② 不过，预算听证的实践改革与学理探讨都未局限在预算编制环节，预算听证组织者也并非仅由行政机关承担，而是呈现多元化的发展取向：

一是预算追加听证。预算追加适用于预算执行过程中需要增加的尚未触发预算调整程序的预算支出，该类支出由于并未发生导致本级预算总支出增加等法定重大资金变动情形，则无须报经同级人大常委会进行批准，而完成行政内部的审批程序即可，但由此亦造成行政自由裁量权过大的弊端，弱化了预算的法定约束力。因而实践中一些地方省市行政机关引入预算听证制度，增强对预算执行中资金变动的监督。具体又表现为两种情况：一种情况是制定专门的预算听证程序规

① 王锡锌：《公共决策中的大众、专家与政府》，《中外法学》2006 年第 4 期，第 463 页。
② 王霞：《论预算听证——兼谈预算法的修改》，《前沿》2007 年第 3 期，第 113 页。

范，将其适用范围设定在预算执行过程中的追加环节；另一种情况是制定适用于普遍性的行政决策听证的规范，如《重庆市行政决策听证暂行办法》，其中明确规定财政预算追加应当组织听证。依照上述地方立法相关规定，预算追加听证由地方财政部门组织实施预算听证。

二是预算初审听证。预算初审是针对已经编制但尚未正式提请人大审批的草案进行的初步审查，在这一环节，由立法机关组织预算听证。"从人大拥有的预算审批权出发，预算听证更符合人大机关开展工作监督的向度"，"更能体现预算民主的本质"。[①] 如上海闵行人大在全国范围内较早针对多个公共服务和社会民生密切相关的重大支出项目开展初审听证。近年来，人大组织预算初审成为实践中人大实现其预算监督权的重要形式，也成为普通公众参与预算、增强财政透明度的有效途径。更重要的是，对制度规范的作用更加重视，有多个省级人大颁布预算审查监督条例，将预算初审听证纳入法治化轨道。如《河北省预算审查监督条例》规定"预算草案的初步审查工作应当邀请部分本级人民代表大会代表及社会各界有关人士参加，采取座谈会、论证会、听证会等多种形式听取人民代表大会代表和社会各界的意见和建议"；《广东省预算审批监督条例》亦做出类似规定，要求人代会专门委员会进行初步审查过程中，根据需要听取专家学者、利益相关方代表、预算工作基层联系点等的意见建议；本级人民政府财政部门及其他有关部门负责人应当到会说明情况、回答询问。

三是项目预算听证。以特定项目资金的立项、使用为中心，在项目预算编制、运行到绩效评估、问责的整个过程由行政机关或财政部门组织实施听证。如佛山市南海区探索的项目预算听证改革，通过在项目预算运作全过程搭建职能部门与普通公众之间的沟通桥梁，提高了项目预算编制质量，同时有力保障了实施效果。基于实践中呈现出

[①]　张峰、周行君：《预算听证制度完善的闵行实践》，《上海人大》2014 年第 6 期，第 38 页。

的实施主体、实施环节多元化的特点，预算听证程序亦有必要进行针对性调整，确立预算听证实施主体、参与主体以及具体实施环节，适应实践发展需要。

二、人大预算审查监督保障机制

（一）人大预算审查监督权与预算参与权的理论关联

纳税人预算参与权是外在于现有的预算权力配置体系而新构设的预算权利，是对预算关系调整而确认的增量利益，然而预算参与权与内部预算权力尤其是人大预算审查监督权力的关系十分紧密。

首先，在本质上，预算参与权与人大预算审查监督权力都是"人民主体地位的一种预算表达"。在我国的政治民主生态条件下，人民主体性的充分表达必须充分保证人民依法实行民主选举、民主决策、民主管理、民主监督。[1]这不仅是我国政治民主法治实践一直奉行的基本原则，而且在近年来推进国家治理现代化的顶层设计中得到再次强调。[2]财政预算是国家治理的基础与根本支柱，人民主体地位必然反映在财政预算领域并通过规范化的权力（利）表达方式以及稳定有效的实施机制得到彰显。规范意义上的预算权力（利）形态既表现为以人民代表大会制度为基础、以审查监督预算行为为内容的代表性预算权力，亦表现为人民直接享有的预算参与权利。[3]一方面，代表性预算权力规范是我国以人民代表大会制度作为根本政治制度的必然产物。人民预算主体地位的落实就体现在人民代表大会及其常务委员会依照

---

① 朱大旗：《现代预算权体系中的人民主体地位》，《现代法学》2015 年第 3 期，第 15 页。

② 参见《中共中央关于坚持和完善中国特色社会主义制度 推进国家治理体系和治理能力现代化若干重大问题的决定》。

③ 参见朱大旗：《现代预算权体系中的人民主体地位》，《现代法学》2015 年第 3 期，第 15 页。

《宪法》《地方各级人民代表大会和地方各级人民政府组织法》《预算法》《各级人民代表大会常务委员会监督法》等法律法规的规定，享有审查批准政府预决算和预算调整方案，监督预算执行的基本权力上。通过人民代表大会预算审查监督权力的行使，保障人民对财政预算资金使用的决定、管理以及监督，彰显人民的主体性地位。另一方面，预算参与权利规范是回应我国多元化的民主实践发展与社会参与诉求的产物。除了依托代表性预算权力行使之外，实践中丰富多元的预算民主践行方式激发了一种社会化的参与利益诉求，为人民预算主体地位的表达提供了另一种可能。

其次，预算参与权与人大预算审查监督权在实践运行中呈现相互交融的状态。就特定纳税人个体而言，当其以人大代表的政治性身份介入预算编制、审批、执行、监督过程中时，行使的是源自立法机关所享有的预算审查监督的派生性权力；而当其以普通纳税人的身份启动预算公开申请程序或参与预算权力主体组织的听证、咨询、论证等程序时，行使的则是作为社会主体的预算参与权，两者交叠在具有不同身份的同一主体上，从而在客观上造成与普通纳税人在权利能力和行为能力上的迥然差异。这是从具有双重身份的纳税人主体意义上进行分析。就仅拥有单一身份的普通纳税人而言，其预算参与权的实现与人大预算审查监督权同样存在交叉性，后者运行的空间也就是预算编制、审批、执行、监督的全过程，同样是前者发挥作用的场域，而鉴于人大的预算审查监督权力已经成为实在法意义上的一种预算权力形态，尚未实现规范化的预算参与权无疑可以借助人大预算审查监督提供的制度化"平台"实现"超车"，使纳税人的参与诉求获得现实满足。事实上，在地方性的预算参与实践中，已经显示出通过人大预算审查监督权力保障纳税人预算参与权的制度可能；也正是基于纳税人的参与行动，一定程度上改变了人大预算审查监督的封闭循环状态，使其成为一个开放透明的预算治理过程。

（二）人大预算审查监督保障的实践进路

在实践中，通过人大预算审查监督的制度化平台保障纳税人预算参与权，首先表现为一种来自地方的自发性制度选择，继而触发高层级的修法行动，并以概括性吸收的方式成功移植到《预算法》中，成为具有普遍指导意义的规范内容。中央立法的示范效应又引发地方新一轮的、范围更广，更重要的是具有内生驱动的、自觉性的制度创新，推动人大预算审查监督保障机制的进一步完善。

1. 地方性的制度实践

具有标志性的探索人大预算审查监督改革进路的地方试验始于浙江省温岭市新河镇的参与式预算模式。新河模式是以政府预算为切入点，以"民主恳谈"为方式，以人大预算审查监督制度为保障，使公民有序参与预算改革进程。[①] 其形成发端于基层民主政治实践的"民主恳谈"制度。民主恳谈本身也经历了一个发展演变过程，早期是作为一种在发展市场经济的条件下以民主的方法加强和改进农村思想政治工作的对话沟通机制。此后民主恳谈的内容逐步向公共事务领域延伸和拓展，形成以社会参与为特征，引导和组织社会公众参与公共事务决策、管理和监督的基层民主实践。这一阶段的民主恳谈保留了早期的对话与沟通交流的工作方式，但在内容上已经转向公共决策的参与，注重将社会公众意见纳入公共决策系统，提高公共决策的科学性和民主性。

然而随着实践推行，民主恳谈作为一种体制外的创新机制开始面临挑战。一方面，人大享有重大事项的决定权，如果民主恳谈也关涉决策，那么这种对决策的影响究竟体现在何种程度和范围，民主恳谈的法律地位及其与人大决定之间的关系如何定位，民主恳谈如何持续性实施等，并无明确依据。而只有将民主恳谈与基层人大制度结合起

---

① 参见贾西津：《中国公民参与：案例与模式》，社会科学文献出版社 2008 年版，第 181 页。

来，借用人民代表大会的法律地位，将体制外制度创新纳入体制内，才能赋予民主恳谈正当性的法律地位和持续性的实施效力。由此凸显人大制度作为参与保障的重要机能。另一方面，在民主恳谈推进过程中，"恳谈"的对象范围从宽泛的公共事务逐步聚焦到和当地居民关系密切的社会民生事项，再从被动性选择预算项目进行协商讨论[①]过渡到常态化地运用于公共资金的使用监督。在这样的转变过程中，民主恳谈最终成为预算参与和人大制度连接的桥梁。预算民主恳谈包括预算草案初审民主恳谈、人民代表大会预算民主恳谈、预算执行中的预算民主恳谈几种类型。

在对新河模式借鉴的基础上，温岭市泽国镇实施了新的改革探索：一是实施普通公众与镇政府的直接恳谈；二是强化民主恳谈结果的合法性与执行落实，将恳谈达成的共识与结果提交人民代表大会审议通过；三是在预算参与的具体程序上进行了改进，保障参与者的充分表达并获得及时反馈，形成了既立足于预算参与和人大预算审查监督有机结合的基本制度经验，同时又结合本地特点进行制度优化的泽国模式。此后，温岭市将新河与泽国两地的制度模式推广到全市所辖镇、街道以及市级职能部门，但在制度层面，侧重体现的是将基层改革探索中形成的最具有共识性与可移植性的预算初审参与和民主恳谈提升为全市遵循的基本规范标准（具体参见表6），而在具体实施方式和程序机制设计上则由各基层人大、镇政府裁量决定。这种在人大预算初审环节植入参与机制（包括民主恳谈以及其他多种参与方式）的做法也在一定程度上对其他省市人大预算审查监督改革产生影响，成为人大预算审查监督立法的组成部分。

---

① 新河镇实行参与式预算时面临高额的财政赤字压力，迫使乡镇决策层尝试公共预算改革。参见褚燧：《参与式预算与政治生态环境的重构——新河公共预算改革的过程和逻辑》，《公共管理学报》2007年第3期，第90—91页。

表 6   温岭市镇人大预算审查监督保障的制度构造

基本类型	核心内容	规范依据
市级人大预算审查监督中的参与保障	组织部门预算初审民主恳谈。	《温岭市市级预算审查监督办法》
镇级人大预算审查监督中的参与保障	组织会前培训,促进初审民主恳谈与大会审查顺利进行;设置专门的会后监督机构——镇人大财经小组,监督预算执行;围绕政府投资的重大建设项目和群众普遍关注或反映强烈的重大事项进行专题民主恳谈;由人大代表直接面向选民进行预算征询恳谈。	《关于开展预算初审民主恳谈,加强镇级预算审查监督的指导意见》《新河镇预算民主恳谈实施办法》
人大街道派出机构(人大街道工委)预算审查监督中的参与保障	人大街道工委组织召开街道预算草案初审民主恳谈,广泛听取本辖区选民对预算草案的意见。	《温岭市街道预算监督办法》

2.《预算法》的修改

2014 年修订后的《预算法》贯彻了全面规范、公开透明的基本原则,并于第四十五条规定县市及乡镇人大审查预算草案前,应当采用多种形式听取社会各界意见。该条对于在地方人大预算初审中的各种参与机制予以认可,首次在中央层级的正式立法中确认人大预算审查监督与预算参与结合的正当性、合理性。当然,《预算法》的规定集中反映在人大代表听取选民和社会各界意见上,这也体现了《预算法》在注重吸收地方实践经验的同时,须保持与其他相关立法之间的衔接。人大代表听取选民和社会各界意见是人大代表依法应当履行的职责和义务,人大代表有义务积极参加统一组织的视察、专题调研、执法检查等履职活动,与原选区选民或者原选举单位和人民群众保持密切联系,听取和反映他们的意见和要求。可见,人大代表听取选民和社会各界意见本身就是人民代表大会制度的要求,县乡层级的人大代表与选区选民关系最为直接、密切,人大代表审议的包括预算草案在内的各项议案、报告与选民的切身利益关系也最为紧密。建立县乡人大代表在预算草案初审环节的听取意见制度,既是人大代表履职的表现,也是地方实践经验的反映，具有必要性与可行性。

3. 新一轮地方制度创新

《预算法》的确认仅仅是表明立法者的原则立场，在地方的预算参与实践中应当遵循怎样的基本原则，具体的实施机制如何安排，还有待地方各方参与者的进一步行动；同时，除了预算初审环节的参与，是否还存在其他环节的参与可能，同样有待实践回应。值得注意的是，自《预算法》修订以来，十余个省级人大修订了人大预算审查监督条例，一方面是回应《预算法》的改革动向，强化了人大预算审查监督中的参与机制的建构或完善；另一方面是将本地持续开展的预算参与实践吸纳进立法，推动新一轮的地方制度创新。需要说明的是，在地方人大预算审查监督相关立法中存在不同意义维度上的"参与"概念，如纳税人与人大代表的参与、各职能部门和机构的共同参与等。这里主要归纳上述地方立法中纳税人预算参与保障的规定。具体表现在以下方面：

（1）预算参与保障的原则性规定。在人大预算审查监督过程中遵循两方面的参与保障原则：一是一般性原则，如公开原则、透明原则；二是特殊性原则，主要基于预算参与的专业性、复杂性考量，而对专业参与者做出原则规定。

表 7　关于预算参与保障的原则性规定

基本类型	核心内容	立法示例
预算审查监督保障的一般原则	公开原则或者公开透明原则。	多个预算审查监督地方性法规中均有所体现
预算审查监督保障的特殊原则	人大可以聘请有关专家进行专题调研、提供咨询或者委托专业中介机构参与预算审查监督的具体工作。	《吉林省预算审查监督条例》第九条、第六十四条；《重庆市预算审查监督条例》第五条；《云南省预算审查监督条例》第五条；《浙江省预算审查监督条例》第七条；《内蒙古自治区预算审查监督条例》第九条
	人大可以聘请预算监督顾问，参加财经委员会相关的预算审查监督和调研等活动，就有关专业性问题提出咨询意见。	《北京市预算审查监督条例》第五条

（2）重点环节预算参与保障机制改革。突破了局限于预算初审单一环节的参与保障建构，实现从预算编制、预算初审到预算绩效评价再到预算审计监督的全过程覆盖。

表8　关于重点环节预算参与保障机制改革

基本类型	核心内容		立法示例
预算编制参与	人大应当在预算编制阶段，了解本级预算草案和部门预算草案编制情况，通过座谈会、论证会、听证会等方式，听取有关方面对预算安排的意见，并反馈给本级政府财政部门。		《上海市预算审查监督条例》第十六条；《重庆市预算审查监督条例》第十四条
预算初审参与	初审参与的基本机制	人大应当建立预算审查前听取人大代表和社会各界意见建议的机制。	《上海市预算审查监督条例》第十条；《重庆市预算审查监督条例》第十六条；《宁夏回族自治区预算审查监督条例》第八条；《天津市预算审查监督条例》第八条
	初审参与的多元方式	人大采用专题调查、组织专家论证或者召开听证会等多种方式听取意见，组织本级人大代表大会代表，听取选民和社会各界对预算草案的意见。	《安徽省预算审查监督条例》第十八条；《贵州省预算审查监督条例》第十六条；《浙江省预算审查监督条例》第十四条
预算绩效评价参与	人大可组织本级人大代表，邀请专家共同参与、跟踪本级政府、部门、单位的事前、事中、事后预算绩效管理工作。		《上海市预算审查监督条例》第三十二条
预算审计监督参与	人大在听取和审议审计工作报告、专项审计结果报告前，组织本级部分人大代表、有关专家进行调研。		《吉林省预算审查监督条例》第五十三条

（3）预算参与保障联动机制改革。预算参与保障不是单纯依靠人大预算审查监督制度的某一环节的改革就能实现的，为确保人大预算审查监督中预算参与的顺利实施，有必要联动实施预算审查监督运行环节改革、预算审查监督协作机制改革、预算审查监督内设机构改革。

表 9　关于预算参与保障联动机制改革

主要类型	核心内容	立法示例
预算审查监督运行环节改革	提前介入预算编制制度，预算初审制度，预算修正权制度，预算调整监督与决算监督制度，对重大投资项目、财政转移支付、政府债务等社会经济重点领域审查监督制度。	《四川省预算审查监督条例》第十二条规定预算编制中的民生实事项目实行票决制度；《北京市预算审查监督条例》专章规定预算初步审查；多个预算审查监督地方性法规对预算修正权以及在决算环节中引入审计监督及其结果运用做出明确规定。
预算审查监督协作机制改革	促进人大、政府及其各自内设机构之间的沟通、对话、信息共享，重塑主体间预算关系网络。	《上海市预算审查监督条例》第三十条规定建立财政、税务等部门与本级人大财经委、人大常委会预算工委信息共享机制；《河北省预算审查监督条例》第十九条、第二十条规定建立预算执行定期报告制度、预算联网监督制度；《重庆市预算审查监督条例》第二十四条、第二十五条规定加强预算联网及财政、税务、金融、统计、国资、人力社保等部门掌握的预算相关信息及时向人大抄送。
预算审查监督内设机构改革	人大内设机构的专职化、专业化改革。	《河北省预算审查监督条例》第十四条，《四川省预算审查监督条例》第二十条。

4. 小结

　　人大预算审查监督中的参与保障改革呈现出几方面的特点：由点到面的改革路径、上下结合的改革动力、互动交融的改革效能。（1）在改革路径上，既表现为地理区位意义上的从发端时的特定市镇扩展到全国省级以下各个层级的预算活动；也表现在参与的预算范围意义上，从聚焦于特定预算运行环节扩展到预算全过程，显示出人大预算审查监督保障机制在实践中的持续生命力。（2）在改革动力上，彰显自下而上的制度创新与自上而下的示范引导的有机结合。人大、政府预算权力配置采取的是自上而下一体化遵循的传统进路，即在《预算法》上做出预算权力主体及其职权内容的基本规定，地方立法只是在既定权力配置框架内细化实施机制。然而人大预算审查监督中的参与保障从一开始就呈现出地方自发性的制度创新动能。"地方是规则制度的主要创新者"①，地方人大或者地方政府"既具有回应多元化预算参与诉求的意愿和动力，也有推动预算制度变迁的客观有利条件"②，因而，应当重视对地方制度资源的挖掘与利用；同时自上而下的制度变迁可以将重心集中在地方微动力机制不能充分发挥作用的基础性、普遍性问题上，形成上下结合推动制度变迁的改革合力。（3）在改革效能上，实现预算参与嵌入式改革与人大预算审查监督的实质化改革的互动交融。由于预算参与和人大预算监督制度实现"嫁接"，预算参与得以嵌入到既有的制度框架中获取合法性支持；同时预算参与的持续推行，也反过来激活了人大的权力与职能，有利于将其对预算审查监督方面的约束从"虚位"变"实位"，促使人大和代表更好地依法履行其法定权力。

（三）人大预算审查监督保障的完善机制

在推进国家治理体系和治理能力现代化的顶层设计方案中③，支持和保证人大及其常委会依法行使职权，密切人大代表同人民群众的联系，健全代表联络机制，完善论证、评估、评议、听证制度等构成我国未来人大制度完善的基本指引。就人大预算审查监督保障机制而言，在遵循法定性、人大代表与社会公众的密切联系性以及参与方式的多元化的原则基础上，有必要考量保障机制本身的刚性与弹性、重点突破与系统推进、平等性与倾斜性几方面相结合的问题。

---

① 黄文艺：《认真对待地方法治》，《法学研究》2012 年第 6 期，第 22 页。

② 由于行政性放权特别是财权、事权下放后地方政府行为模式变化的因素，拥有较大资源配置权的地方公共权力主体获得了实现地方利益最大化的手段，在此基础上，有可能采取包括预算参与在内的多种方式实现地方发展目标。参见陈治：《地方预算参与的法治进路》，《法学研究》2017 年第 9 期，第 55 页。

③ 参见《关于坚持和完善中国特色社会主义制度 推进国家治理体系和治理能力现代化若干重大问题的决定》。

制度刚性与弹性的结合。人大预算审查监督的参与保障应当形成法定的原则框架，解决预算参与层级、主体、范围、程序等合法性依据问题，明晰预算参与和人大预算审查监督的制度化关联。这是具有刚性约束效力的部分。同时，对预算参与的具体环节、影响程度、实施机制等问题允许有弹性，可以根据不同的目标设定，灵活选择参与主体和参与事项范围，赋予参与者不同的赋权等级，从而体现制度设计的弹性。

重点突破与系统推进。人大预算审查监督保障机制的改革既需要重点突破，亦仰赖系统化的推进。例如预算初审环节的参与保障是实践证明具有较强操作性并且社会效果良好的制度安排，需要针对该环节中面临的特殊问题进行重点诊治；同时，制度间的作用和影响极为显著，单一的制度改革往往因受制于与之相关的其他制度改革滞后而难以成功，因而，还需要联动实施人大自身的预算审查监督机制的完善。

平等性与倾斜性的兼顾。人大预算审查监督保障机制既强调参与者之间的平等性，亦承认参与者之间因资源禀赋等多种差异而具有实质的不平等性，因而有必要进行倾斜性权利配置。例如纳税人与人大代表之间、普通纳税人与专业纳税人之间。人大预算审查监督的参与保障应当谋求平等性与倾斜性的兼顾。

在具体完善机制上，可进一步从程序保障和组织保障两个方面着手：

在人大预算审查监督过程中提供预算参与权的程序保障。根据预算法规定的在地方县市、乡镇人大推行预算草案审查前的听取意见原则要求，应当进一步细化在人大预算监督过程中保障纳税人预算参与权的具体程序机制。在一些地方实践中推行的预算听证程序（如上海市闵行区）、预算民主恳谈程序（如浙江省温岭市新河镇）、预算民主议事程序（如云南省昭通市盐津县），既汲取了其他地方预算参与的有益经验，又反映了本地政治、经济、社会环境的特色。在预算法上可以总结和提炼这些具有共性和推广移植价值的预算参与程序。更重要的是，有必要体现预算参与权程序保障的基本要素，如参与广泛性、主体平等性、具有异议反馈渠道等，作为实践中建立多样化程序机制的一般标准。在预算编制阶段，可以考虑通过纳税人民主恳谈、预算听证、网络民意调查等多种方式和途径，收集纳税人关于预算事项的利益和诉求，听取其意见和建议。在预算审批阶段，可以以人大代表的间接参与为主，建立并落实权力机关对预算的实质监督审查制度来实现纳税人的预算参与权。在预算执行阶段，既应当强化权力机关对于预算执行的监督，也应当建立纳税人知悉预算执行情况并参与执行监督的有效途径。在预算绩效评估阶段，应当寻求纳税人的参与，具体可以考虑通过问卷调查、预算项目执行情况反馈等多种方式使纳税人参与到预算的绩效评价当中来。

在人大预算审查监督过程中提供预算参与权的组织保障。将纳税人预算参与权保障纳入人大预算权力作用范围内，固然有提升权利实效性的考虑，但也可能淡化纳税人作为预算主体地位的独立意识，使其认为只是在参加人大组织的会议而不是行使预算权利。因而，在人大预算监督制度与预算参与权保障融合衔接的过程中，还应当考虑预算参与权相对于人大预算权力的特殊性、弱势性，有必要维护预算参与权自身的完整性和相对独立性。在这方面，预算参与权组织保障的重要性凸显出来。预算权利主体具有高度的分散性和明显的自利性，他们对预算事务的关注乃是基于维护自身利益以及与之密切相关的地区发展需求，当其预期预算与自身利益关系不大或者可以通过"搭便车"的方式获取集体行动的好处时，就会选择理智的"冷漠"，即便赋予其权利，也可能弃之不用。而预算参与权面对的是具有高度组织化并通过预算实现社会公共利益的预算权力行动者，在预算权利主体与公共权力主体介入同一预算程序的情况下，利益格局的悬殊对比会对权利主体造成不利影响。组织保障的意义就体现在借助组织化力量对分散的纳税人主体进行利益整合，使纳税人在人大预算权力主导的运行程序中更充分表达利益诉求。社会组织具有沟通社会公众与政府的天然优势，有利于促进纳税人预算民主意识的提高，弥补分散纳税人集体行动的困境，增强预算参与权的实效性。这一点在社会组织持续性实施的预算公开申请行动中得到印证。[①] 需要说明的是，现行预算法涉及社会组织预算地位的规定主要是从检举、控告违法预算行为的角度展开的，这使得社会组织的预算行动空间被限制在过于狭隘的事后问责的范围内。应当从"事后"介入延伸到要求预算公开、参与预算决策执行的"事前"和"事中"环节上。人大内部也有必要设置专门的组织机构回应纳税人及其利益代表的诉求，这种设置于权力机关内部的组织机构可以采取不同于传统公权主体的命令服从式的运作方式，如协商、指导等灵活方式，促进人大、政府、人大代表、纳税人之间形成常态化的沟通机制。

三、基层预算民主协商保障机制

（一）基层预算民主协商的基本内涵

预算公开为纳税人预算参与权的实现提供了必要的信息条件，人大预算审查监督机制为纳税人预算参与权的实现提供了正当性、持续性的制度化平台。然而，在实践中预算参与权仍然可能面临参与者积极性不高、参与效果偏离预期、持续性推动力不足等问题。预算参与有其天然的专业性门槛，使得普通纳税人难以真正了解预算运行规律，更难提出有质量的意见建议，直接妨碍了预算参与的社会效能。对此，一方面可以强化预算参与事项的利益相关性，激励参与者提供公共预

[①] 如深圳公共预算观察志愿者团队持续多年进行预算公开申请行动，促进政府预算透明度的提升。

算决策需要考虑的个体化经验和价值认识，使预算决策更加公开透明，从而为在整体的维度上实现利益平衡创造条件。另一方面，丰富不同环节、不同形式的以协商对话为内容的预算参与机制，这些参与机制是反映预算权力主体与权利主体互动的产物，既体现了预算权力之外的力量介入并对预算权力过程产生影响的参与本质，亦有助于克服局限于决策环节的参与狭隘性。总之，应当注重适应于不同层级实践特点的预算权利配置，"在地方层级更加注重预算参与权，中央层级充分满足预算知情权"①。而预算参与事项的利益相关性与强化预算参与过程的协商性构成了基层预算协商民主机制关注的核心内容。

协商民主亦被称为商议式民主或审议式民主，这一概念的出现源自在全球化时代及多元化趋势背景下，社会对于如何克服传统民主机制的弊端、实现真实的民主治理、促进公众参与的普遍关注。② 该理论的核心观点是主张通过沟通深化对公共事务的理解并寻求共同利益。尽管对其实践运用的可行性及其可能引发的矛盾冲突仍然存有质疑，但是协商民主所包含的合法性、参与性、多元性、平等性、公开性等基本要素和特征已经为理论界和实务界所认同，成为推动当代世界各国运用民主工具和程序方法处理自身重大社会问题的重要支撑。③ 这一理论与我国倡导的发展协商民主的国家治理现代化方向具有契合性，其相继进入我国国家政策的顶层设计蓝图，成为未来改革的行动指南。但须注意的是在我国的体制背景下，对这一概念的解读"出现了用带有民主性的协商实践替代协商民主中的民主决策要求"④，这种语境转换

---

① 朱大旗：《迈向公共财政——〈预算法修正案（二次审议稿）〉之评议》，《中国法学》2013 年第 5 期，第 38 页。

② 参见陈家刚：《多元主义、公民社会与理性：协商民主要素分析》，《天津行政学院学报》2008 年第 4 期，第 31 页。

③ 贾西津：《中国公民参与：案例与模式》，社会科学文献出版社 2008 年版，第 198 页。

④ 参见韩福国、张开平：《社会治理的"协商"领域与"民主机制"——当下中国基层协商民主的制度特征、实践结构和理论批判》，《浙江社会科学》2015 年第 10 期，第 49 页。

既是对我国一直倡导的政治协商理念的时代延续，亦是寻求整体性政治认同的必要选择。同时，在协商民主的具体实践中，基层协商民主更容易生成具有可行性的规则框架，因而，我国协商民主制度建构的重点对象将集中于基层，而更高层级的实践取决于理念落实和认可的程度。公共预算是一个推行基层协商民主的有效场域，在浙江温岭市、上海闵行区、云南盐津县、四川巴中市等多地实施的参与式预算实践便展示出契合中国国情特点、多元化的基层协商民主样本。

（二）发展基层预算协商民主的重要意义

发展基层预算协商民主机制彰显纳税人主体性。纳税人主体性意味着立法及实施活动应当最大限度地保护纳税人合法权益，凸显纳税人在预算活动中的主体地位。基层预算协商民主机制为纳税人的有序有效参与提供了现实途径。预算运行的过程是公共资源配置决策的形成与执行过程，预算层级越低，与参与者的利益相关度越直接，参与动能越强，参与效果也越契合预期目标。

发展基层预算协商民主机制契合社会治理变革的基本要求。社会治理就其产生背景而言与经济社会发展不均衡有密切关联，不同社会阶层、社会主体的利益诉求趋于多元化，进而引发社会利益分化乃至社会矛盾冲突，因而有必要完善社会治理，稳定社会秩序。然而社会治理的本质并不能被简单理解为社会问题的化解，亦不是仅仅从经济或财政管理层面改变支出结构、增加民生投入，而应当从公共财政的民主化、法治化改革与社会治理转型的内在关联出发，重新审视社会治理的内涵与实施路径。只有纳税人有效参与到财政预算决策及运行过程中，彰显公共财政民主化的性质（共建），构建基于社会公共需要的多元化主体共同治理的规范化制度体系（共治），并让纳税人享受到有质量的公共产品和公共服务（共享），"才能使政府的公共性与基层公共性社会关系的建构内在地关联起来，形成相互支撑的互惠关系，这才是现代社会治理的本质含义"①，也才能真正打造"人人有责、人人尽责、人人享有的社会治理共同体"。②围绕基层财政预算事务的公共协商、理性对话、价值判断、遵从执行而展开的一系列活动恰好构成验证社会治理水平的"试验田"，通过基层预算民主协商机制的建构与完善将有利于推动社会治理能力。

发展基层预算协商民主机制蕴含预算法实施的现实路径与未来完善方向。我国预算法治发展已经从大规模立法建构进入强调执行效果的实施阶段。在经历前期基础体系、配套机制等方面的立法建构之后，尽管一些领域还需要强化制度完善③，但更为关键的是如何将前一阶段形成的大量"纸面的法律"落实为"现实中的法律"，预算法实施的刚性问题显得愈发重要。在此背景下，如何选取更为切实可行的实施路径，使预算法的全面规范、公开透明的立法主旨得以真正贯彻落实，需要考量更具有实践根基与现实回应性的路径。基层预算协商民主机制具有来自地方实践的坚实基础，并依托稳定的规范体系作为实施路径。可以在现有实践基础上进一步强化制度刚性，找准制约基层预算协商民主机制实施的障碍，有针对性地寻求解决机制，推进基层预算协商民主的实质性进展。

（三）完善基层预算协商民主保障机制的基本思路

首先，确定基层预算协商民主的参与方式。如定向邀请（通过组织推选确定参加对象并发出邀请，一般适用于专业性较强的预算参与，

---

① 周庆智：《基层公共财政建构的社会治理转型含义》，《学习与探索》2018年第9期，第55页。
② 参见十九届四中全会《关于坚持和完善中国特色社会主义制度 推进国家治理体系和治理能力现代化若干重大问题的决定》。
③ 例如地方性的人大预算监督决定或实施办法有待出台，涉及科技、农业等支出同国内生产总值或财政收支挂钩事项的法律条款还未作修改，有关财政专户、预算稳定调节基金、预算周转金、权责发生制等预算法授权国务院制定的事项还需要加快立法进度等。

需要专家理性弥补）、自愿报名（基层政府发布公告面向社会公开邀请纳税人及相关社会组织参加）、随机抽取（采取摇号等多种方式保障参与者主体范围的多元化和广泛性）、科学抽样（建立预算审查监督参与库和专业库，分别由普通纳税人和专业人士担任）和代表征询（以代表联络站为主要载体，以民主恳谈和调研座谈为主要形式，广泛征询意见）。目前，还可以利用网络化与大数据采集方式，克服预算参与的技术性难题，保障基层预算协商民主的落地实施。

其次，构建预算民意表达机制。为更全面及时收集选区纳税人关于预算安排、预算执行效果等方面的民意信息，使选区纳税人在预算基层民主协商过程中更具主动性，有必要进一步完善选区人大代表与选民的常态化联系机制，建立专题调研、专家论证、协商论坛等多元化的形式与参与路径，促进更多的沟通对话。并注意借助网络方式征集信息、开展有序民意表达，确保对信息的及时反馈。预算民意表达机制在与纳税人利益密切相关的民生公共产品提供中显得尤为重要，只有确保纳税人或其委托的代表有充分的意思表达，才有可能在预算运行过程中发挥有效影响。

再次，建立双向知识培训与公共理性培育机制。一方面是对纳税人、人大代表的公共预算知识培训，克服因预算专业性门槛而给参与者带来的理解沟通障碍，这一点在部分省级人大制定的预算审查监督条例中有所涉及。专业知识的储备并不意味着正当合理的参与效果的达成，纳税人的预算参与应当是在公共理性指引下达成共识并实现公共利益。公共预算运行过程中的公共理性培育是一个长期、渐进的过程。但是赋予纳税人明晰确定的预算参与权规范，以及构建实施一套完整的"保障参与者能够合理嵌入预算参与权推进过程"的程序机制，将有助于公共理性的形成与培育。另一方面，基层政府也须担负不断学习的职责，不仅要持续性地对预算专业知识跟踪学习，亦应不断增强对纳税人利益的回应反馈的治理水平和治理能力。

四、本章小结

国家治理现代化需要克服不利于治理主体权利行使的各种障碍。在预算层面表现为通过权利保障机制解决纳税人预算参与权行使过程中面临的预算信息公开受限、预算参与渠道不畅、预算参与动力不足、预算参与有效性低下等问题。有必要通过完善预算公开保障机制，包括设立预算公开规制基本原则体系、构造预算公开制度要素、制定纳税人预算知悉权规范、细化预算公开程序中的交互机制设计，克服纳税人预算参与权实现中的信息缺失与透明度障碍；通过完善人大预算审查监督保障机制，在遵循法定性、人大代表与社会公众的密切联系性以及参与方式的多元化的原则基础上，考量保障机制本身的刚性与弹性、重点突破与系统推进、平等性与倾斜性结合的问题，为纳税人预算参与权的实现提供组织保障与程序保障；通过完善基层预算民主协商保障机制，确定基层预算协商民主的参与方式、构建预算民意表达机制、建立双向知识培训与公共理性培育机制，激发纳税人预算参与的内在动能，促进其有序有效参与。

参考文献

一、中文著作

1. 蔡定剑：《宪法精解》(第二版)，法律出版社 2006 年版。

2. 蔡茂寅：《预算法原理》，台湾元照出版有限公司 2008 年版。

3. 陈敏：《行政法总论》(第六版)，新学林出版有限公司 2009 年版。

4. 陈奕敏主编：《从民主恳谈到参与式预算》，世界知识出版社 2012 年版。

5. 丁一：《纳税人权利研究》，中国社会科学出版社 2013 年版。

6. 范进学：《权利政治论：一种宪政民主理论的阐释》，山东人民出版社 2003 年版。

7. 高军：《纳税人基本权研究》，中国社会科学出版社 2011 年版。

8. 高培勇：《财税体制改革与国家治理现代化》，社会科学文献出版社 2014 年版。

9. 高新军、杨以谦、马跃：《地方治理、财政和公共预算》，西北大学出版社 2009 年版。

10. 葛克昌：《国家学与国家法》，台湾月旦出版社股份有限公司 1996 年版。

11. 葛克昌：《税法基本问题(财政宪法篇)》，北京大学出版社 2004 年版。

12. 葛克昌：《租税国的危机》，厦门大学出版社 2016 年版。

13. 何志鹏：《权利基本理论：反思与构建》，北京大学出版社 2012 年版。

14. 胡玉鸿、许小亮、陈颐：《法学流派的人学之维》，北京大学出版社 2013 年版。

15. 黄俊杰：《纳税人权利之保护》，北京大学出版社 2004 年版。

16. 贾康、苏明：《部门预算编制问题研究》，经济科学出版社 2004 年版。

17. 贾西津主编：《中国公民参与：案例与模式》，社会科学文献出版社 2008 年版。

18. 靳继东：《预算政治学论纲：权力的功能、结构与控制》，中国社会科学出版社 2010 年版。

19. 黎江虹：《中国纳税人权利研究（修订版）》，中国检察出版社 2014 年版。

20. 刘斌：《基于公共预算构建的我国参与式预算研究》，中国财政经济出版社 2019 年版。

21. 刘剑文、侯卓、耿颖等：《财税法总论》，北京大学出版社 2016 年版。

22. 刘剑文、熊伟：《税法基础理论》，北京大学出版社 2004 年版。

23. 刘剑文：《理财治国观——财税法的历史担当》，法律出版社 2016 年版。

24. 刘剑文主编：《民主视野下的财政法治》，北京大学出版社 2006 年版。

25. 刘茂林等：《中国宪法权利体系的完善：以国际人权公约为参照》，北京大学出版社 2013 年版。

26. 刘有宝：《政府部门预算管理》，中国财政经济出版社 2006 年版。

27. 刘洲：《参与式预算法治化研究》，科学出版社 2015 年版。

28. 楼继伟:《深化财税体制改革》,人民出版社 2015 年版。

29. 楼继伟:《中国政府间财政关系再思考》,中国财政经济出版社 2013 年版。

30. 楼继伟主编:《中国政府预算:制度、管理与案例》,中国财政经济出版社 2002 年版。

31. 吕庆明:《防范权力异化的财政民主问题研究》,法律出版社 2016 年版。

32. 马骏、谭君久、王浦劬主编:《走向预算国家:治理、民主和改革》,中央编译出版社 2011 年版。

33. 马骏、侯一麟、林尚立主编:《国家治理与公共预算》,中国财政经济出版社 2007 年版。

34. 马骏、赵早早:《公共预算:比较研究》,中央编译出版社 2011 年版。

35. 马骏:《中国公共预算改革:理性化与民主化》,中央编译出版社 2005 年版。

36. 王淑杰:《政府预算的立法监督模式研究》,中国财政经济出版社 2008 年版。

37. 王逸帅:《参与式治理的兴起——地方人大公共预算监督问责的模式与实践》,复旦大学出版社 2020 年版。

38. 王锡锌:《公众参与和行政过程——一个理念和制度分析的框架》,中国民主法制出版社 2007 年版。

39. 魏陆:《完善我国人大预算监督制度研究》,经济科学出版社 2014 年版。

40. 熊伟:《财政法基本问题》,北京大学出版社 2012 年版。

41. 徐以祥:《行政法学视野下的公法权利理论问题研究》,中国人民大学出版社 2014 年版。

42. 徐志雄:《现代宪法论》,台湾元照出版有限公司 2004 年版。

43. 闫海：《公共预算过程、机构与权力：一个法政治学研究范式》，法律出版社 2012 年版。

44. 阎坤、王进杰：《公共支出理论前沿》，中国人民大学出版社 2004 年版。

45. 杨志勇、杨之刚：《中国财政制度改革 30 年》，上海人民出版社 2008 年版。

46. 应松年主编：《行政程序法立法研究》，中国法制出版社 2001 年版。

47. 俞可平：《论国家治理现代化》，社会科学文献出版社 2014 年版。

48. 袁曙红：《现代公法制度的统一性》，北京大学出版社 2009 年版。

49. 张国庆：《现代公共政策导论》，北京大学出版社 1997 年版。

50. 张树义：《中国社会结构变迁的法学透视》，中国政法大学出版社 2002 年版。

51. 张文显：《马克思主义法理学 —— 理论、方法和前言》，高等教育出版社 2003 年版。

52. 张翔：《基本权利的规范建构》（增订版），法律出版社 2017 年版。

53. 张馨：《财政公共化改革》，中国财政经济出版社 2004 年版。

54. 张学明、吴大器等：《温岭探索 —— 地方人大预算审查监督之路》，上海财经大学出版社 2016 年版。

55. 张怡等：《衡平税法研究》，中国人民大学出版社 2012 年版。

56. 周志忍主编：《政府绩效评估中的公民参与：中国地方政府的实践历程与前景》，人民出版社 2015 年版。

二、中文译著

1.〔德〕格奥格·耶利内克：《主观公法权利体系》，曾韬、赵天书译，中国政法大学出版社 2012 年版。

2.〔德〕哈贝马斯：《在事实与规范之间：关于法律和民主法治国的商谈理论》，童世骏译，生活·读书·新知三联书店 2003 年版。

3.〔德〕哈特穆特·毛雷尔：《行政法学总论》，高家伟译，法律出版社 2000 年版。

4.〔德〕卡尔·斯密特：《宪法学说》，刘锋译，世纪出版集团、上海人民出版社 2005 年版。

5.〔法〕柯蕾主编：《公众参与和社会治理》，李华等译，中国大百科全书出版社 2018 年版。

6.〔法〕伊夫·辛多默、〔德〕鲁道夫·特劳普-梅茨：《亚欧参与式预算：民主参与的核心挑战》，张俊华译，上海人民出版社 2012 年版。

7.〔法〕伊夫·辛多默、〔德〕鲁道夫·特劳普-梅茨、张俊华主编：《亚欧参与式预算：民主参与的核心挑战》，上海人民出版社 2011 年版。

8.〔美〕B. 盖伊·彼得斯：《政府未来的治理模式》，吴爱明等译，中国人民大学出版社 2001 年版。

9.〔美〕P. 诺内特、P. 塞尔兹尼克：《转变中的法律与社会：迈向回应型法》，张志铭译，中国政法大学出版社 2004 年版。

10.〔美〕阿伦·威尔达夫斯基：《预算：比较理论》，苟燕楠译，上海财经大学出版社 2009 年版。

11.〔美〕阿伦·威尔达夫斯基、内奥米·凯顿：《预算过程中的新政治学》，邓淑莲、魏陆译，上海财经大学出版社 2006 年版。

12.〔美〕爱伦·鲁宾：《公共预算中的政治：收入与支出，借贷与平衡》，叶娟丽等译，中国人民大学出版社 2001 年版。

13.〔美〕爱伦·鲁宾：《阶级、税收和权力——美国的城市预算》，林琳、郭韵译，格致出版社 2011 年版。

14.〔美〕艾伦·希克:《联邦预算——政治、政策、过程》,苟燕楠译,中国财政经济出版社 2011 年版。

15.〔美〕奥斯本、哈钦森:《政府的价格》,商红日译,上海译文出版社 2011 年版。

16.〔美〕杰克·瑞宾、托马斯·D. 林奇:《国家预算与财政管理》,丁学东等译,中国财政经济出版社 1990 年版。

17.〔美〕卡罗尔·佩特曼:《参与和民主理论》,陈尧译,上海世纪出版集团 2006 年版。

18.〔美〕理查德·A. 马斯格雷夫、〔美〕艾伦·T. 皮考克:《财政理论史上的经典文献》,刘守刚、王晓丹译,上海财经大学出版社 2015 年版。

19.〔美〕理查德·A. 马斯格雷夫、〔美〕佩吉·B. 马斯格雷夫:《财政理论与实践》,邓子基、邓力平译,中国财政经济出版社 2003 年版。

20.〔美〕罗伯特·D. 李、〔美〕罗纳德·W. 约翰逊、〔美〕菲利普·G. 乔伊斯:《公共预算体系》(第八版),苟燕楠译,中国财政经济出版社 2011 年版。

21.〔美〕罗伯特·D. 帕特南:《让民主运转起来》,王列等译,江西人民出版社 2011 年版。

22.〔美〕罗伯特·达尔:《论民主》,李柏光等译,商务印书馆 1999 年版。

23.〔美〕乔纳森·卡恩:《预算民主:美国的国家建设和公民权(1890—1928)》,叶娟丽等译,上海格致出版社 2008 年版。

24.〔美〕萨托利:《民主新论》,冯克利等译,上海人民出版社 2009 年版。

25.〔美〕塞拉·本哈比:《民主与差异:挑战政治的边界》,黄相怀、严海兵等译,中央编译出版社 2009 年版。

26.〔美〕沙安文主编:《参与式预算》,庞鑫译,中国财政经济出版社 2018 年版。

27.〔美〕沙安文主编:《地方预算》,大连市财政局翻译小组译,中国财政经济出版社 2012 年版。

28.〔美〕史蒂芬·霍尔姆斯、凯斯·R.桑斯坦:《权利的成本:为什么自由依赖于税》,毕竞悦译,北京大学出版社 2011 年版。

29.〔美〕约翰·克莱顿·托马斯:《公共决策中的公民参与》,孙柏瑛等译,中国人民大学出版社 2010 年版。

30.〔美〕约瑟夫·熊彼特:《资本主义、社会主义和民主》,吴良健译,商务印书馆 1999 年版。

31.〔美〕詹姆斯·M.布坎南:《民主过程中的财政:财政制度和个人选择》,唐寿宁译,上海三联书店 1992 年版。

32.〔日〕北野弘久:《税法学原论》,陈刚等译,中国检察出版社 2001 年版。

33.〔日〕山田太门:《财政学的本质》,宋健敏译,上海财经大学出版社 2020 年版。

34.经济合作与发展组织:《比较预算》,财政部财政科学研究所译,人民出版社 2001 年版。

35.世界银行专家组:《公共部门的社会问责:理念探讨及模式分析》,宋涛译校,中国人民大学出版社 2007 年版。

三、中文论文

1.安秀梅:《论我国政府公共财政受托责任》,《中共南京市委党校南京市行政学院学报》2005 年第 4 期。

2.蔡红英:《政府绩效评估与绩效预算》,《中南财经政法大学学报》2007 年第 2 期。

　　3. 曹堂哲：《现代预算与现代国家治理的十大关系》，《武汉大学学报（哲学社会科学版）》2016 年第 6 期。

　　4. 陈博、尚晓贺、倪志良：《政府预算绩效指标的外部评估——基于公众满意度的考察》，《青海社会科学》2016 年第 4 期。

　　5. 陈丹：《城市社会管理创新视角下的参与式预算刍议》，《福建论坛·人文社会科学版》2012 年第 2 期。

　　6. 陈家刚、陈奕敏：《地方治理中的参与式预算——关于浙江温岭市新河镇改革的案例研究》，《公共管理学报》2007 年第 3 期。

　　7. 陈家刚：《参与式预算的理论与实践》，《经济社会体制比较》2007 年第 2 期。

　　8. 陈家刚：《多元主义、公民社会与理性：协商民主要素分析》，《天津行政学院学报》2008 年第 4 期。

　　9. 陈林林、张晓笑：《人之图像与法治模式》，《浙江社会科学》2017 年第 3 期。

　　10. 陈仪：《强化人大预算审议权的路径选择》，《法学》2009 年第 9 期。

　　11. 陈奕敏、尚国敏：《参与式预算——协商民主的鲜活形式》，《民主与科学》2016 年第 2 期。

　　12. 陈志英：《预算参与权：被忽略和被误解的》，《兰州学刊》2011 年第 1 期。

　　13. 程国琴：《参与式预算的法理探源与法治进路》，《中国海洋大学学报（社会科学版）》2019 年第 1 期。

　　14. 程国琴：《法治视域下参与式预算的改进——以新河镇的参与式预算为例》，《经济法学评论》2015 年第 2 期。

　　15. 褚燧：《参与式预算与政治生态环境的重构——新河公共预算改革的过程和逻辑》，《公共管理学报》2007 年第 3 期。

　　16. 丛中笑：《当代财税立法的生成与演进路径》，《政法论丛》

2012 年第 2 期。

17. 戴激涛:《公民参与预算:理念、原则与制度》,《时代法学》2010 年第 2 期。

18. 戴激涛:《预算审议:公共财政的制度根基》,《学术研究》2009 年第 7 期。

19. 单飞跃、王霞:《纳税人税权研究》,《中国法学》2004 年第 4 期。

20. 邓淑莲等:《中国省级财政透明度评估(2017)》,《上海财经大学学报》2018 年第 3 期。

21. 邓研华:《从权力走向权利:预算改革的政治学分析》,《海南大学学报(人文社会科学版)》2016 年第 3 期。

22. 邓佑文:《行政参与权的政府保障义务:证成、构造与展开》,《法商研究》2016 年第 6 期。

23. 范永茂、赵东伟:《预算民主视野下的人大预算修正权》,《国家行政学院学报》2013 年第 5 期。

24. 冯志峰、罗家为:《地方参与式预算的实践经验、问题检视与破解之道——一个基层协商民主的比较分析视角》,《地方治理研究》2017 年第 4 期。

25. 甘功仁:《预算公开的目标及其实现路径》,《法学杂志》2012 年第 12 期。

26. 韩大元:《宪法与社会共识:从宪法统治到宪法治理》,《交大法学》2012 年第 1 期。

27. 韩福国、萧莹敏:《协商民主的基层实践程序与效能检验——浙江温岭参与式公共预算的制度分析》,《西安交通大学学报(社会科学版)》2017 年第 5 期。

28. 韩福国、张开平:《社会治理的"协商"领域与"民主机制"——当下中国基层协商民主的制度特征、实践结构和理论批判》,

《浙江社会科学》2015 年第 10 期。

29. 韩福国:《参与式预算技术环节的有效性分析 —— 基于中国地方参与式预算的跨案例比较》,《经济社会体制比较》2017 年第 5 期。

30. 韩永红、戴激涛:《协商民主在财政预算中的应用研究 —— 以绍兴"八郑规程"台州"民主恳谈"为分析样本》,《中共浙江省党校学报》2010 年第 4 期。

31. 何雪波:《预算修正权界说》,《经济法学评论》2016 年第 2 期。

32. 侯卓:《财税法功能的"法律性"解构》,《财经法学》2017 年第 1 期。

33. 胡明:《财政权利的逻辑体系及其现实化构造》,《中国法学》2018 年第 1 期。

34. 胡明:《论预算的规范性质与效力》,《东岳论丛》2017 年第 8 期。

35. 胡伟:《论完善实现中国财政民主的法律机制》,《政治学研究》2014 年第 2 期。

36. 黄文艺:《认真对待地方法治》,《法学研究》2012 年第 6 期。

37. 黄新华、何雷:《面向国家治理现代化的公共预算改革研究》,《福建论坛·人文社会科学版》2016 年第 6 期。

38. 黄学贤:《行政法中的比例原则研究》,《法律科学》2001 年第 1 期。

39. 贾康:《财税改革的三大要领》,《经济》2015 年第 1 期。

40. 江必新、肖国平:《论公民的预算参与权及其实现》,《湖南大学学报(哲学社会科学版)》2012 年第 3 期。

41. 姜峰:《权利宪法化的隐忧 —— 以社会权为中心的思考》,《清华法学》2010 年第 5 期。

42. 蒋洪、温娇秀:《预算法修订:权力与职责的划分》,《上海财经大学学报》2010 年第 1 期。

43. 蒋文龙、聂辛东:《论我国公共预算中公众参与程序的制度缺陷及其完善》,《湖南科技大学学报（社会科学版）》2014 年第 3 期。

44. 蒋悟真:《预算公开法治化：实质、困境及其出路》,《中国法学》2013 年第 5 期。

45. 蒋悟真:《中国预算法的实施路径》,《中国社会科学》2014 年第 9 期。

46. 黎江虹:《预算公开的实体法进路》,《法商研究》2015 年第 1 期。

47. 李淳燕:《纳税人本位论——社会主义市场经济体制的理论基石》,《财贸经济》1994 年第 2 期。

48. 李建人:《公众预算知情权及其约束制度》,《法学》2015 年第 9 期。

49. 李俊生、姚东旻:《财政学需要什么样的理论基础——简评市场失灵理论的"失灵"》,《经济研究》2018 年第 9 期。

50. 李林:《依法治国与推进国家治理现代化》,《法学研究》2014 年第 5 期。

51. 李炜光、任晓兰:《从"税收国家"到"预算国家"》,《理论视野》2013 年第 9 期。

52. 李炜光:《财政何以为国家治理的基础和支柱》,《法学评论》2014 年第 2 期。

53. 李文斌、张龙平:《非典型税收国家：当代中国的表现与陷阱》,《广东行政学院学报》2012 年第 4 期。

54. 李修科、燕继荣:《中国协商民主的层次性——基于逻辑、场域和议题的分析》,《国家行政学院学报》2018 年第 5 期。

55. 李一花:《美国地方政府参与式预算研究述评》,《财经论丛》2013 年第 2 期。

56. 林敏、余丽生:《参与式预算影响地方公共支出结构的实证研究》,《财贸经济》2011 年第 8 期。

57. 林慕华、马骏:《中国地方人大代表大会预算监督研究》,《中国社会科学》2012 年第 6 期。

58. 凌岚:《让公共预算中的政府问责制运转起来 —— 对印度公民预算组织的考察》,《当代财经》2009 年第 3 期。

59. 刘斌:《参与式预算的治理逻辑及其发展前景》,《理论月刊》2017 年第 8 期。

60. 刘光华:《预算权法律属性:基于法律关系的解读》,《首都师范大学学报(社会科学版)》2012 年第 6 期。

61. 刘剑文、侯卓:《论预算公开的制度性突破与实现路径》,《税务研究》2014 年第 11 期。

62. 刘剑文、王桦宇:《公共财产权的概念及其法治逻辑》,《中国社会科学》2014 年第 8 期。

63. 刘剑文:《财税法在国家治理现代化中的担当》,《法学》2014 年第 2 期。

64. 刘剑文:《由管到治:新〈预算法〉的理念跃迁与制度革新》,《法商研究》2015 年第 1 期。

65. 刘隆亨:《我国税收基本法制定的意义、特征和框架》,《法学杂志》2004 年第 5 期。

66. 罗豪才、宋功德:《公域之治的转型 —— 对公共治理与公法互动关系的一种透视》,《中国法学》2005 年第 5 期。

67. 罗豪才、宋功德:《行政法的失衡与平衡》,《中国法学》2001 年第 2 期。

68. 罗文剑、吕华:《参与式预算的中国样本:"成长上限"的视角》,《现代经济探讨》2015 年第 8 期。

69. 马蔡琛、李红梅:《参与式预算在中国:现实问题与未来选择》,《经济与管理研究》2009 年第 12 期。

70. 马海涛、刘斌：《参与式预算：国家治理和公共财政建设的"参与"之路》，《探索》2016 年第 3 期。

71. 马怀德、陶杨：《我国地方立法听证效力的表现形式》，《苏州大学学报（哲学社会科学版）》2007 年第 3 期。

72. 马骏、罗万平：《公民参与预算：美国地方政府的经验及其借鉴》，《华中师范大学学报（人文社会科学版）》2006 年第 4 期。

73. 马骏：《中国财政国家转型：走向税收国家》，《吉林大学社会科学学报》2011 年第 1 期。

74. 牛美丽：《中国地方绩效预算改革十年回顾：成就与挑战》，《武汉大学学报（哲学社会科学版）》2012 年第 6 期。

75. 潘照新：《国家治理现代化中的政府责任：基本机构与保障机制》，《上海行政学院学报》2018 年第 3 期。

76. 尚虎平：《"结果导向"式政府绩效评估的前提性条件——突破我国政府绩效评估简单模仿窘境的路径》，《学海》2017 年第 2 期。

77. 申建林、谭诗赞：《参与式预算的中国实践、协商模式及其转型——基于协商民主的视角》，《湖北社会科学》2016 年第 3 期。

78. 史际春、冯辉：《"问责制"研究——兼论问责制在中国经济法中的地位》，《政治与法律》2009 年第 1 期。

79. 宋彪：《公众参与预算制度研究》，《法学家》2009 年第 2 期。

80. 孙莹：《论人大重大事项决定权的双重属性》，《政治与法律》2019 年第 2 期。

81. 孙颖：《山东槐荫：探索实行居民参与式预算模式》，《中国财政》2018 年第 4 期。

82. 谭红、李川：《公民救济权的宪法思考》，《法律适用》2007 年第 12 期。

83. 谭诗赞：《协商民主视角下的中国参与式预算实践及其前景展望》，《长白学刊》2016 年第 5 期。

84. 陶庆：《宪法财产权视野下的公民参与公共预算 —— 以福街商业街的兴起与改造为例》，《中共浙江省委党校学报》2009 年第 2 期。

85. 田发、周琛影：《现代社会治理：一个财政体制的分析框架》，《当代财经》2017 年第 3 期。

86. 王绍光、马骏：《走向"预算国家" —— 财政转型与国家建设》，《公共行政评论》2008 年第 1 期。

87. 王绍光：《从税收国家到预算国家》，《读书》2007 年第 10 期。

88. 王世涛：《宪法不应该规定公民的基本义务吗？ —— 与张千帆教授商榷》，《时代法学》2006 年第 5 期。

89. 王蔚：《客观法秩序与主观利益之协调 —— 我国合宪性审查机制之完善》，《中国法律评论》2018 年第 1 期。

90. 王锡锌：《公共决策中的大众、专家与政府》，《中外法学》2006 年第 4 期。

91. 王锡锌：《公众参与：参与式民主的理论想象与制度建构》，《政治与法律》2008 年第 6 期。

92. 王锡锌：《公众参与和中国法治变革的动力模式》，《法学家》2008 年第 6 期。

93. 王霞：《论预算听证 —— 兼谈预算法的修改》，《前沿》2007 年第 3 期。

94. 王晓慧：《公共财政模式下我国公民的预算参与权实现》，《河南师范大学学报（哲学社会科学版）》2016 年第 3 期。

95. 王逸帅：《美英议会预算审议绩效比较：一种历史制度主义的分析范式》，《南京社会科学》2010 年第 3 期。

96. 王雍君：《供应面方法的预算改革：源自参与式预算的挑战》，《财贸经济》2010 年第 4 期。

97. 王雍君：《中国的预算改革：述评与展望》，《经济社会体制比较》2008 年第 1 期。

98. 王志扬：《绩效预算有效实施的制度建设简析》，《财政研究》2011 年第 6 期。

99. 王自亮、陈卫锋：《参与式预算与基层权力关系的重构 —— 基于浙江省温岭市新河镇的个案研究》，《地方财政研究》2014 年第 4 期。

100. 文旗、许航敏：《地方财政预算制度的协商治理模式创新探索 —— 对广东南海预算协商听证的研究》，《财政研究》2015 年第 4 期。

101. 谢立斌：《宪法上人的形象变迁及其在部门法中的实现》，《华东政法大学学报》2012 年第 6 期。

102. 幸宇：《参与式预算的评析 —— 以四川省巴中市白庙乡财政预算公开及民主议事会为例》，《理论与改革》2013 年第 3 期。

103. 熊伟：《财政法基本原则论纲》，《中国法学》2004 年第 4 期。

104. 熊伟：《认真对待权力：公共预算的法律要义》，《政法论坛》2011 年第 5 期。

105. 徐枫：《中国乡镇人大预算修公正案何以进行 —— 来自浙江省温岭市新河镇的案例研究》，《四川行政学院学报》2014 年第 4 期。

106. 徐珣、陈剩勇：《参与式预算与地方治理：浙江温岭的经验》，《浙江社会科学》2009 年第 11 期。

107. 许光建、魏义方、李天建、廖芙秀：《中国公共预算治理改革：透明、问责、公众参与、回应》，《中国人民大学学报》2014 年第 6 期。

108. 许罗丹、梁志成：《软预算约束与社会主义国家的经济转轨 —— 软预算约束理论二十年发展述评》，《经济科学》2000 年第 4 期。

109. 杨国斌：《城乡社区治理中参与式预算改革实践经验与思考》，《财经理论研究》2017 年第 1 期。

110. 杨海坤、皋华萍：《责任决定效果 —— 预算问责的问题与完善》，《中国改革》2011 年第 8 期。

111. 杨瑞龙：《我国制度变迁方式转换的三阶段论 —— 兼论地方政府的制度创新行为》，《经济研究》1998 年第 1 期。

112. 姚建宗、方芳：《新兴权利研究的几个问题》，《苏州大学学报（哲学社会科学版）》2015 年第 3 期。

113. 叶供发：《财政权与历史视野中的英国议会》，《历史教学问题》1997 年第 6 期。

114. 叶金育：《税法解释中纳税人主义的证立 —— 一个债法的分析框架》，《江西财经大学学报》2014 年第 4 期。

115. 游祥斌：《绩效预算与绩效评估制度刍议》，《中国行政管理》2009 年第 8 期。

116. 余小平、孔志峰：《在我国实行绩效预算的设想》，《财政研究》2004 年第 2 期。

117. 袁曙红、韩春晖：《公法传统的历史进化与时代传承 —— 兼及统一公法学的提出和主张》，《法学研究》2009 年第 6 期。

118. 岳红举、单飞跃：《预算权的二元结构》，《社会科学》2008 年第 2 期。

119. 张峰、周行君：《预算听证制度完善的闵行实践》，《上海人大月刊》2014 年第 6 期。

120. 张富强：《论税收国家的基础》，《中国法学》2016 年第 2 期。

121. 张晋邦：《从"代表机关尊位原则"到"代表履职本位原则"——我国人大代表人身特别保护制度的宪法变迁》，《人大研究》2019 年第 10 期。

122. 张侃：《绩效评估与绩效预算》，《地方财政研究》2005 年第 11 期。

123. 张丽：《基于一般政治系统理论的参与式预算运行机制 —— 以浙江温岭为例》，《地方财政研究》2018 年第 3 期。

124. 张琦、吕敏康：《政府预算公开中媒体问责有效吗？》，《管理世界》2015 年第 6 期。

125. 张千帆:《宪法不应该规定什么》,《华东政法大学学报》2005 年第 3 期。

126. 张文显:《法治与国家治理现代化》,《中国法学》2014 年第 4 期。

127. 张献勇:《关于公众参与预算制度的思考》,《财政研究》2008 年第 1 期。

128. 张翔:《基本权利的受益权功能与国家的给付义务 —— 从基本权利分析框架的革新开始》,《中国法学》2006 年第 1 期。

129. 张学博:《论财政民主原则:国家治理现代化的现实路径》,《行政与法》2017 年第 6 期。

130. 张学博:《税收法定原则新论:从绝对主义到相对主义》,《上海财经大学学报》2016 年第 4 期。

131. 张学博:《现代财产权观念中的预算权概念研究》,《河南财经政法大学学报》2016 年第 5 期。

132. 赵宏:《主观权利与客观价值 —— 基本权利在德国法中的两种面向》,《浙江社会科学》2011 年第 3 期。

133. 赵宏:《作为客观价值的基本权利及其问题》,《政法论坛》2011 年第 2 期。

134. 赵丽江、陆海燕:《参与式预算:当今实现善治的有效工具 —— 欧洲国家参与式预算的经验与启示》,《中国行政管理》2008 年第 10 期。

135. 郑贤君:《作为客观价值秩序的基本权》,《法律科学》2006 年第 2 期。

136. 周飞舟:《财政资金的专项化及其问题 —— 兼论"项目治国"》,《社会》2010 年第 1 期。

137. 周庆智:《基层公共财政建构的社会治理转型含义》,《学习与探索》2018 年第 9 期。

138. 周尚君：《地方法治试验的动力机制与制度前景》，《中国法学》2014 年第 2 期。

139. 周雪光、程宇：《通往集体债务之路：政府组织、社会制度与乡村中国的公共产品供给》，《公共行政评论》2012 年第 1 期。

140. 朱大旗、李蕊：《论人大预算监督权的有效行使——简评我国〈预算法〉的修改》，《社会科学》2012 年第 2 期。

141. 朱大旗：《迈向公共财政：〈预算法修正案（二次审议稿）〉之评议》，《中国法学》2013 年第 5 期。

142. 朱大旗：《现代预算权体系中的人民主体地位》，《现代法学》2015 年第 3 期。

143. 朱芳芳：《基于治理的地方预算改革——河南省焦作市的经验》，《经济社会体制比较》2014 年第 5 期。

144. 朱立言、张强：《美国政府绩效评估的历史演变》，《湘潭大学学报（哲学社会科学版）》2005 年第 1 期。

145. 邹平学、刘海林：《论人大重大事项决定权的规范内涵及制度完善》，《四川师范大学学报（社会科学版）》2018 年第 1 期。

146.〔美〕艾里克·马斯金、许成钢：《软预算约束理论：从中央计划到市场》，《经济社会体制改革》2000 年第 4 期。

147.〔美〕沙安文、沈春丽：《地方政府面向公民的绩效预算》，载沙安文主编：《地方预算》，中国财政经济出版社 2012 年版。

148.〔美〕斯蒂格利茨：《自由、知情权和公共话语——透明化在公共生活中的作用》，宋华琳译，《环球法律评论》2002 年第 3 期。

四、英文文献

1. Aaron Wildavasky, *The New Politics of the Budgetary Process,*

Harper Collins Publishers Inc., 1988.

2. Aimee Franklin, Carol Ebdon, "Aligning Priorities in Local Budgeting Process", *Journal of Public Budgeting, Accounting and Financial Management*, Vol. 16(2), 2004.

3. Alfred, Citizen Participation in Performance Measurement, in Richard Box ed., *Democracy and Public Administration*, M. E. Sharpe, 2007.

4. Ana-Maria Rios, Bernardino Benito, Francisco Bastida, "Factors Explaining Public Participation in the Central Government Budget Process", *Australia Journal of Public Administration*, Vol. 76, No. 1, 2017.

5. Anwar Shah, *Participatory Budgeting*, World Bank Publications, 2007.

6. Arigapudi Premchand, "Public Financial Accountability", in Salvatore Schiavo-Campo ed., Governance, Corruption and Public Financial Management, Asian Development Bank, 1999.

7. Carol Ebdon, "The Relationship between Citizen Involvement in the Budget Process and City Structure and Culture", Public Productivity and Management Review, Vol. 23(3), 2000.

8. Carol Ebdon, Aimee Franklin, "Searching for a Role for Citizens in the Budget Process", *Public Budgeting and Finance*, Vol. 24 (1), 2004.

9. Carol Ebdon, Aimee L. Franklin, "Citizen Participation in Budgeting Theory", *Public Administrative Review*, Vol. 66(3), 2006.

10. Carsten Herzberg, Participation and Modernization, Participatory Budgeting in Germany: The Example of Berlin-Lichtenberg, Paper Presented to International Conference Participatory Budgeting in Asia and Europe, 2009.

11. Celina Souza, "Participatory Budgeting in Brazilian Cities: Limits

and Possibilities in Building Democratic Institutions", *Environment and Urbanization*, Vol. 13, No. 1, 2001.

12. Cheryl S. King, Kathryn M. Feltey, Bridge O. Susel, "The Question of Participation: Toward Authentic Public Participation in Public Administration", *Public Administration Review*, Vol. 58(4), 1998.

13. CRS Report for Congress, *An Introduction to the Spending and Budget Process in Congress*, Congressional Research Service, 1990.

14. D. P. Moynihan, "Citizen Participation in Budgeting: Prospects for Developing Countries", in A. Shah ed., *Participatory Budgeting*, The World Bank, 2007.

15. Douglas J. Watson, Robert J. Juster, Gerald W. Johnson, "Institutionalized Use of Citizen Surveys in the Budgetary and Policy-Making Process: A Small City Case Study", *Public Administration Review*, Vol. 51(3), 1991.

16. E. Daniel, James Marshall, "Citizen Participation Through Budgeting", *The Bureaucrat*, Vol. 17(2), 1988.

17. E. Daniel, James Marshall, Timothy Grewe, "Current Local Government Budgeting Practices", *Government Finance Review*, Vol. 12(6), 1996.

18. Elizabeth Garrett, Elizabeth A. Graddy, Howell E. Jackson, *Fiscal Challenges: An Interdisciplinary Approach to Budget Policy*, Cambridge University Press, 2008.

19. Eric R. Johnson, "Recommended Budget Practices: Incorporating Stakeholders into the Process", *Government Finance Review*, Vol. 14(4), 1998.

20. ESCWA(Economic and Social Commission for Western Asia), Community-Driven Development as an Integrated Social Policy at the

Local Level, United Nations, ESCWA, New York, 2004.

21. G. Kopits, J. Graig, Transparency in Government Operations, IMF Occasional Paper No. 158, 1998.

22. Gerald J. Miller, Lyn Evers, "Budgeting Structures and Citizen Participation", *Journal of Public Budgeting, Accounting and Financial Management*, Vol. 14(2), 2002.

23. Graham Smith, "Popular Assemblies: From New England Town Meetings to Participatory Budgeting", in Graham Smith, *Democratic Innovations: Designing Institutions for Citizen Participation*, Cambridge University Press, 2009.

24. Hollie Russon Gilman, "Engaging Citizens: Participatory Budgeting and the Inclusive Governance Movement within the United States", in the Ash Center for Democratic Governance and Innovation Occasional Papers Series, 2016.

25. J. M. Kelly, W. C. Rivenbark, *Performance Budgeting for State and Local Governance*, Routledge, 2011.

26. J. Wilner Sundelson, *"Budgetary Principles"*, *Political Science Quarterly*, Vol. 50, No. 2, 1935.

27. Jack Rabin ed., *Encyclopedia of Public Administration and Public Policy*, Marcel Dekker, Inc., 2001.

28. James M. Ferris, "A Theoretical Framework for Surveying Citizens' Fiscal Preferences", *Public Administration Review*, Vol. 42(3), 1982.

29. Janet Foley Crosz, "Views from the Field: Creating a Place for Authentic Citizen Participation in Budgeting", *Journal of Public Budgeting, Accounting and Financial Management*, Vol. 14(3), 2002.

30. John P. Mclver, Elinor Ostrom, "Using Budget Pies to Reveal Preferences: Validation of a Survey Instruction", in Terry Nichols Clark ed.,

Citizen Preferences and Urban Public Policy, Sage Publications, 1976.

31. Jonathan Kahn, *Budgeting Democracy: State Building and Citizenship in America, 1890–1928*, Cornell University Press, 1997.

32. Judy B. Rosener, "Citizen Participation: Can We Measure Its Effecitveness?", *Public Administration Review*, Vol. 38(5), 1978.

33. Julia Beckett, Cheryl Simrell King, "The Challenge to Improve Citizen Participation in Public Budgeting: A Discussion", *Journal of Public Budgeting, Accounting and Financial Management*, Vol. 14 (3), 2002.

34. Kathe Callahan, "The Utilization and Effectiveness of Citizen Advisory Committees in the Budget Process of Local Governments", *Journal of Public Budgeting, Accounting and Financial Management*, Vol. 14 (2), 2002.

35. Marco Cangiano, Teresa Curristine, Michel Lazare, *Public Financial Management and Its Emerging Architecture*, International Monetary Fund, 2013.

36. Mark A. Glaser, Robert B. Denhardt, "When Citizen Expectations Conflict with Budgetary Reality: Discontinuity between the Public's Demand for Services and Its Willingness to Pay Taxes", *Journal of Public Budgeting, Accounting and Financial Management*, Vol. 11(2), 1999.

37. Miguel Jaramillo Lorena Alcazar, "Does Participatory Budgeting have an Effect on the Quality of Public Services: The Case of Peru's Water and Sanitation Sector", IDB Working Paper Series No. IDB-WP-386, 2013.

38. Nancy Roberts, "Public Deliberation: An Alternative Approach to Crafting Policy and Setting Direction", *Public Administration Review*, Vol. 57(2), 1997.

39. Naomi Caiden, "Challenges Confronting Contemporary Public Budgeting: Retrospectives/Prospective from Allen Schick", *Public*

Administration Review, Vol. 70(2), 2010.

40. Renee A. Irvin, John Stansbury, "Citizen Participation in Decision Making: Is It Worth the Effort?", *Public Administration Review*, Vol. 64(1), 2004.

41. Richard Hemming, Barry Potter, Richard Allen, *the International Handbook of Public Financial Management*, Palgrave Macmillan, 2013.

42. Roland Calia, *Priority-Setting Models for Public Budgeting*, Government Finance Officers Association, 2001.

43. Roy W. Bahl, "Intergovernmental Fiscal Relations and Local Public Finance: What is Next on the Reform Agenda?" in Joyce Y. Man, Yu-hung Hong, eds., *China's Local Public Finance in Transition*, Lincoln Institute of Land Policy, 2010.

44. Schumpeter, "The Crisis of the Tax State", in *The Economics and Sociology of Capitalism*, edited by Richard Swedberg, Joseph A. Schumpeter, Princeton University Press, 1991.

45. Sherry R. Arnstein, "A Ladder of Citizen Participation", *JAIP*, Vol. 35, No. 4, 1969.

46. Soojin Kim, Hindy Lauer Schachter, "Citizen Participation in the Budget Process and Local Government Accountability: Cases Studies of Organizational Learning from the United States and South Korea", *Public Performance & Management Review*, Vol. 36, No. 3, 2013.

47. The Department of Economic and Social Affairs, *Citizen Participation and Pro-poor Budgeting*, United Nations Publications, 2005.

48. Vic Preisser, "Citizen-Based Budgeting: The Redding, California, Experiment", *Public Management*, Vol. 79(5), 1997.

49. William Simonsen, Mark D. Robbins, *Citizen Participation in*

Resource Allocation, Westview Press, 2000.

50. World Bank, *Making Services Work for Poor People*, World Development Report, Oxford University Press, 2003.

51. Y. Cabannes, "Participatory Budgeting: A Significant Contribution to Participatory Democracy", *Environment & Urbanization*, Vol. 16(1), 2004.

后　记

　　本书是在我主持的国家社科基金项目"国家治理现代化视野下的纳税人预算参与权构建研究"基础上修订形成的最终成果。本书以国家治理现代化为视角，以承载国家治理的预算过程为切入点，通过建立国家治理与纳税人预算参与权的理论关联，分析纳税人预算参与权在国家治理系统中的功能定位及其实然状况，寻求功能实现的制度重建路径。

　　本书一方面尝试从法理基础、价值取向、功能使命等理论层面进行系统分析，提供国家治理现代化与财税权利制度改革的关联性分析框架；另一方面从保障纳税人预算参与权实施路径、参与运行、监督问责等实践层面进行研究，从国家治理的视角，探索打通财税法收入法、支出法的分割状态，促进财税法的一体化研究，为在财税法治领域落实人民主体地位观念、完善财政法治权利体系建构提供具有现实针对性、可操作性的建议。

　　研究过程中，我走访全国人大预算工委法规处，调研《预算法》实施情况，了解《预算法》修订以来各地执行新《预算法》的具体情况、面临的问题以及实践中采取的应对举措，重点关注人大如何回应纳税人参与预算的诉求，总结其典型模式与运作机制；组织课题组赴浙江省温岭市人大及石塘镇人大实地调研参与式预算改革情况，收集了关于参与式预算改革方案及实施的最新一手资料，为课题研究提供坚实基础；同时结合前期思考和实证调研发现，在《中国法学》《法学研究》等刊物上发表了与本课题直接相关的学术论文，并将核心观点在课题最终成果中予以反映。

书稿付梓之际，衷心感谢匿名评审专家的信赖和认可，成果以优秀等级通过鉴定并顺利结项。根据专家意见，我着重针对纳税人预算参与权与其他预算权利的关系、纳税人预算参与权行使的激励与约束机制、纳税人预算参与和人大预算监督之间的关联、纳税人预算参与权建构的基本理念等方面进行了修订完善。同时感谢西南政法大学财税法学科负责人张怡教授、西南政法大学财税法治研究院负责人商文江校长、西南政法大学经济法学院卢代富院长及经济法学科负责人盛学军教授，几位师长多年来一直给予我许多鞭策与鼓励。感谢西南政法大学教授文库编委会专家对本书的肯定及提出的意见建议，书稿亦进行了吸纳并反映在最终成果中。感谢西南政法大学财税法研究团队的廖呈钱博士与张成松博士，两位年轻博士参与了课题组调研论证，并在涉及纳税人预算参与权制度现状与完善路径分析方面贡献了他们的智慧，感谢他们的辛苦付出。可以说，整本书的成稿、出版都离不开西政财税法团队的支持。还要感谢商务印书馆的黄显深编辑，他的辛苦工作使得本书最终顺利出版。

陈治

2021 年 8 月于重庆